제2판

Tour Conductor Practice

국외여행인솔자 출장 및 관광산업에 입문하는 학생들을 위한

국외여행인솔자 실무

장서진·정연국 공저

(주)백산출판사

머리말

한때 국외여행인솔자는 대학생 선호도 1위의 직업, 가장 해보고 싶은 직업으로 꼽히기도 했다. 그 이유는 내 돈을 들이지 않고 자유롭게 해외여행을 할 수 있다는 점, 출근을 하지 않고 출장이 있을 때 회사에 가서 준비한다는 점이 아마 가장 큰 매력요소가 아니었을까 싶다.

저자도 그런 점이 매우 매력적이라 생각해서 국외여행인솔자를 2014년부터 시작해서 여행업에 첫발을 들여놓게 되었고 해외 출장을 통해 전 세계를 우리집처럼 누비고 다녔다.

국외여행인솔자를 하면서 회사 대표자를 대신하는 역할 때문에 힘든 일도 가끔 있었지만 그래도 좋은 고객들과 만나 지금까지도 소중한 인연을 지속하는 걸 보면 이 또한 국외여행인솔자라는 직업의 큰 장점이 아닐까 싶다.

관광과 학생이라면 한 번쯤 여행사에 취업해 국외여행인솔자의 직무를 하고 싶다는 꿈을 꾸었을 법하다. 본 교재는 이러한 분야에서 취업의 꿈을 이루기 위한 업무과정과 실무능력을 배양할 수 있도록 집필하였다. 저자들이 여행사에 근무했을 때 30여 개 국가의 80여 개 도시를 여행하며 얻은 현장 실무경험과 수년간 강단에서 관련 현장업무에 대해 교육하며 얻은 소중한 경험들을 기반으로 본서를 집필하였다.

따라서 본서가 국외여행인솔자를 준비하는 학생, 관광산업에 입문하고자 하는 학생들에게 도움이 될 수 있는 지침서가 될 것이라 믿는다.

제1장은 국외여행인솔자 업무의 개요부문으로 국외여행인솔자의 개념, 근무유형, 역할, 중요성, 금지 및 준수사항에 대한 내용을 기술하였다. 또한 시대 변

화에 따라 변화되는 국외여행인솔자의 역할이나 자격요건에 대해 기술하였다.

제2장은 출장 전 준비 실무 업무로 국외여행인솔자가 출장 전에 준비해야 할 자료부터 일정, 수배, 항공 등과 관련된 전반적인 내용 이해와 관련 실무서류에 대해 잘 이해하도록 기술하였다.

제3장은 출국수속 업무로 출국 전 공항에서 이루어지는 집합과 출국업무, 출국수속, 탑승과 기내 업무, 해당관광지의 입국 업무에 대한 실무적 업무에 대해 기술하였다.

제4장은 호텔 업무로 호텔 도착 후 체크인 방법, 투숙절차, 로비에서의 전달사항, 객실배정, 객실열쇠 전달, 수하물 배달 확인, 객실 점검, 호텔에서의 식사, 호텔 체크아웃, 버스의 확인 및 고객 수 확인 등에 대한 내용으로 호텔 도착 및 출발과 관련된 실무내용을 기술하였다.

제5장은 투어행사 진행 업무로 투어행사 진행 준비, 지역별 투어행사 진행방법에 대해 설명하였다. 현지행사를 실제로 진행하는 방법과 지역별 투어행사 진행방법이 다르고 계속 변화하는 국외여행인솔자의 역할에 대해 국외여행인솔자 선배들의 실무 경험내용을 기술하였다.

제6장은 귀국을 위한 출국 및 입국과 해산 업무로 공항 및 기내 업무, 입국과 해산, 귀국 후 업무에 대해 기술하였다.

제7장은 국외여행인솔자가 출장을 위해 숙지해야 할 국가별 주의사항에 대한 내용을 기술하였다.

제8장에서는 출장 시 발생할 수 있는 다양한 긴급상황에 대한 대처요령을 실제 사례를 통한 방법을 제시하여 기술하였다. 이는 국외여행인솔자의 사고대응 순발력과 대처능력을 기를 수 있는 중요한 역할이다.

끝으로, 본서가 출판되기까지 많은 도움을 주신 백산출판사 진욱상 사장님과 진성원 상무님 그리고 출판사 임직원분들에게 깊은 감사를 드린다.

2022년 7월

저자 일동

목차

CHAPTER

01

국외여행인솔자 업무의 개요

PASSPORT

CHAPTER 01

국외여행인솔자 업무의 개요

제 1 절 국외여행인솔자의 개념

1 국외여행인솔자의 정의

국외여행인솔자는 Tour Manager, Tour Leader, Tour Escort 등 실제로 이를 호칭하는 용어는 다양하게 현장에서 쓰이고 있으며, 일본의 경우는 첨승원(添乗員)이라는 용어로 사용하고 있다.

표 1-1 국외여행인솔자 용어 정리

구분	정의
Tour Conductor	유럽, 미주 지역 등에서 광범위하게 사용되고 있음 관광을 진행하는 지휘자로서의 의미가 강함
Tour Escort	미주지역에서 많이 사용되고 있음 관광객을 보호하는 보호자로서의 의미가 강함
Tour Leader	유럽과 동남아에서 많이 사용되고 있음 인도자의 역할로서의 의미가 강함
국외여행인솔자	우리나라 관광진흥법상에서 사용되는 용어임

우리나라 「관광진흥법」 제13조에서는 '국외여행인솔자'라는 용어를 사용하여 규정하고 있다.[1]

따라서 "여행업자가 내국인의 국외여행을 실시할 경우 여행자의 안전 및 편의제공을 위하여 그 여행을 인솔하는 자를 둘 때에는 문화체육관광부령으로 정하는 요건에 맞는 자를 두어야 한다"로 규정하고 있으며, 특히 국외 현지에서 내국인 관광객을 안내하는 현지가이드(Local Guide)와 많이 혼동되어 왔으나 이제는 여행업계나 여행객들에게 낯설지 않은 용어로 사용되고 있다.

실제로 국외여행인솔자는 관광단체 모객이 이루어지면 이의 행사 실시를 위해 필요한 모든 제반사항의 준비 및 시작부터 여행 도착까지 해당 단체의 총괄 책임자라 할 수 있으며, 회사의 대표자를 대신하여 행사를 진행하기 때문에 그 책임이 크고, 고객을 최일선에서 대하기 때문에 재방문 고객을 가장 많이 창출할 수 있는 역할을 하는 것이다.

더불어 여행상품은 고유의 복합적 특성을 가지고 있고, 시시각각 변하는 현장의 업무 때문에 올바른 업무수행을 위하여 국외여행인솔자가 갖추어야 할 지식은 타 직업보다 방대하다고 할 수 있다.

여행출장 동안 행사 일정진행을 위해 관광지의 전문지식 업무, 항공 업무, 호텔 업무, 각 나라의 여행정보, 어학실력, 위험한 사고사건에 대한 지식에서 작게는 여행자 이름까지 기억할 수 있는 능력까지 갖추어야 하기 때문에 국외여행인솔자의 업무는 간단하지 않다.

1989년 국외여행의 완전자율화로 인한 해외관광수요가 폭발적으로 증가하기 시작하면서 여행객을 잘 관리할 수 있는 국외여행인솔자가 자연스럽게 생겨났고 지금은 그 역할이 중요해짐에 따라 대형여행사를 중심으로 전문적인 지식을 갖추고 고유 업무 영역을 갖는 고유직종으로 자리를 잡게 되었다.

1 이교종(2017), 국외여행실무, 백산출판사, p. 209.

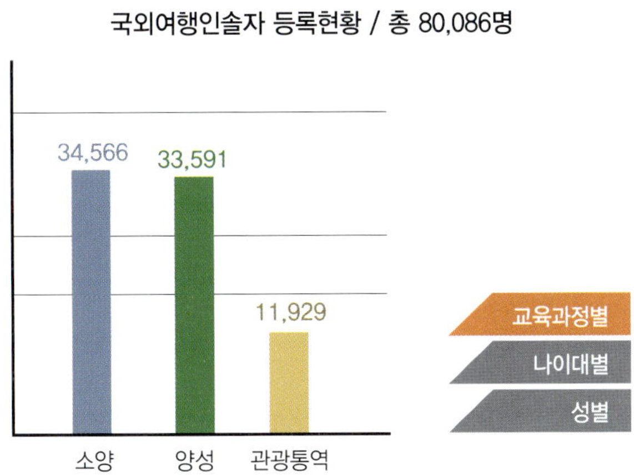

그림 1-1 국외여행인솔자 등록현황(2022년 자료)[2]

2 국외여행인솔자의 자격요건 도입 배경[3]

국외여행인솔자 자격요건은 국민해외관광 자율화 시책의 일환으로 1982년 4월에 도입된 국외여행안내원 자격제도가 그 효시라 할 수 있다. 당시 관광사업법(1982.4.1 개정)에서는 관광안내원을 통역안내원, 국외여행안내원, 국내여행안내원으로 구분하였다.

그러나 동 제도는 1987년 7월 관광진흥법 시행령 전문 개정 시 국외여행안내원 자격제도가 폐지되고 관광통역안내원이 국외여행인솔자 역할을 수행하도록 변경되었다.

이후 국외여행인솔자 제도는 내국인의 해외여행과 관련된 여행서비스의 수준 향상이라는 취지로 1993년에 재도입되었다.

관광진흥법 시행령(1994.6.30 개정)에서는 관광종사원을 관광통역안내원,

2 http://www.tchrm.or.kr 국외여행인솔자 인력관리시스템

3 정연국(2015). 국외여행인솔자 실무론. 학현사, pp. 8-9.

국내여행안내원으로 구분하였다.

재도입 당시에는 관광통역안내원 자격증 취득자 또는 여행업체에서 2년 이상 근무자라는 자격요건이 있었으나 여행자의 보호 및 여행 질서 확립을 위하여 1997년 12월 일정 자격자일지라도 소양교육을 필히 이수하게 하였다.

관광관련 법규에 의하면 국외여행 문화의 정착에 기여하고, 국외여행의 전문교육장으로 활용하고자 여행업을 경영하는 자는 내국인의 국외여행을 실시할 경우 관광객의 안전 및 편의를 제공하기 위하여 Tour Conductor의 자격요건을 분명히 설정하고 일정한 자격을 갖춘 자가 근무하도록 규정하고 있다.

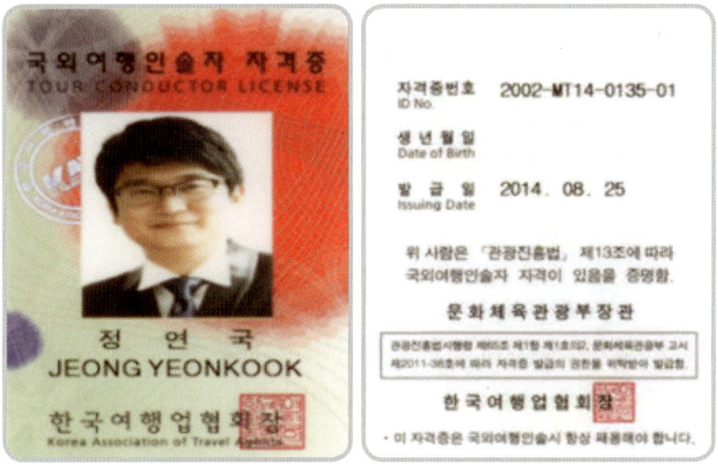

그림 1-2 국외여행인솔자 자격증 견본

3 국외여행인솔자의 자격취득방법

국외여행인솔자는 국외에서 업무를 진행하는 특수한 업무로 외국어 능력은 물론, 현지 외국에 대한 해박한 지식, 국제매너 등에 대한 전문지식과 더불어 현장에서 관광객들에게 1:1서비스를 실시하기 때문에 서비스에 대한 마인드,

사고대처능력, 순발력 등 특별한 직업윤리가 필요한 직업으로 우리나라 국외여행인솔자는 일정한 조건을 법률상에서 규정하고 있다.

1) 관광진흥법상의 자격요건

첫째, 관광통역안내사 자격증을 취득한 자(이 자격증을 취득하면 인바운드 관광통역안내사의 업무수행도 가능함)

표 1-2 여행업 관련 국가자격증의 종류

구분	시험과목	시험방법
외국어시험	영어, 일본어, 중국어, 불어, 독일어, 스페인어, 러시아어, 이탈리아어, 태국어, 베트남어, 아랍어, 말레이 · 인도네시아어 중 1과목	지원한 외국어의 공인어학성적을 원서접수 기간에 제출
필기시험	국사 / 관광자원해설 / 관광법규 / 관광학개론	객관식 4지선다 과목당 25문항
면접시험	국가관, 사명감 등 정신자세, 전문지식과 응용능력, 예의, 품행 및 성실성, 의사발표의 정확성과 논리성	1인당 10~15분 내외 지원한 외국어와 한국어로 구술면접

둘째, 여행업체에서 6개월 이상 근무하고 국외여행경험이 있는 자로서 문화체육관광부장관이 정하는 소양교육을 이수한 자

■ 소양과정교육을 통한 자격 취득방법

① 소양교육 과정 대상자

– 여행업체 6개월 이상 근무 경력자

– 국외여행 경험자(1회 이상 여권에 기재)

② 교육기간 및 시간 : 2~3일 이내의 기간 중 15시간 이상 교육

③ 구비서류

- 국내 법률에 맞게 여행업(종합, 국내외여행업, 국내여행업)으로 등록된 서류(관광사업등록증)
- 그 업체의 재직기간이 적혀 있는 서류(예. 4대 보험 관련 서류)
- 해외 출입국 사실이 확인되는 서류(예. 여권 사본 또는 출입국 증명원)
  ※ 단, 모든 서류에는 공공기관에서 발행한 문서만 인정되며 해외 소재의 업체인 경우 아래와 같은 내용(해외소재 부분)의 서류를 구비하여 한글공증 필수
- 여행업체에서 6개월 이상 근무한 자

㉠ 여행업체의 범위

표 1-3 여행업의 범위

여행업의 범위	범위 내용
관광진흥법에 따라 관광사업자에 등록한 여행업	종합, 국내외여행업, 국내여행업
해외소재 여행업체	해당 국가 법률에 따라 적법하게 신고 또는 등록하거나 허가받은 여행업

㉡ 6개월 이상 근무자

표 1-4 6개월 이상 근무자의 범위

근로자의 범위	범위 내용
국내소재 여행업체의 직원	공공기관에서 발행한 해당업체 및 근무기간 6개월 이상 확인 서류 4대 보험 관련 서류 혹은 건강보험자격득실확인서
국내소재 여행업 대표자	관광사업등록일로부터 6개월 근무가 확인되거나 부가세과세표준증명원 혹은 4대 보험 관련 서류 등 공공기관에서 발행한 서류
파견 근로자	해당업체에서 6개월 이상 근무한 사실 또는 해당 여행업체재직증명서를 공증받아 확인 가능
일용직 근로자	파견근로자와 동일한 서류로 공증을 받아 제출하거나 고용보험 일용근로내역서상 근로일수가 120일 이상인 경우

해외소재 여행업체 직원	상기 해외 소재 여행업체 범위에 해당되는 업체에서 6개월 이상 근무하였다는 사실의 공증서류 제출가능

※ 6개월 이상의 기준 : 본인의 근무 시작일로부터 1달을 30일 기준으로 180일 이상 확인

※ 소양교육 대상자는 업무형태와 상관없이 상기에 해당하는 서류를 구비하여 교육기관 제출

※ 소양 교육 대상자 자격 요건 중 2가지 모두 충족해야 함(해외경험만 있는 경우에는 해당되지 않음)

셋째, 문화체육관광부장관이 지정하는 교육기관에서 국외여행 인솔에 필요한 양성교육을 이수한 자

표 1-5 여행업 관련 국가자격증의 종류

종류	내용
관광통역안내사	국내를 여행하는 외국인에게 외국어를 사용하여 관광지 및 관광대상물을 설명하거나 여행을 안내하는 등 여행의 편의를 제공하는 업무를 수행한다.
국내여행안내사	국내를 여행하는 내국인 관광객을 대상으로 여행 일정 계획, 여행비용 산출, 숙박시설 예약, 명승지나 고적지 안내 등 여행에 필요한 각종 서비스를 제공하는 업무를 수행한다.
국외여행인솔자	내국인의 해외관광을 인솔하는 사람으로, 여행사가 기획하고 주최하는 단체관광에 동행해서 관광객들이 쾌적하고 보람있는 관광을 할 수 있도록 도와주며, 모든 제반업무를 수행한다.

2) 양성교육을 통한 자격취득 방법

문화체육관광부장관이 지정하는 국외여행인솔 교육기관에서 관련 교육을 이수하면 자격증을 취득할 수 있다.

(1) 교육기관

국외여행인솔자 양성을 위한 특별전문교육과정을 개설한 전문대학 이상의 교육기관 또는 한국관광공사 및 관광사업자 단체가 운영하는 교육기관은 다음과 같다.

① 입학조건

- 전문대학 이상의 학교에서 관광분야의 학과를 이수하고 졸업한 자, 또는 졸업예정자
- 4년제 대학교에서 관광분야의 학과를 이수하고 졸업한 자 또는 졸업예정자
- 관광관련 실업계 고등학교를 졸업한 자
- 관광관련 학과의 기준 : 관광진흥법에 따라 관광업에 해당되는 과인 경우 가능
- 부전공자 혹은 복수전공자인 경우 : 필수과목을 이수했다는 성적증명서와 같이 제출해야 함

② 교육시간

- 교육시간 : 연 80시간 이상

③ 교육과목

- 필수교육 : 여행사 실무, 관광관련 법규, 국외여행인솔자 실무, 관광서비스 실무, 세계관광문화, 해외여행 안전관리 중 선택, 50%
- 선택교육 : 교육기관 자유선택(단, 국외여행인솔자 교육과정과 관련된 교과과정으로 편성), 30%
- 외국어교육 : 실무영어, 실무일어, 실무중국어 등 20%

④ 구비서류

- 교육신청서 1부(소정양식)
- 관광과 학생 : 졸업예정증명서, 졸업증명서

3) 국외여행인솔자 자격취득절차

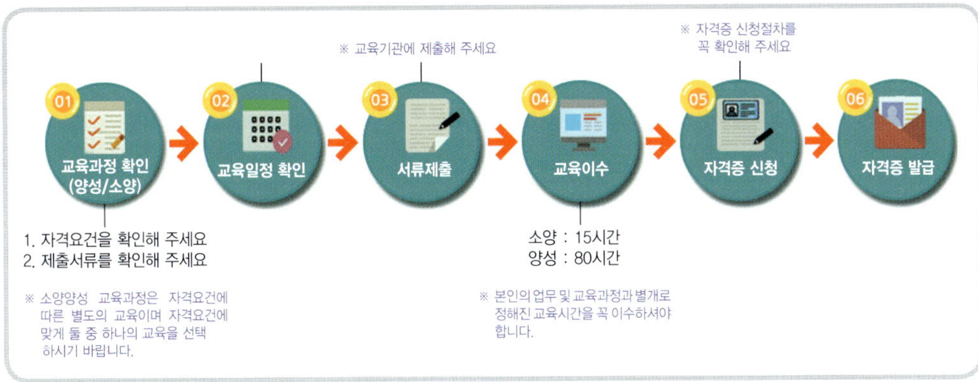

출처 : 국외여행인솔자 인력관리시스템

4 국외여행인솔자 양성교육기관

표 1-6 국외여행인솔자 교육기관[4]

번호	지역	교육기관
1	서울특별시	경기대학교 평생교육원, 경희대학교 글로벌미래교육원, 남서울평생교육원, 롯데관광, 백석대학교, 서울호텔관광직업전문학교, 아세아항공직업전문학교, 인덕대학교
2	인천광역시	경인여자대학교, 인하공업전문대학
3	경기도	경복대학교, 국제대학교, 대림대학교, 동서울대학교 부설 평생교육원, 동원대학교 평생교육원, 서영대학교, 신한대학교, 을지대학교, 장안대학교, 한국관광대학교
4	강원도	경동대학교, 가톨릭관동대학교, 한국관광공사, 한림성심대학교
5	충청도	선문대학교 평생교육원, 중부대학교, 청운대학교, 충청대학교
6	세종/대전광역시	대전과학기술대학교
7	대구광역시	계명문화대학교 평생교육원, 영진전문대학

4 http://www.tchrm.or.kr 국외여행인솔자 인력관리시스템

8	전라남북도	고구려대학교, 국립목포대학교, 군장대학교, 원광보건대학교 부설 평생교육원, 전북과학대학교, 전주기전대학, 청암대학교, 호원대학교
9	경상남북도	경남대학교, 경주대학교, 김천과학대학교, 대구대학교, 동국대학교 경주캠퍼스, 진주보건대학교, 창신대학교, 창원문성대학, 한국국제대학교, 호산대학교
10	광주광역시	광주대학교, 동강대학교, 호남대학교
11	부산광역시	경남정보대학교, 동의과학대학교, 동주대학교, 부산여자대학교
12	제주특별자치도	제주관광대학교 평생교육원

5 국외여행인솔자의 자격취득방법

국외여행인솔자 교육프로그램을 지원하고자 하는 경우 해당 지역에 있는 대학 중 국외여행인솔자 교육기관으로 지정된 기관이 해당되며 해당 기관에서는 다음과 같이 교육 종류별로 지원서를 받고 있다. 관련 해당서류에 대한 견본을 참고해 보자.

양식 1-1 양성과정 입학지원서 견본

20 학년도 **국외여행인솔자 양성교육과정 교육신청서**				접수번호	*
지원 과정명		양성과정			사 진 (3cm×4cm) 규격에 맞게 붙입니다.
지원자	성명	한글		남 · 여	
		영문			
	주민등록번호		□ □ □ □ □ □ – □ □ □ □ □ □ □		풀칠 후 접착부분
	주소		□ □ □ – □ □ □		자격증 부착용 예비사진 1장을 이곳에 첨부하시기 바랍니다.
	시험중 연락처		전화번호 : ( ) – 휴 대 폰 : E-mail :		
	자격증		년 월 일 자격증 취득		

최종학력	년 월 일 학교 (학)과 졸업(예정), 학년 재학중	
근무경력	년 월 일 – 년 월 일	근무(년 월)
	년 월 일 – 년 월 일	근무(년 월)
	년 월 일 – 년 월 일	근무(년 월)
	년 월 일 – 년 월 일	근무(년 월)

본인은 귀 대학의 관광교육원에 입학하고자 소정의 서류를 갖추어 지원합니다. 20 년 월 일 지원자 ㉮ **대학 관광교육원장 귀하	풀칠 후 접착부분 학적부 부착용 예비사진 1장을 이곳에 첨부하시기 바랍니다.

별첨서류(모집요강을 참조바람)
1. 최종학교 졸업(예정, 재학)증명서 1부
2. 경력증명서류(여행사, 6월 이상 경력자, 해당자만 첨부할 것) 1부

제 2 절 국외여행인솔자의 근무유형[5]

현재 여행사에서 근무하는 국외여행인솔자의 경우 여러 유형이 있으며 전문 T/C의 역할에 따라 단체여행의 성공과 실패가 달려 있기 때문에 좋은 국외여행인솔자를 보유하고 그룹성격에 맞는 국외여행인솔자를 적재적소에 배정하는 것은 여행사 이익창출에도 도움이 된다.

해외여행이 자율화되기 전에는 국외여행인솔자의 역할보다는 내근직 직원들의 출장이 더 많았기 때문에 상대적으로 국외여행인솔자의 출장배정은 많지 않았으나 현재의 국외여행인솔자의 역할로 인해 단골고객 확보는 물론 재방문 고객유도, 고객 재창출 효과에서 매우 중요한 역할을 담당하고 있기 때문에 국외여행인솔자의 위상이 그만큼 높아졌다.

국외여행인솔자는 내근직 사원 국외여행인솔자, 여행사에 전속되어 일정의 급여를 받는 전문 · 전속 국외여행인솔자, 그리고 여행사에서 전속으로 일하지만 급여를 받지 않는 프리랜서 국외여행인솔자 등으로 구분된다.

1 소속형태

1) 여행사 일반직원 국외여행인솔자

여행사에 소속된 직원으로 평상시에는 사내업무인 영업, 수배, 관리, 기획 등을 담당하고 단체가 형성되거나 담당직원의 인센티브나 고객의 요청, 회사의 사정상 또는 회사의 출장명령에 따라 업무를 수행하는 국외여행인솔자 유형이다. 국외여행인솔자이긴 하지만 회사에 소속된 직원이기 때문에 신뢰성이 높으며 급여 면에서 자유롭기 때문에 쇼핑이나 옵션 등을 강요하지 않으므로 좀 더

5 장양례(2006), 실무에스코트론, 한국학술정보(주), pp. 22-26.

고객에게 좋은 서비스를 제공할 수 있고 아울러 재방문 고객을 더 많이 유치할 수 있도록 노력한다.

하지만 각자의 업무내용이 주로 있고 가끔씩 해외출장을 가기 때문에 국외여행인솔자가 각 나라의 다양한 업무내용을 숙지하는 것보다 인솔역량이 뒤떨어질 수 있으며 사내업무를 할 수 없기 때문에 회사에 공백을 가져오는 단점이 있다.

2) 여행사 전속 전문 국외여행인솔자

여행사에 소속된 정식 국외여행인솔자로서 사원으로 인정되어 적지만 월급, 복지혜택을 받을 수 있는 직원이다. 사내에서는 정기적인 근무를 하지 않고 해외여행의 인솔업무만을 전담으로 하기 때문에 주로 자택근무가 대부분이며 출장을 배정받으면 며칠 전 혹은 몇 주 전부터 회사에 나와서 업무를 챙기면 된다. 어느 정도 규모가 있는 여행사에서 흔히 볼 수 있다.

그러나 여행사별로 국외여행인솔자의 근무형태는 다소 상이하다. 국외여행인솔자가 해외인솔업무를 포함하여 인솔업무가 할당되지 않았을 때에도 사무실에 타 부서의 직원과 마찬가지로 정상 출근하여 공항 센딩업무, 고객들의 전화응대, 여행단체에 관련된 업무 등 여행사의 업무를 보는 곳도 있고, 해외인솔업무가 할당되었을 때 국외여행인솔자 업무만을 수행하는 곳도 있다. 국외여행인솔자의 경우 정식사원이기 때문에 월급과 상여금을 받으나, 내근직 직원보다는 급여가 적게 책정된 것이 보통이다.

이러한 이유는 해외출장이 배정되면 출장일수(횟수)에 따라 박을 따져서 출장비를 지급하고 출장 중에는 고객에게 팁과 쇼핑, 선택관광에 대한 일정액을 지원받기 때문이다. 즉, 여행사 내부에서 지역별로 책정된 출장비를 원칙으로 수령하게 되는데, 이 출장비가 보수에 대한 상쇄역할을 하기 때문이다.

또한 프리랜서 국외여행인솔자보다는 출장지역을 배정받을 때 좀 더 전문적인 지식이 필요한 유럽이나 미주/캐나다, 지중해 등의 지역을 많이 배정받기 때문에 프리랜서 국외여행인솔자보다는 수익을 보장받을 수 있다.

따라서 일반사원보다는 국외여행인솔자 업무의 적성이나 능력이 특히 요구되고 어학능력, 리더십, 순발력이 요구되며 고객에게 항상 친절하고 직원들과의 유대관계가 좋아야 한다.[6]

투어 진행 시 회사를 대표하는 입장에서 일처리를 하며, 선천적으로 여행과 사람을 좋아하는 사람이 우선시되고, 건강과 많은 해외여행경험은 훌륭한 국외여행인솔자가 되기 위한 필수조건으로 꼽고 있다.

3) 프리랜서 국외여행인솔자

주로 여행사에서 계약을 체결하여 그 회사의 관광단체를 전문적으로 인솔하도록 하는 프리랜서 국외여행인솔자 형태를 말한다. 국외여행인솔자가 보수를 받고 타 부서의 직원과 동일한 대우를 받는 데 반하여, 이러한 형태의 국외여행인솔자는 보수가 없고, 단지 할당된 관광단체의 일정에 해당하는 일정분의 정해진 출장비가 수당으로 지급되는 형태가 일반적이다.

개인의 사정과 스케줄에 맞추어 단체행사를 할 수 있는 장점이 있고, 상근은 하지 않으며, 할당된 관광단체가 없으면 여행사에 출근하지 않아도 되는 장점이 있다. 그러나 비수기의 경우 단체행사의 배정이 회사직원이나 여행사 전속 전문 국외여행인솔자 위주로 배정되기 때문에 다소 불안정한 단점이 있다.

여행사 입장에서는 성수기에 필요할 때 프리랜서 국외여행인솔자를 신속하게 배정할 수 있어 인건비를 절감하는 동시에, 유능한 해외 여행인솔자를 항시 확보할 수 있다는 점에서 장점이라 할 수 있다.

또한 다른 형태는 여행사에서 소속이나 위탁을 받지 않고 인맥을 통해 개인적으로 국외여행인솔 출장을 할당받아 국외여행인솔자 업무를 하는 것을 말한다.

---

6 박시사(1994), 에스코트바이블, 백산출판사, pp. 26-31.

현재 여행사에는 이러한 형태의 국외여행인솔자가 상당히 존재하며, 특히 성수기를 맞아 일손이 부족할 때 프리랜서 국외여행인솔자의 활동이 많아진다.

그러나 이러한 형태의 국외여행인솔자는 여행사가 개인에게 직접 업무를 의뢰하는 관계로 개인적으로 인솔업무에 대한 풍부한 경험과 노하우가 있어야만 여행사의 신뢰를 바탕으로 국외여행인솔자 업무를 할 수 있다.

1. 국외여행인솔자 전망 기사

해외여행업 상위 20개사 올해 4,000명 이상 고용 예상

KATA 조사 결과, 국외여행인솔자 포함 일자리 창출 중심 역할

한국여행업협회(회장 양무승, 이하 KATA)가 해외여행상품을 판매하는 여행사(이하 아웃바운드) 상위 20개사의 고용현황 및 계획을 조사한 결과 작년 1,653명을 채용했, 올해에는 1,395명을 고용 예정인 것으로 파악됐다. 아웃바운드 여행사는 12,000개 정도이며 프리랜서로 근무하는 국외여행인솔자까지 포함할 경우 고용인원은 4,000여명 이상일 것으로 예상된다.

아웃바운드 여행업계는 국민의 해외여행 증가로 아웃바운드 여행시장이 외국인 관광객을 유치하는 인바운드 여행업계에 비해 시장 환경이 양호하여 사회적 책임의 하나인 고용 확대를 위해 노력하고 있다.

또한 국민의 해외여행은 쉼표가 있는 삶, 국제통상 마찰 완화, 국제 교류를 통한 국가 외교 역량 강화 등 순기능도 많이 가지고 있다.

지난 2017 관광사업체 기초통계조사(2016년 기준 한국문화관광연구원)를 보더라도 관광사업체 수는 전년대비 10% 증가했지만 여행업은 13.7% 증가한 1만6,606개사로 평균 보다 낮았다. 반면, 종사자 수는 관광사업체 평균 증가율 11.2% 보다 높은 16.4% 증가한 9만8,421명으로 나타나 관광산업에서 여행업이 고용 창출에 중심적인 역할을 하고 있음을 알 수 있다.

양무승 회장은 "인바운드 여행업계는 외래관광객 유치를 통한 외화 획득으로, 아웃바운드 여행업계는 고용 증대를 통한 국가 경제 발전에 기여하고 있다. 앞으로도 여행업은 국제관광 교류 확대를 위해 지속적인 노력을 하겠다"고 말했다.

출처 : 여행신문(2018년)

2. 국외여행인솔자 공개채용 기사

출처 : 참좋은 여행사(2014년)

제 3 절 국외여행인솔자의 역할

1 회사를 대표하는 여행사 이미지 제고 역할

국외여행인솔자는 여행객 입장에서 봤을 때 회사에서 맡은 직종의 높고 낮음에 상관없이 회사를 대표하여 출장 나온 사람이다. 이러한 점에서 고객들은

국외여행인솔자를 회사의 대표자로 인식하게 된다. 그래서 회사의 대표자로서 국외여행인솔자의 역할이 부각된다는 것이다.

간혹 국외여행인솔자 중에서 회사의 정규직원이 아닌 프리랜서 국외여행인솔자의 경우 현지에서 투어 진행 시 문제가 발생하여 고객의 불평과 건의사항이 요청될 때 "나는 해당 여행사의 금번 투어에 인솔자로서의 업무만을 맡았기 때문에 소관이 아니므로 어떻게 더 역할을 수행할 수 없다"는 식의 태도와 자세를 표출하여 고객들로부터 거센 항의를 받고, 인정을 못 받으며, 결국 회사 측에 더 많은 경제적 손해를 입히고, 회사의 이미지와 영업에 막대한 지장을 초래하게 되는 것이 바로 이러한 그릇된 인식에서 비롯되는 것이다.

다시 말해 자신이 여행사의 직원이거나, 전속 국외여행인솔자거나, 프리랜서 국외여행인솔자거나 국외여행인솔자의 임무를 부여받은 상황에 있어서는 그 역할에 충실하게 임해야 한다.

2 여행의 연출자로서 풍부한 여행경험자

국외여행인솔자가 공항에서 출입국절차와 통관, 현지에서의 원활한 업무진행, 연로한 손님들을 부모님 모시듯 하는 자세, 업무에 만전을 기하는 성실성, 현지 여행 관계자와의 파트너십, 고객과 함께하는 밝은 성격 등은 여행의 연출자로서 회사에는 매우 중요한 존재이다.

만약 국외여행인솔자가 여행인솔을 나와서 고객 모시기에 소홀하고 불성실하여 오히려 호텔에서 고객이 정해진 숙식시간에 국외여행인솔자를 찾는다든지 Morning Call을 해도 지난 밤의 과음으로 인하여 기상하지 않는 국외여행인솔자를 깨운다든지 하는 등의 비상식적이고 불성실한 국외여행인솔자라면 고객들은 해당여행사에 대한 전체적인 부정적 이미지를 갖고 향후에 이용을 삼가겠다는 마음을 가질 것이다. 국외여행인솔자의 언행과 자세는 해당 여행사 이미지 형성에 결정적인 역할을 하게 되므로 각별히 주의해야 한다.

3 여행 여정 및 일정관리 전반의 관리자

국외여행인솔자는 현지행사의 진행 시에 현지국의 관련업무 종사자와의 파트너십이 상당히 중요하다. 고객에게 현지국의 전반적인 상황에 대한 설명을 담당하고 안내하는 현지가이드가 훌륭하게 업무를 수행하도록 조정 · 감독해야 하며 고객의 입장에서는 고객이 불편한 것은 없는지 항상 체크하여야 한다.

일반 현지행사가 랜드사(land operator)를 통해 진행하는 여행그룹이라면 계약된 호텔이 잘 수배되었는지, 식사가 예정대로 준비되었는지(한식도 메뉴에 따라 천차만별이므로 각별히 살펴야 함), 장거리 여행 시 버스상태 확인 및 일정대로 잘 진행되고 있는지 꼼꼼히 확인해야 한다. 주요 관광지 중에서 입장료가 높은 장소는 현지의 상황을 이유로 생략하려는 경우가 종종 있으므로 주의를 요하며, 충실하게 진행되도록 감독한다.

4 여행의 분위기 관리 연출자

여행의 좋고 나쁨은 국외여행인솔자에 의해 결정된다는 말이 있을 정도로 여행에 관한 한 조화를 이룬 종합적 전문가여야 한다. 즉 대다수의 고객은 즐거움을 추구하여 여행을 하므로 그 여행을 함께 연출하는 국외여행인솔자가 우울한 모습을 해서는 즐거운 여행이 될 수 없다.

국외여행인솔자는 자신이 명랑한 것은 물론이거니와 고객 간에 팀워크를 이루는 것도 필요하고 방문지에서 만나는 현지가이드나 운전기사 등 여행에 관련된 모든 업무에서 밝은 분위기를 연출하는 것이 필요하다.

단체의 고객 전원이 국외여행인솔자를 주목하고 있으므로 자신의 행동에 충분히 주의하고, 여행일정이 전반적으로 부드럽게 진행될 수 있도록 한다.

5 여행경비 관리자

국외여행인솔자는 판매 · 수배단계에서 관계자 전원이 노력하여 얻은 수익을 확보하는 최후의 수단이다. 지불계획에 입각하여 지불하며, 비용낭비를 줄이고 수익확보를 위해 최대한 노력해야 한다.

6 고객의 재창조자

평생고객을 창출하는 데 국외여행인솔자의 역할은 상당히 중요하다. 특히 최일선 현장에서 고객들과 장기간 여행을 같이하다 보면 정이 들기 마련이며 많은 일들이 발생하고 이로 인해 고객들에게 많은 신뢰를 쌓을 수 있는 기회가 많다.

따라서 여행종료 후에도 국외여행인솔자와 여행객들 간에 연락을 하는 경우가 많으며 고객이 다른 여행지를 선택 시 국외여행인솔자의 의견을 반영한다. 따라서 고객에게 여행전문가로서 조언을 해 줄 수 있으며 해당회사에 재수익을 가져다 줄 수 있는 중요한 역할을 담당한다.

표 1-7 국외여행인솔자의 역할

역할	내용
일정관리	여행 계약조건에 따른 여행일정표 및 현지 행사가 원만하게 진행될 수 있도록 전체 일정을 관리하고 감독
관광객의 행동통제	관광객의 안전과 편익을 위해 관광객 개인 및 집단의 이탈행동을 통제하고 안전에 대한 책임이 있음

여행분위기 관리	관광객들 간의 문제나 트러블이 없도록 관리하며, 여행 전체가 즐겁고 유쾌할 수 있도록 여행 분위기 조성
중재자 역할	관광객과 현지가이드, 현지주민 등과의 만남에서 일어날 수 있는 여러 가지 상황에 대한 중재 역할
관광지 정보제공	여행지에 대한 전문적인 지식 및 관련 정보를 제공할 수 있는 역량
여행사 이미지 제고	해당 여행사에 대한 긍정적 이미지 창출로 인한 재방문고객 창출 및 서비스 정신으로 여행사 이미지 제고
연출자 역할	여행의 전 일정을 관리하고 연출함으로써 여행의 효과를 극대화

제 4 절 국외여행인솔자의 중요성

1 국외여행인솔자에 대한 관심 고조

관광업에 대한 사회인지도가 높은 일본만 하더라도 대학 예비졸업생 가운데 입사를 희망하는 지원자의 선호기업 안에 일본교통공사(JTB) 같은 여행사가 포함되는 것을 보면 여행업에 대한 관심도를 이해할 수 있다.

우리나라도 현재 관광업에 대한 인식의 변화가 이루어지고 있다. 얼마 전 신문지상에 발표된 고3 수험생들이 입학하고 싶은 학과에 남녀학생 각각 호텔경영학과가 5~6위권에 포함되었고, 관광학과는 여학생이 선호하는 학과로 10위권에 포함되었다.

이렇듯 관광업에 대한 관심 증가와 사회경제적 발전에 힘입어 여행업종에 젊고 우수한 인력의 지원이 증가하고 있으며, 특히 여행업의 가장 매력적 업무인 국외여행인솔자에 대한 관심과 중요성이 커지고 있다.

2 인적자원인 Tour Conductor

고객만족이란 여행상품의 각 요소가 잘 갖춰져 있고, 각 요소들이 유기적인 역할로 만족스럽게 진행되어 좋은 결과를 가져오는 것이다. 여기서 여행상품들의 각 요소란 항공기, 현지호텔, 식사, 차량, 현지가이드, 국외여행인솔자, 현지일정 진행 등의 요소 등을 의미한다.

여행객들은 가능하면 좀 더 좋은 호텔에서 숙식하기를 원하고, 식사에 있어서도 좀 더 특별한 현지식을 원하며, 안전하고 더 나은 승차감과 깨끗하고 좋은 이동수단을 원하고 있다. 그러나 이러한 시설자원인 유형자원 못지않게 중요한 것이 인적자원으로 고객감동의 가장 중추적인 역할을 하게 된다.

3 국외여행인솔자의 중요성

국외여행인솔자는 현지 여행상품의 성공적인 진행을 통해 고객의 만족을 최고조로 올리는 핵심역할자라 할 수 있다. 각 부서 업무담당자의 매끄러운 업무처리를 기반으로 하여 성공적인 작품을 완성하는 역할수행자가 바로 국외여행인솔자이다.

짧게는 동남아 태국 · 파타야 5일 일정으로, 길게는 유럽의 장기 10~15일 일정으로 매일 약 10시간(보통 아침 8시부터 오후 6시) 이상 투어를 진행하며, 고객과 시간을 함께하는 것이 보통 인연은 아닐 것이다.

따라서 여행기간 동안 여행객과 숙식을 같이하면서 개인적인 유대를 더욱 공고히 한다면 고객의 의미 있는 여행에 있어 국외여행인솔자는 동반자이자 조력자로 기억되어 여행상품 재구매에 긍정적인 영향을 준다.

제 5 절 국외여행인솔자의 자질요건[7]

국외여행인솔자는 여행사를 대표해서 단체를 인솔하여 사전에 기획 · 판매된 여행상품을 안전하고 쾌적하게 그리고 효과적으로 관리 · 운영하는 책임자로서 여행상품의 최종단계를 담당한다.

따라서 여행상품이 아무리 잘 기획되고, 판매되어 소비자가 선택했을지라도 최종적으로 국외여행인솔자의 여행 진행 여부에 따라 고객의 만족도나 평가가 달라진다. 따라서 국외여행인솔자는 최종적으로 여행상품 소비자들의 만족도나 재방문 요소에 직접적인 영향을 미치므로 국외여행인솔자의 자질은 매우 중요하다.

1 풍부하고 완벽한 전문 업무지식

국외여행인솔자는 기본적으로 자신의 업무지식에 대한 전문적인 지식을 갖추어야 함은 물론이고, 정치 · 경제 · 사회 · 예술 · 역사 · 건축 · 음악 · 음식문화까지 한마디로 이야기해서 모든 분야에 대한 총체적인 지식을 갖추어야 한다.

예를 들어 유럽의 일정을 진행한다고 가정해 보자.

우선 방문국가도 한 국가 이상일 것이며, 유럽을 지배했던 주요 시대인 고대 로마제국, 프랑크왕국, 합스부르크 왕국시대를 거쳐 오늘날의 유럽국가에 이르기까지 여러 역사를 거치면서 이들이 이루어 놓은 역사와 문명 및 문물은 다방면의 시각에서 설명이 필요하다. 또한 과거의 정치 · 경제 · 사회적인 상황은 물론 현재 이들 부분에 대한 설명은 반드시 필요한 사항이다.

7 이교종, 전게서, pp. 212-213.

물론, 현지가이드가 설명해 주는 경우도 있지만, 그렇지 않은 경우도 있고, 또한 핵심적인 사항의 설명이 안 되었을 경우 보충이 필요하며, 또한 부족한 부분에 대한 추가설명이 필요하다. 이러한 지식을 갖추고 고객과의 커뮤니케이션을 높이는 것은 고객의 만족도에 상당히 중요한 역할을 하며, 또한 동시에 국외여행인솔자에 대한 고객의 신뢰감을 높여준다.

2 원만한 성격과 대인관계

국외여행인솔자는 단체를 지도하는 사람이다. 따라서 해당단체에는 여러 종류의 구성원들이 있기 마련이며, 이들 역시 동일한 인성과 사고방식 및 기호를 갖고 있지 않다. 이러한 이질적인 구성원들에 대해 국외여행인솔자 한 사람이 모두가 기대하는 만족감을 주는 것이 쉬운 일은 아니다.

따라서 국외여행인솔자는 자신의 직무에 대해 열과 성을 다하는 노력을 여행객에게 보일 때 전체적인 만족감을 제고시킬 수 있다. 그리고 이를 바탕으로 모든 구성원에게 인정받고 신뢰받을 수 있는 사고방식과 인성을 갖춘 사람만이 바람직한 국외여행인솔자의 요건이라 할 수 있다.

3 어학능력

국외여행인솔자의 근무환경은 전적으로 외국에서 이루어진다. 따라서 국제적인 공용어를 구사할 수 있는 능력이 뛰어날수록 업무수행의 효율성이 높아진다.

세관통관, 위급상황, 현지가이드 미동반, 테크니컬 업무 통역, 사건사고, 야간관광, 호텔업무, 현지업무 진행, 식당 · 관광지 이동 등 모두 외국인과 접촉하며 업무가 진행되기 때문에 공용어인 영어회화능력은 필수적이다.

이러한 세계 공통어인 영어능력을 갖추면 어느 정도 전 세계의 여행지를 커버할 수 있는 능력이 일단은 외국어 면에서 갖추어졌다고 볼 수 있다.

4 리더십과 판단력

국외여행인솔자가 업무수행을 하는 것은 패키지 상품을 구매한 단체여행객에 대해 이루어진다. 따라서 기본적으로 고객들로 이루어진 한 집단이 구성되며, 이들 집단에 대해 지도자의 역할을 하는 것이 국외여행인솔자라고 하였다. 어떤 집단이든 해당집단의 지도능력에 따라 그 집단의 발전 여부가 달려 있다. 따라서 단체여행을 관리 · 운영하는 국외여행인솔자는 단체에 대한 지도를 행사할 수 있는 리더십(leadership)을 갖추어야 한다.

5 유연한 업무순발력

업무를 수행하다 보면 여권 · 항공권 및 귀중품의 분실, 여행객의 사고, 교통수단의 지연 및 결항, 입국거절 등 돌발적인 상황이 많이 발생한다. 이때 단체의 리더가 침착하지 못하고 불안정한 태도를 취하면 고객들은 불안해 하며, 전체적으로 행사진행을 위한 분위기가 사라지게 된다.

따라서 국외여행인솔자는 이러한 상황에 직면하게 되었을 때 냉정하게 판단하여 그룹 전체의 안전을 생각하며 올바른 문제처리 방법을 강구하여 신속하게 대처하는 순발력이 중요하다.

6 건강한 신체와 체력 유지

국외여행인솔자의 업무는 해외에서 이루어지는 관계로 일단 본국에서 벗어난 타국으로 이동하게 된다.

남미나 아프리카의 경우 비행시간이 길게는 48시간 이상 소요된다. 현지 도착 시 본국과의 시차관계로 아침에 도착하여 수면 없이 바로 행사진행을 하는 경우도 종종 발생한다. 또한 국제야간열차, 버스 · 선박을 이용한 이동도 있으므로 이러한 이동 자체도 반복적으로 행해지는 경우가 많다. 여행 중에는 식사의 종류도 다르며, 향신료 등 입에 맞지 않는 경우도 있다.

따라서 국외여행인솔자로서 업무를 잘 수행하기 위해서는 건강한 신체를 가진 튼튼한 체력을 유지하는 것이 중요하다.

7 투철한 서비스 정신

국외여행인솔업무는 보이지 않는 무형의 상품인 여행을 주제로 단순히 물건을 제공하는 것이 아닌 무형의 상품인 서비스를 제공하는 것이 주된 업무이다. 또한 단체여행자들은 여행관련 제반 서비스를 제공받기 위하여 합당한 비용을 지불하게 되며, 여행사 입장에서는 경비의 대가로 제반 서비스를 제공한다. 또한 국외여행인솔자는 단체여행자들의 만족과 보다 나은 여행을 위하여 심신을 바칠 각오와 함께 서비스 정신으로 무장해야 한다.

8 유머감각과 해박한 상식

즐겁고 보람된 여행이 되는 것은 국외여행인솔자의 최종 목표이다. 평소에 낙천적인 사고방식을 가지고 신문 · 잡지 등에 등장하는 우스운 이야기와 재미

있는 만담 등을 항상 메모하여 자기 것으로 만드는 습관을 가져야 하며, 여행객에게 어떤 질문을 받더라도 당황하지 말고 당당하고 확실하게 말할 수 있는 해박한 상식을 가지고 있어야 한다.

9 좋은 지도력과 올바른 판단력

국외여행인솔자는 개인이 아닌 단체를 대상으로 업무를 수행하기 때문에 리더십과 통제를 갖춘 지도력이 있어야 하며, 예기치 못한 상황에 직면했을 경우에 제대로 대처하기 위해서는 항상 신중하고도 올바른 판단력 그리고 기민한 순발력을 가지고 있어야 한다.

이처럼 여행업에 있어서 회사의 경쟁력을 높이는 데 국외여행인솔자는 인적 서비스라는 차원에서 중요시되고 있으며 국외여행인솔자라는 직업에 적합한 자질을 갖고 있어야 한다.

10 전문가 프로정신

국외여행인솔자는 프로로서 완숙한 경지에 도달해야 한다. 단체여행자와 단순히 여행을 함께하는 동행인이 아닌 주어진 업무를 당당히 수행하고 문제를 해결해 나가는 전문가가 되는 것이다. 이러한 최고의 전문가가 되기 위해 목표를 정하고 모든 일에 적극적인 자세로 임해야 한다.

제 6 절 국외여행인솔자의 금지 및 준수사항

1 국외여행인솔자의 금지 및 준수사항

국외여행인솔자는 항상 회사의 대표자라는 것을 잊어서는 안 된다. 인솔자가 본인의 직분을 망각하여 실수를 하면 회사나 고객에게 치명적인 손해를 주게 되므로 차후 재판매 촉진과 고객관리를 위해서는 다음과 같은 행동에 주의해야 한다.

1) 금지사항

① 고객을 흉보지 말아야 한다.

② 고객과 싸우는 것은 금물이다. 이성적으로 행동한다.

③ 위선적이거나 경솔한 행동은 삼가야 한다.

④ 고객과 이성문제를 일으키지 않는다.

⑤ 고객과 금전거래를 하지 않는다.

⑥ 고객보다 쇼핑을 과다하게 하지 않는다.

⑦ 과음하지 않는다.

⑧ 논쟁에 개입하지 않는다.

⑨ 지나친 쇼핑을 강요하지 않는다.

⑩ 도박을 해서는 안 된다.

⑪ 고객에게 거부반응을 일으키는 과대 복장을 하지 않는다.

⑫ 잘난 체하거나 자신을 과대평가하지 않는다.

⑬ 고객과 필요 이상의 농담을 하지 않는다.

⑭ 인솔자 자신 문제로 출입국 시 세관문제를 일으키지 않도록 주의한다.

2) 준수사항

① 국위를 손상하거나 국가안보에 저해되는 행위

② 회사 명예를 훼손하는 행위

③ 외환관리법에 저촉되는 행위

④ 마약 및 밀수행위

⑤ 매음 및 윤락지역 알선행위

⑥ 폭력, 난동행위

⑦ 손님에게 불손한 행위

⑧ 거래처로부터의 금품수수행위

⑨ 지참금(행사비) 분실 : 만일 분실 시 본인이 전액을 변상해야 할 채무의 책임을 져야 한다.

⑩ 여정 및 여행조건을 임의 변경하는 행위

⑪ 행사지시서(예산서) 외의 과다 지출

⑫ 근무태만으로 인한 불성실한 안내

⑬ 수익증대를 저해하는 행위

⑭ 특정고객에게 편중된 특혜행위

학습 1-1 국외여행인솔자부터 시작해 하나투어 여행사 사장이 되기까지[8]

국내 여행업계 1위 하나투어 박상환(57) 회장을 만나러 간 사람들은 하나같이 회장이 일하는 자리를 보고 놀란다. 회사엔 번듯한 회장실이 없다. 서울 종로구 인사동길 하나투어 본사 10층 맨 안쪽 구석이 그의 자리다. 두 평(6.6m²)쯤 될까. 높이 1m 20cm 칸막이 안쪽에는 노트북 컴퓨터와 전화기가 놓여 있는 책상과 의자가 있을 뿐이다. 어차피 보고와 결재 등 주요 업무는 스마트폰으로 하기 때문에 사무실이 따로 필요하지 않다는 게 그의 지론이다.

박상환 하나투어 회장은 젊은 시절 해외여행 인솔자(TC)로 시작해 지금의 국내 여행업계 1위 기업을 키웠다. 지구에서 안 가본 곳을 꼽아보라는 말에 잠시 지구본을 들여다보더니 "그린란드 빼고는 다 가본 것 같다"며 웃었다.

◆ "세상을 무조건 긍정적으로 보라"

"요즘 여행업계 문제가 뭔지 아세요?"

지난 15일 오후 11시 30분쯤 서울 평창동의 한 주점. 소주잔을 기울이던 박 회장이 대뜸 물었다. "업체 간 과당경쟁? 이익 안 남는 출혈경쟁? 질 떨어지는 싸구려 관광? 아닙니다. 그런 건 앞으로도 계속 존재할 겁니다. 원하는 손님이 있기 때문이죠. 여행업계의 진짜 문제는 세상을 부정적으로 본다는 겁니다."

– 세상을 부정적으로 본다는 게 무슨 뜻인가.

"일부에선 여행업이 20~30년 지나면 사라질 거라고들 한다. 고객들이 점점 단체 패키지 관광을 멀리하고 있어 수익률이 떨어지고 있기 때문이다. 그건 맞지만 이는 끝이 아니고 새로운 기회이다. 여행업계는 지금 세상에는 없는 비즈니스를 만들어야 한다. 볼거리와 먹을거리, 즐길거리, 쇼핑거리를 발굴하고 엮어서 고객이 원하는 '새로운 가치'를 내놔야 한다. 고객은 그곳에서 우리를 필요로 한다. 세상은 무조건 밝고 긍정적으로 봐야 한다. 그래야 길이 보인다."

---

8 http://news.chosun.com

학습 1-2 국외여행인솔자부터 시작해 모두투어 부회장이 되기까지[9]

◆ 여행업에 발을 딛다. 관광안내원이요?

네. 학원 강사 생활을 하고 있을 때, 경복궁에 간 적이 있거든요. 그런데 유창한 영어로 외국인들에게 한국의 문화를 설명하는 관광안내원을 보게 되었어요. 정말 멋있었죠. 그래서 그 길로 관광안내원 시험을 준비했어요. 외국인을 상대로 관광 안내를 할 수 있는 자격 시험은 1년에 한 번 치러졌어요. 학원 강사 생활을 하면서 자격증까지 취득하려니 몸이 열 개라도 모자랐지만 하고 싶다는 생각이 너무 강했기 때문에 단번에 시험을 통과했어요. 그리고 자격증을 딴 해에 우연하게도 과외금지령이 내려지면서, 관광안내원이 되어야겠다는 생각을 다시 하게 된 거죠.

◆ 즐거운 여행을 다녀온 것 같은 대표님의 스토리네요. 여행업에 계신 지도 어느덧 30년이 훌쩍 넘으셨는데, 여행이란 어떤 거라고 생각하시나요?

여행은 학교 밖의 학교라고 생각해요. 백문이 불여일견이라는 말이 괜히 있는 게 아니죠. 새로운 삶을 보면서, 뭔가를 배우고 느끼고 돌아오니까요. 그런 의미에서 배낭 메고 정처 없이 떠도는 것은 여행이라고 할 수 없어요. 모험이라고 해야죠. 여행은 자기 일상에서 벗어나 재충전하는 과정이고 그것을 통해 발전이 일어나요. 예술가들도 여행을 다녀와서 새로운 영감을 얻는 경우가 많잖아요. 그러니 여러분도 자기를 위한 투자라 생각하고 대학생이 되면 꼭 한번 여행을 떠나보기를 바랍니다.

* 모두투어 홍기정 전 모두투어 부회장에 대해 더 알고 싶으시다면
유튜브에서 브라보 멋진 인생 홍기정 부회장을 검색하세요.

9 http://modumagazine.co.kr

복습하기

01 국외여행인솔자의 역할로 적당하지 않은 것은? (　　)

① 회사를 대표하는 세일즈맨의 역할
② 회사의 이미지를 대변하는 풍부한 여행경험자
③ 재만족 고객과 단골고객을 책임지는 고객의 재창조자
④ 여행 전반에 대한 모든 안내와 연출을 책임지는 여행의 연출자

02 국외여행인솔자 자격요건에 해당되지 않는 것은? (　　)

① 해박하고 전문적인 업무지식
② 원만하고 적극적인 성격
③ 높은 점수의 어학자격증
④ 관련 자격증 취득

03 각 회사별 채용공고에서 요구하는 공통적인 자격요건은? (　　)

① 해당업무에 대한 직무경력
② 우수한 어학능력
③ 국외여행인솔자 자격증
④ 서비스 마인드

정답 01 ④ 02 ③ 03 ③

CHAPTER

02

출장 전 준비 실무

PASSPORT

CHAPTER

02 출장 전 준비 실무

국외여행인솔자의 업무는 해당여행사에서 출장명령이 떨어지면 담당부서 OP와 협의(수배서, 확정서, 인보이스, 룸리스트), 카운터와 PNR 처리, 항공권 수령, 선택 관광체크, 여행객들의 정보, 미팅 보딩, 투어피, 여권, 비자에서부터 도착업무까지 모든 업무를 체크하는 업무라고 할 수 있다. 이는 회사 관련 업무 → 여행객 관련 업무 → 국외여행인솔자 개인 준비 업무의 3가지로 구분해 볼 수 있다.

출장 전 업무 절차도

1. 회사 관련 업무

- 행사 관련 업무
  1. 최종일정표 : Final Itinerary 최종점검
  2. 최종확정서 확인 : Confirm Sheet 확인
  3. 루밍리스트 : Rooming List 준비
  4. 고객정보 확인 : Name List 준비
  5. 보험증서
  6. 출입국카드 : E/D카드, 출입국신고서, 검역
  7. 단체행사일지 : 단체행사일지 및 고객만족도
  8. 비상연락망
  9. 바우처 : Voucher 확인
  10. 여권과 비자
  11. 랜드피 확인 : Land Fee
  12. 안내보드판
  13. 항공권과 PNR : 예약기록 확인
- 행사조건 업무 확인
  1. 호텔 & 식사 & 관광 & 현지교통 & 기타 업무조건 확인
- 행사진행비용의 수령 및 확인
  1. 행사진행비용의 수령 및 확인

2. 여행객 관련 업무

1. 여행단체규모와 성격 파악 : 패키지 & 인센티브 등 여행객의 여행목적 및 요구사항 파악
2. 여행객과의 사전접촉 : 여권, 비자, 미팅장소 및 시간 재확인, 준비물 및 주의사항 공지 등

3. 국외여행인솔자 개인 준비 업무

1. 사전 현지 정보 수집 : 지리적 위치 및 기후, 역사적 배경, 정치, 경제, 사회, 문화, 치안상태, 현지통화, 선택관광 등
2. 출장 전 준비물 : 개인 & 여행객 준비물

제 1 절 회사 관련 업무

국외여행인솔자는 출장 전에 본인이 배정받은 여행상품의 최종 여행조건 및 현지에서 행사를 진행할 때 발생할 수 있는 사고에 대비할 수 있도록 회사로부터 수령할 때 필요한 서류를 제대로 꼼꼼하게 확인하고 재확인해야 한다. 그리

고 회사에서 OP에게 전달받은 서류들에 대한 현지사정이나 여행지에 대한 정보는 같은 업계의 선후배들을 활용하여 많은 정보를 얻으며, 각종 업무와 관련이 있는 여행사 홈페이지, 관련서적이나 신문 스크랩을 통해서 현지정보를 얻을 수 있으며 현지 랜드사를 통한 방법도 좋다.

표 2-1 회사 관련 업무서류

준비자료	세부 내용
여행일정표 점검	여행 출발 전 오리엔테이션 당시 고객들에게 나누어드렸던 여행일정표대로 수배가 이루어져 있는지를 인솔자는 최종적으로 재확인해야 한다.
여행객 명단	여행객의 연락처, 여권 유효 · 만료기간, 영문명, 여행횟수 정도가 정리되어 있는 여행객 명단을 정리한다.
수배확정서	수배확정서는 고객들에게 판매한 여행일정과 동일한 여행요소를 여행사의 수배담당자가 담당 랜드사에게—운송시설 · 식사 · 관광 · 버스 · 호텔 · 관광지일정 · 요구사항 등—견적(quotation sheet)을 의뢰하여 확정짓는 서류이므로 이를 꼼꼼하게 확인해야 한다.
항공권과 PNR	항공권의 경우 여행자명, 비행구간, 구간별 탑승 쿠폰, 출발일, 편명, 등급 등을 확인한다. PNR은 항공을 이용하려는 승객의 예약전산 시스템에 기록된 예약기록으로 승객성명과 성별, 비행기편명, 이용날짜, 예약번호, 예약자 전화번호 등이 기록되어 있다.
여권과 비자	여권은 본인소지이지만 고객과 연락해서 여권 유효기간이 얼마나 남아있는지, 여권이름이 항공권 이름과 맞는지를 정확하게 살펴보아야 한다. 그리고 사증은 상호사증면제체결 협정국가(transit without visa)가 아니고서는 반드시 비자가 필요한 나라는 사증을 받아야 하므로 이 또한 꼼꼼하게 점검한다.
고객명단 (name list)	고객명단이라 함은 인솔할 단체여행객의 인적사항을 정리하여 만든 서류이며, 이것은 인솔자가 이동 중인 비행기 안이나 선박 안에서 단체여행객들의 출입국카드와 방 배정 및 항공좌석 배정 등에서 요긴하게 사용할 수 있는 서류이므로 반드시 챙겨야 한다. 여행객과의 연락처, 여권 유효 · 만료기간, 영문명, 여행횟수 정도를 정리한다.
출입국신고서 및 세관신고서	출입국신고서는 국제선으로 여행하는 모든 내 · 외국인은 각 국가의 출입국관리규정에 따라 출입국신고서를 작성하여 제출해야 한다. 따라서 인솔자는 출입국신고서와 인솔할 단체의 인적사항을 가능하면 미리 입수하여 작성해 놓는 것이 좋다.

루밍리스트 (rooming list)	루밍리스트는 호텔숙박 시 고객에게 할당되는 객실번호를 기록하기 위한 것이며, 호텔의 업무를 원활하게 할 뿐만 아니라 현지가이드나 인솔자가 루밍리스트를 가지고 있어야 사후업무가 편하게 이루어진다. 이것은 영문 및 한글이름, 여권번호, 생년월일(주민등록번호), 성별, 호텔객실, 배정번호, 비고 등으로 구성되어 있으며, 인솔자의 객실번호도 있어서 고객이 위급한 상황에 이용하게 되어 있다.
여행자보험증서 (travel insurance)	보험증서는 해외여행 시 사고 · 질병 · 도난 등의 발생 시 보상받을 수 있는 증명서이므로 인솔자는 여행 출발 전에 여행대상자 전원이 여행자보험에 가입되어 있는지 확인하고, 가입기간이 여행의 출발 및 종료시점과 동일한지 확인하고 이를 여행완료 시까지 잘 보관하여야 한다.
행사보고서	행사보고서는 행사의 진행에 대한 기록 · 평가서로서 매일 그날의 행사에 대한 내용을 평가 · 기록하게 되며, 행사가 완전히 종료되면 정산서와 함께 보고하는 양식이다.
비상연락망	비상연락망은 현지행사 진행상 예기치 못한 긴급상황 발생 혹은 일정조정 시 필요한 사항에 대한 조치를 취할 수 있도록 하는 연락망으로서 현지 랜드사의 각 지역별 전화번호와 기타 외국주재 한국대사관 등을 들 수 있다.
바우처 (voucher)	바우처는 인솔자가 현지에서 행사진행 시 호텔 · 식사 · 입장료 · 교통수단 등 비용발생부분에 대해 사용했다는 확인서이며, 지불증서로 일종의 유가증권이라 할 수 있다.
현지여행경비 랜드피 (land fee)	현지여행경비는 인솔자가 직접 현지에서 전달해 주는 경우와 여행사에서 랜드사에 직접 입금해 주는 두 가지 형태가 있다. 대체적으로 동남아의 경우는 서울에서 직불해 주는 경우가 많지만, 유럽 같은 경우는 각 지역별로 랜드사가 다르기 때문에 인솔자가 직접 현지에 가져가야 하므로 가능한 여행자수표로 준비해 가는 것이 안전하다.
여행사 meeting 보드판, 회사배지, 수하물표 (baggage tag)	공항에서 집합 시 처음 대면하는 관광객들을 쉽게 찾을 수 있도록 눈에 띄는 여행사 안내판과 클립보드를 준비해 가는 것이 좋다. 가능하면 '○○여행사, 태국 3박 4일'까지 표시해서 나가는 것이 좋으며, 가능한 여행사명이 기입되어 있는 기존의 Meeting 보드판을 이용하는 것이 좋다.

1 행사 관련 업무 확인

1) 최종 여행일정표 확인(Tour Itinerary)[10,11]

국외여행인솔자는 최종 확정된 여행일정표를 담당OP에게서 수령하면 해당 지역, 여행일수, 관광단체의 성격 등 기본적인 정보를 정확하게 숙지하여야 한다. 특히, 최종 여행일정표는 고객이 계약한 여행일정표와 일치하는지 확인하고, 여행상품명, 여행기간, 여행가격, 출발일, 방문도시와 지역, 관광지, 교통편 및 현지시간, 호텔 등급과 위치, 식사 종류, 포함내역과 불포함내역 등에 대해 정확하게 숙지하고 있어야 한다.

또한, 일정표에 방문하기로 되어 있는 모든 국가와 도시에 대한 역사 · 정치 · 경제 · 사회 · 문화 · 관습 · 종교 · 지리적 특성과 최근의 상황이나 현지사정 등 종합적인 정보를 수집하고 이를 숙지해 두어야 한다. 역사는 기본적으로 해당 국가를 이해하고 방문지국가에 대한 관광활동의 관심과 흥미를 제고시킬 수 있는 정보로 많이 알수록 국외여행인솔자로서의 업무수행과 고객의 만족감을 제공하는 요인이 된다. 또한 방문지국가의 정치적 상황 및 본국과의 외교관계 등도 고객들에게 관심을 불러일으킬 수 있는 흥미로운 정보가 된다.

현지의 특산물, 교통수단에 대한 이용 정보와 주의할 점, 관공서를 포함한 상점 · 은행 등의 업무시간, 전화이용법, 식수, 야간관광활동에 대한 사항 등 현지에 대한 상세한 정보를 수집해 두는 것도 필수적이다.

이와 더불어 여행일정에 포함되어 있는 모든 관광지에 대한 정보, 즉 역사적 배경, 관광지의 성격 및 종류(박물관, 공원, 유적지 등), 공개방문시간의 제한 유무(개관, 폐관시간, 휴관일 등) 등을 정확히 파악해 두어야 한다.

---

10 미래서비스 아카데미, pp. 128–151.

11 장양례(2006), 전게서, pp. 44–46.

(1) 전체 일정 파악하기

1. 전체 여행 일정 파악하기
   행사 확정서를 반드시 확인하고 제공받은 최종 Confirm Sheet(컨폼 시트)에 대한 일정을 해당 OP로부터 꼼꼼하게 확인한다.
2. 출국에서부터 귀국까지 세부적인 일정에 대해 정확하게 숙지하고 일정에 대한 문의나 정확한 일정이 정해지지 않은 경우 이에 대해 상의한다.
3. 여행 일정요소를 세부적으로 정확하게 따져서 이에 대해 정확하게 숙지한다.

(2) 세부 일정 파악하기[12]

- 국외여행인솔자는 전체 일정의 방문 나라, 대표 관광지, 교통편, 이동시간, 현지기온, 환율, 식사종류 및 횟수, 기내식 제공유무, 호텔 등급 및 위치, 쇼핑횟수, 선택 관광 등을 파악한다.
- 고객들에게 제공되는 식사의 종류 및 기내식의 횟수, 호텔의 등급과 위치, 공항까지 이동시간, 현지가이드 동반 여부, 부대서비스, 호텔 이용 시 주의사항 등에 대해 파악한다.
- 방문 나라의 안전은 물론 대표 관광지의 휴무일, 입장료, 대표 방문지 등을 정확하게 파악하며, 추천할 만한 관광지나 옵션관광, 야간관광이 있는지를 파악한다. 특히, 패키지 관광의 경우 그 관광지만을 방문해야만 할 수 있는 독특한 옵션관광이나 야간관광은 관광객들에게 별도의 요금을 내도록 하고 있지만 옵션관광과 야간관광투어의 경우 관광객들의 만족도를 높일 수 있는 중요 요인이 될 수 있는 항목이므로 사전에 숙지해야 한다.
- 방문지의 전체 경로나 노선, 방문 공항의 특성은 물론 나라별 역사 · 정치, 문화, 사회, 종교, 지리적 특성, 기후와 최근의 상황, 화제, 축제, 특산물, 음악 등까지 종합적인 정보나 독특한 문화습관, 금기사항에 대해 숙지한다.
- 방문하는 주요 국가의 화폐단위와 환율에 대해 전반적으로 숙지하여야 한

12 NCS 해외여행안내(2017), 해외여행안내 행사확정서 확인, pp. 15-16.

다. 이는 관광객들이 방문지에서의 관광활동이나 쇼핑, 선택관광 시 필요하므로 국외여행인솔자에게 자주 질문하는 항목이다.

양식 2-1 서유럽지역 여행일정표

※ 본 상품의 예약과 취소는 국외여행 표준약관이 적용됨을 알려드립니다.
※ 본 상품의 일정표는 상담을 위한 간략 일정표이므로, 상세내역(선택관광,유의사항 등) 및 약관은 예약 진행시 교부되는 일정표를 참고 부탁드립니다.

상품코드 : EWP331AF31 **출발일 : 2020-03-27** **단체번호 : 61795335**

단 체 명 : ■출발확정■★융프라우 등정★ 서유럽 3국 8일 [프랑스/스위스/이태리] [6박 8일]

첫 만 남 : 06:55 인천국제공항 제2터미널 3층 동편 H카운터 창측 **투어 전용미팅 테이블(탑승수속은 출발 1시간 전마감을 원칙으로 하오니, 이점 유의해주시기 바랍니다)

여행기간 :
[한국출발] 2020-03-27 (금) 09:55 (AF267)
[현지도착] 2020-03-27 (금) 17:35
[현지출발] 2020-04-02 (목) 13:10
[한국도착] 2020-04-03 (금) 08:10 (AF264)

※ 예약하신 후 해당 예약처에서 [예약확인서]를 이메일이나 인쇄물을 통해 반드시 수령하시기 바랍니다.

	어른	소아N	소아E	유아	랜드
상품가	1,280,000	문의요망	1,274,000	문의요망	1,099,000
유류할증료	425,000	문의요망	425,000	문의요망	
제세공과금	0	문의요망	0	문의요망	
총상품가	1,705,000	문의요망	1,699,000	문의요망	
현지필수경비	EUR80		EUR80	EUR0	
객실1인사용료	360,000				

확정	출발확정:미확정 가격확정:미확정 일정확정:미확정 항공확정:미확정 가이드:포함(일부불포함) 인솔자확정:동반
포함사항	* 이급호텔 숙박, 호텔조식 또는 밀박스 ※ 호텔은 출발 1일 전에 확정이 되며 홈페이지를 통해 알려드리겠습니다. * 일정상의 항공료, 유류할증료,호텔(2인1실 기준),식사,관광 입장료 포함입니다. * 최대 1억원 여행자 보험,인천공항세,출국납부금,제세금 포함입니다. * **투어 유럽 상품은 관광객들에게 징수하는 호텔TAX를 포함하고 있습니다. ※ 여행자보험 담당 : [한화손해보험] ***(보험관련문의만가능) Tel)02-728-**** Fax)02-2021-**** 단 만15세 미만의 사망보험금 및 만79세 6개월이상의 질병사망에 대해서는 보험 약관에 따라 보험금이 지급되지 않습니다. 자세한 세부사항은 홈페이지 하단 여행보험을 참조 바랍니다.
불포함사항	* 1인당 전 일정 80유로의 가이드/기사 경비를 현지에서 지불해야 합니다. ※ 단, 인원이 14명 이하로 출발하는 경우에는 1 인당 20 유로가 추가 됩니다. * 기타 개인 음료 및 경비 * 초과 수하물 요금(규정의 무게, 크기, 개수를 초과 하는것) * 개인 경비 및 매너팁 (호텔, 개인수화물 대리운반등) * 선택관광 비용
유류할증료 환율	☞ 유류할증료(FUEL SURCHARGE) 국제유가와 항공사 영업환경을 고려한 국토교통부의 '국제선 항공요금과 유류할증료 확대방안' 에 따라 유류할증료가 인상, 인하되고 있습니다. 예약시, 유류할증료 추가금액 여부를 확인해 주시기 바랍니다. ☞ 달러/엔/유로화등의 환율이 급격하게 변동될 경우는 추가금액이 발생하거나 상품가 인상이 있을 수 있습니다.

일차	방문도시	구분	세부내용
03-27(금)	인터라켄	교통	AF267 한국출발시간 : 2020년 03월 27일 (금) 09:55 현지도착시간 : 2020년 03월 27일 (금) 17:35
		관광	O 인터라켄으로 이동 [약 2시간 소요]
		식사	석식 - 현지식
		숙박	[인터라켄] Mattenhof Resort AG - 스위스 1박 [인터라켄] City Hotel Oberland

※ 본 상품의 예약과 취소는 국외여행 표준약관이 적용됨을 알려드립니다.
※ 본 상품의 일정표는 상담을 위한 간략 일정표이므로, 상세내역(선택관광,유의사항 등) 및 약관은 예약 진행시 교부되는 일정표를 참고 부탁드립니다.

03-28(토)	인터라켄 >밀라노	관광	O 융프라우 - '죽기 전에 꼭 가봐야 할 곳' 알프스 융프라우 등반 열차로 등정 알프스의 영봉 융프라우요흐를(3454m)를 톱니바퀴식 등반 열차를 타고 등정하여 아름다운 얼음 궁전과 스핑크스 테라스에서 정상의 만년설 감상한 후 하산합니다. O 밀라노로 이동 [약 5시간 소요] O 두오모 성당 - 이탈리아 최대의 고딕 양식의 건축물 두오모 성당(외관) O 빅토리오 엠마누엘 2세 갤러리 - 베르디의 '나부코'와 푸치니의 '투란도트' 초연한 곳으로 유명한 스칼라 극장(외관) O 스칼라 극장
		식사	조식 - 호텔식(밀박스) 중식 - 한 식 석식 - 현지식[마르게리따 피자]
		숙박	[밀라노] HOTEL SAN GIORGIO [밀라노] Hotel Polo
03-29(일)	밀라노 >베니스	관광	O 베니스로 이동[약 4시간 소요] O 산마르코 광장 - 나폴레옹이 '세계에서 가장 아름다운 응접실'이라고 격찬한 곳인 산마르코 광장 O 산마르코 성당 O 두칼레 궁전 - 두칼레 궁전(외관) O 탄식의 다리
		관광비고	O 선택관광 안내: 선택관광 : 곤돌라 O 선택관광 안내: 선택관광 : 수상택시
		식사	조식 - 호텔식 중식 - 한 식 석식 - 중국식
		숙박	[베니스] Residence Hotel Laguna [베니스] HOTEL SAN GIULIANO
03-30(월)	베니스 >피렌체 >로마	관광	O 피렌체로 이동[약 4시간 소요] O 두오모 성당 - 소설 '냉정과 열정 사이'의 배경이 되었던 두오모 성당(꽃의 성모마리아 성당, 산타마리아 델 피오레) 관광 O 시뇨리아광장 O 베키오다리 조망 O 단테 생가(외관) O 미켈란젤로 언덕 O 로마로 이동 [약 4시간 30분 소요]
		식사	조식 - 호텔식 중식 - 현지식 석식 - 한 식
		숙박	[로마] Hotel Angeletto [로마] HOTEL MONTE ARTEMISIO
03-31(화)	로마 >파리	관광	O 바티칸 박물관 - 로마 최대의 명소인 바티칸 박물관 관광 ※일요일 휴관 O 성 베드로 대성당 - 카톨릭교의 본산지 성 베드로 성당 관광 ※ 바티칸은 현지 사정에 따라 (행사 등) 대기시간이 길어질 수 있으며, 베드로 성당의 경우 각종 행사로 인해 사전 예고없이 바티칸 측에서 관광객의 내부입장을 제한할 수 있습니다. O 시스티나 예배당 - 미켈란젤로의 '천지창조' 로 유명한 시스티나 예배당 O 트레비분수 - 로마에서 가장 아름다운 분수중 하나인 트레비 분수 등 로마 유적지 및 시내관광 O 콜로세움 - 고대 로마의 원형경기장인 콜로세움(외관) O 포로로마노 - 현재도 발굴중인 로마제국의 중심지인 포로 로마노(외관)
		관광비고	O 선택관광 안내: 선택관광 : 벤츠옵션
		식사	조식 - 호텔식 중식 - 현지식[까르보나라 스파게티] 석식 - 도시락
		숙박	[파리] RESIDHOME CARRIERES LA DEFENSE [파리] ibis Marne-la-Vallée Noisy

04-01(수)	파리	관광	O 루브르 박물관 - 세계 3대 박물관 중 하나인 루브르 박물관 관광 ※화요일 휴관 O 에펠탑 - 파리의 상징인 에펠탑 조망 O 개선문 - '예술과 낭만의 도시' 파리 시내 관광 O 샹제리제 거리 O 콩코드 광장
		관광비고	O 선택관광 안내: 선택관광 : 에펠탑 2층 전망대+세느강유람선 탑승 O 선택관광 안내: 선택관광 : 리도쇼 관람
		식사	조식 - 호텔식 중식 - 현지식[에스카르고 전식] 석식 - 한 식
		숙박	[파리] RESIDHOME CARRIERES LA DEFENSE [파리] ibis Marne-la-Vallée Noisy
04-02(목)	파리	식사	조식 - 호텔식 중식 - 기내식 석식 - 기내식
04-03(금)		교통	AF264 현지출발시간 : 2020년 04월 02일 (목) 13:10 한국도착시간 : 2020년 04월 03일 (금) 08:10
		관광	O ※ 효율적인 여행의 진행을 위해 관광지의 순서가 바뀌어 진행될 수 있습니다.

※ 상기일정은 국외여행표준약관 제13조, 제14조의 규정인 아래조건의 경우에 변경될 수 있음을 양지하시기 바랍니다
1. 여행자의 안전과 보호를 위하여 여행자의 요청 또는 현지사정에 의하여 부득이하다고 쌍방이 합의한 경우
2. 천재지변, 전란, 정부의 명령, 운송, 숙박기관등의 파업, 휴업등으로 여행의 목적을 달성할 수 없는 경우
3. 당사의 고의 또는 과실없이 항공기, 기차, 선박 등 교통기관의 연발착 또는 교통 체증등으로 인하여 계획된 여행일정진행이 불가능한 경우

2) 최종확정서 확인(Confirm Sheet)[13]

인솔하는 여행단체가 어떠한 조건과 내용인지 담당OP가 전해주는 인수 서류와 정보를 정확하게 확인해야 한다. 원만한 여행일정 관리를 위해 여행단체가 요구한 여행조건서 및 여행계약서 내용에 대해 숙지하여야 하며, 고객들의 특별한 요청사항이 있거나 포함사항과 불포함사항 등에 대해 정확하게 알고 있어야 문제가 발생했을 경우 해결방안을 설정하기가 쉽다.

따라서 출발일 최종 며칠 전에 행사진행에 필요한 수배확인 · 제반서류 등을 국외여행인솔자는 정확하게 확인해야 하며, 이때 최종일정표와 더불어 중요한 서류가 최종확정서이다. 최종확정서란 여행사와 지상수배업자 담당OP들이 최종 일정표에 근거한 최종 수배확정서로서 최종확정된 여행일정, 사용호텔의 등급, 이용객실의 종류와 수, 이용하는 호텔의 부대 서비스내용, 식사의 종류와 횟수, 운송수단, 입장료 등 모든 여행조건이 여행사가 의뢰한 대로 수배되어 있

13 김병헌(2016), 국외여행인솔자, p. 145.

는지 확인하는 중요 서류이므로 이를 국외여행인솔자는 반드시 수령하고 확인하는 작업이 필요하다.

특히 신경써야 할 부분은 국가 간 이동시점으로서 예정된 시간이 올바르게 되어 있는가, 구간별 이동시간이 적절하게 고려되었는가, 관광활동에 대한 시간이 적절히 배정되었는가, 현지안내원과의 미팅시간이 올바르게 되어 있는가 등을 철저히 점검해야 한다.

만약 요청된 일정대로 수배되지 않았다든지, 고객이 요청한 일정과 상당한 정도로 차이가 있다든지 문제가 발생할 소지가 있는 것으로 수배가 이루어져 있다면 수배담당자와 논의하고 출발 전에 변경 · 조정해야 한다.

(1) 수배확정서(confirm sheet)

수배확정서(confirm sheet)는 운송시설, 식사, 관광, 버스를 구성하고 있는 요소 모두를 매뉴얼화하는 것이다. 고객들에게 판매한 여행일정과 동일한 여행요소를 사용하도록 여행사의 수배담당자가 랜드사에게 수배를 의뢰한다. 랜드사는 요청받은 대로 각 여행요소에 대한 사용예약을 하고 수배확정서(confirm sheet)에 이를 서면으로 작성하여 여행사의 수배담당자에게 송부한다. 랜드사는 수배확정서의 내용대로 의뢰받은 관광단체의 행사를 진행하겠다는 일종의 계약서적 성격을 지니는 것이 수배확정서라고 할 수 있다.

따라서 국외여행인솔자는 행사 종료 시까지 수배확정서(confirm sheet)를 기준으로 행사를 진행하게 된다. 특별히 행사진행에 지장을 줄 정도의 현지사정이 없는 한 현지에서의 일정은 수배확정서에 준하여 진행되나, 특별한 이유 없이 현지에서 수배확정서와 다르게 행사가 진행되어 고객에게 불이익을 줄 수 있는 경우에는 일종의 계약서라 할 수 있는 수배확정서를 제시하고 확인시킴으로써 약정된 대로 행사진행을 하면 된다.

유럽출장은 L.D.C(Long Distance Coach) 장거리 버스 여행으로 영어와 한글로 된 수배확정서를 수령하며, 본 확정서에 가이드 미팅장소부터 중요한 최종 수배확정 진행내용이 세부적으로 들어 있으므로 관련 내용 등을 출장 전에 확인해야 한다.

간혹 여행의 진행방향과 반대로 호텔, 식당 등이 수배되거나 식사종류와 횟수, 현지가이드 미팅 장소 등이 바뀌거나 수배되어 있지 않은 경우가 있으므로 이에 대한 수배가 적절하게 잘 되었는지 꼼꼼하게 확인한다.

양식 2-2 수배확정서(confirm sheet)

수배확정서
(CONFIRM SHEET)

GROUP NAME	00팀 PTY(SW-05)	PERIOD	17AUG 2017~19AUG 2017
PAX SIZE	19+1FOC	FLIGHT	KE511/KE420
HOTEL	HILTON HTL	ROOMS	TWN(10), SGL( ), TRP( )
LAND FEE	US$140(P/P)	TOTAL	US$ 2,660.00
LOCAL CONTCT	KONG TAI TRAVEL, KIM JIN SOO (TEL 700-4861) / PAY IN SEL		

— 일 정 표 —

DATE	CITY	TRANS	ITINERARY	MEALS
17 AUG	홍 콩 타이베이	CX510 전용 버스	15:50 타이베이 도착 석식 후 호텔 투숙 및 휴식	D
18 AUG	타이베이	전용 버스	호텔 조식 후 국립 고궁 박물관, 충렬사 관광 중정 기념당, 총통부 광장 관광, 용산사, 야시장 관광, 식사 후 호텔 투숙	B L D
19 AUG	타이베이 인 천	전용 버스 CX420	호텔 조식 후 해상 공원 관광 중식 후 공항으로 이동, 인천	B L

* HOTEL 및 상기 일정은 현지 사정에 따라 변경될 수 있습니다.

양식 2-3 L.D.C 유럽 확정서(Confirm Sheet)

VICTORIA TOURS CO.

SEOUL OFFICE
ADD : -DONG, SEOCHO-GU, SEOUL, KOREA.
TELEPHONE : FACSIMILE :
==
ATTN : **여행사 / 장서진님
FROM : 이영경 드림
DATE : 12. MAY. 2020

FNL CNFM SHEET
TOUR NO. & NAME : VIC 56414 CIE 3 COUNTRY PTY
FULL PAYING PAX : 31* 01 FOC (14TWIN, 01TRP, 01SGL)
TOUR ESCORT NAME : MS. KIM, SUN HEE
SEL DEPT DATE : 14. MAY(SUN)

14. MAY(SUN) ARR. PAR

KE901(OK) 1910(CDG) APR CDG APT IN PAR BY KE901 FROM SEOUL AND LOCAL BUS TRANSEER HOTEL VIA KOREAN RESTAURANT WITH ASSISTANT
2030 KOREAN DINNER (RSV & PAY BY LON)

* ACCOMMODATION AT SOFIT ST. JACQUES
ADD : 17 BLVD ST JACQUES, F-75014
TEL : 33 1 40 78 80 FAX : 33 1 45 88 43 93

15. MAY(MON) PAR
0800 AMERICAN BREAKFAST AT HOTEL
LOCAL BUS 0900 FULL-DAY CITY TOUR INCL. LOUVRE MUSEUM (CLOSE ON TUE) WITH KOREAN GUIDE
1200 LOCAL LUNCH (RSV & PAY BY PAR)
1800 KOREAN DINNER (RSV & PAY BY PAR)

16. MAY(TUE) PAR/GVA
0800 AMERICAN BREAKFAST AT HOTEL
LOCAL BUS 0900 HALF-DAY EXCURSION TO VERSAILLES (CLOSE ON MON) AND HALF-DAY CITY TOUR WITH KOREAN GUIDE TILL DEPARTURE WITH KOREAN GUIDE TILL DEPARTURE
1200 LOCAL LUNCH (RSV & PAY BY PAR)
1800 KOREAN DINNER (RSV &PAY BY PAR)
SR729(OK) 2045(CDG) FLIGHT DEPARTURE FOR GVA (FLT RECNFM IN PAR)

"FROM HERE 2105(GVA) ARRIVAL AIRPORT IN GENEVA BY SR739 FROM PAR AND LDC TRANSFER TO HTL WITH ASSISTANT

• ACCOMMODATION AT NOVOTEL CHAMONIX HOTEL (RSV & PAY BY ZRH) ADD : VERS LE NANT – LES BOSSONS, 74400 CHAMONIX

TEL : 33-50-532622 , 50-533131

17. MAY.(WED) GVA-MIL

0800 AMERICAN BREAKFAST AT HOTEL

L.D.C. 0900 HALF-DAY EXCURSION TO MT. BLANC

CABLE-CAR WITH KOREAN GUIDE

1200 CHINESE LUNCH. TRANSFER TO MILANO WITHOUT GUIDE

1300 AFTER LUNCH. TRANSFER TO MILANO WITHOUT GUIDE

1800 ARRIVAL "IN FRONT OF CATERO SPORCESCO" IN MILANO AND MEET ASSISTANT AND LOCAL DINNER (RSV & PAY BY ROM)

• ACCOMMODATION AT JOLLY TOURING ADD : VIA U. TARCHETTI. 2 20121 MILANO, ITALY

TEL : 39 – 2 – 6335 FAX : 39 – 2 – 6592209

FRANKFURT
P./C : MR. OH, YOUNG BAE
ADD : STEINKOPF WEG 24, 65931 FRANKFRUT/M, GERMANY
TEL : (49)-69-36-26-99 FAX : (49)-69-36-37-21
HAND PHONE : (49)-171-802-7163

ZURICH
P/C : MR. KIM, SUK KYU
ADD : SCHUPPISSTR. 4 CH-3057 ZURICH, SWISS
TEL : (41)-1-312-13-88 FAX : (41)-1-312-26-11

BRUSSELS
P/C : MR. CHOO, YONG YOUB
ADD : AVENUE CHARLES BRASSINE, 31 1160 BRUSELLES, BELGIUM
TEL : (32)-2-672-7815 FAX : (32)-2-672-7815

INNSBRUCK
P/C : MRS. SOON AE, FLNK
ADD : REIMMICHL GASSE 3, A-6200 INNSBRUCK, AUSTRIA
TEL : (43)-512-293-809 FAX : (43)-512-292-898
HAND PHONE : (43)-1-220-5836

VIENNA
P/C : MRS. YANG SOON, NEUGEBAUR
ADD : VTB SERVICE, A-1200 VIENNA, KALMUSWEG 70, AUSTRIA
TEL : (43)-1-220-5836 FAX : (43)1-220-8653

MADRID
P/C : MR. MOON, KWANG BIN
ADD : GOYI 115 2-8, E-28009 MADRID, SPAIN
TEL : (34)-1-402-49-26　　FAX : (34)-1-402-49-30
HOME : (34)-1-551-0435

ATHENS
P/C : MR. LEE, HAN SUH
ADD : 28, VASSILEOS CONSTANDINOU PANGRATI, G-11635 ATHENS, GREEO
TEL : (30)-1-722-27-00　　FAX : (30)-1-724-09-88

3) 루밍리스트(Rooming List)

루밍리스트(rooming list)는 원래 호텔 투숙 시 고객에게 할당되는 객실번호를 기록하기 위한 서류로, 호텔, 현지가이드, 국외여행인솔자가 루밍리스트를 가지고 있어야 사후업무가 편리하다.

양식 2-4 Rooming List

- 모 닝 콜 : 7:00　　출발시간 : 9:00
- 식　　사 : 8:00　　식사장소 : 1층 LOBBY FLOWER CAFE
- 국제 전화 :　　콜렉트콜 :
- 방과 방번호 : 8+방번호(무료)

NO	NAME	ROOM NUMBER	NO	NAME	ROOM NUMBER
1	장서진 JANG/SEO JIN	253	8		
2	이영경 LEE/YOUNG KYONG	253	9		

3	장동건 JANG/DONG GUN	254	10		
4	고소영 KO/SO YOUNG	256	11		
5	기성용 KI/SONG YOUNG	257	12		
6	한혜진 HAN/HYE JIN	257	13	김가영 KIM/KA YOUNG 현지가이드 방	421
7			14	김진희 KIM/JIN HEE 국외여행인솔자 방	

본 서류에는 여행에 참가하는 모든 고객의 명단이 기록되며, 다음과 같은 내용이 포함된다.

- 영문&한글이름, 객실번호, 국외여행인솔자&현지가이드&운전기사 방번호, 국제전화 방법, 방과 방 번호, 모닝콜, 조식시간, 출발시간, 짐 수거시간 등

4) 고객정보 확인(Name List)

인솔자가 인솔할 팀을 배정받으면 바로 고객 명단으로 고객의 이름을 외우고 고객의 성격 및 특이사항 파악을 해야 한다. 고객의 개인정보를 최대한 많이 알고 있는 경우 행사진행에 도움이 될 수 있기 때문이다. 여권 관련 정보는 출입국 절차에서 꼭 필요하다.

여권번호는 출입국카드를 기록하거나 현지에서 여권을 분실하였을 경우에 대비할 수 있다. 여권 만기일은 여행 행사 운영에 차질이 생길 수 있으므로 6개월 이상 남아 있는지 확인한다.

여행 참가 고객은 항공권 발권에 필요한 영문 성명의 확인 등을 위해 여권 복사본을 여행사에 제출하므로 국외여행인솔자는 이를 확인하여 고객 명단의 내용을 알 수 있다. 이때 여권의 영문 성명과 항공권 영문 성명 철자를 확인한

다. 철자가 하나만 달라도 공항에서 탑승이 거절될 수 있기 때문이다.

고객의 연락처는 휴대전화, 자택과 회사 전화번호, 주소 등이 필요하며, 만일의 사태에 대비하여 하나뿐인 경우는 보호자나 지인의 전화번호 등 가능한 연락처를 반드시 하나 이상 확보한다. 여행 출발일이 늦거나 현지에서 사고가 생기는 등 여행객과 연락이 두절되거나 사고가 생겼을 경우에 대비하기 위해서다.

이러한 과정을 통해 고객정보 명단표를 작성하여 고객의 요구사항이나 직업, 성격 및 건강상의 특이사항, 여행경험 등을 파악하면 고객에 대해 더 잘 이해할 수 있으므로 고객이 만족할 만한 여행 행사를 운영하는 데 도움이 된다.

양식 2-5 Name List

No	성명	성별	주민등록번호	여권번호	유효기간	주소	전화	비고
1	장서진 Jang Seo Jin	F	750000-2	JR123456	12AUG00	서울 송파구 양재대로 1218	010-3745-1004	가족
2	이영경 Lee Young Kyong	F	121230-2					
3								
4								
5								

5) 보험증서

해외여행 시 발생할 수 있는 사고 · 질병 · 도난 등에 대비하여 국외여행인솔자를 포함한 모든 고객, 즉 모든 여행자에 대하여 여행자보험(travel insurance)에 가입하여야 한다. 가입하면 이를 증명하는 보험증서(travel insurance certificate)가 발행되는데, 이는 여행일정 중 위에 언급한 사고에 대한 보상을 해주는 증요한 서류이므로 국외여행인솔자는 출발 전에 여행대상자 전원이 가입되어 증서에 기재되어 있는지, 가입기간이 여행의 출발 및 종료시점과 동일한지 확인하는 것이 필요하며, 여행종료 시까지 이를 지참하고 다녀야 한다.

우리나라 현행 관광진흥법에서는 여행사가 당해 사업과 관련해 사고의 발생 및 여행자에게 손해가 발생하는 경우에 대비하여 여행사에서 보험에 가입하여야 한다고 규정하고 있다(관광진흥법 제9조).

양식 2-6 보험 가입 견본

Hanwha 해외(국내)여행보험 가입증명서

Certificate of Overseas(Domestic) Traveller's Insurance

This is to certify that the insurer has issued policies of insurance as indicated belows.
(아래와 같이 보험가입 되었음을 증명합니다.)

증권번호 Policy No.		150117 ■■	사망보험금 수익자 Beneficiary	성명 Name	법정상속인
보험계약자 Policy Holder		■■		피보험자와의 관계 Relationship	법정상속인
계약일자 Date of Policy		2015-01-21 09:00:00	여행지 Place of Travel		해외 체코
보험기간 Policy Period		2015-01-27-00 ~ 2015-02-21-23	여행목적 Purpose		Tour
피보험자 Insured	성명 Name	■	현재건강상태/과거상병 Health Condition/Sickness History		0 / 0
	주민등록번호 ID No.	■■ ******	여행중 위험한 운동 유/무 Sports/Occupation Additional Prem		무
	주소 Address	(우)	특이사항		해당사항 없음

담보내용 Coverage			보험가입금액 Insured Amount
상해 Accident	사망 후유장해	Death or Disability	₩200,000,000
	입원의료실비	Medical Expenses (Inpatient)	₩5,000,000
	통원_외래실비	Medical Expenses (Outpatient)	₩250,000
	통원_처방조제	Medical Expenses (Prescription)	₩50,000
	의료실비 (해외의료기관)	Medical Expenses (Overseas hospital)	₩5,000,000
질병 Sickness	사망	Death	₩10,000,000
	입원의료실비	Medical Expenses (Inpatient)	₩5,000,000
	통원_외래실비	Medical Expenses (Outpatient)	₩250,000
	통원_처방조제	Medical Expenses (Prescription)	₩50,000
	의료실비 (해외의료기관)	Medical Expenses (Overseas hospital)	₩5,000,000
배상책임 Liability (면책금액 (Deductible) ₩10,000)			₩5,000,000
휴대품 Baggage (면책금액 (Deductible) ₩10,000)			₩300,000 (1조당 20만원 한도)
특별비용 Special Expenses			₩5,000,000
항공기 납치(해외) Skyjacking			₩1,400,000
보험료 Premium			₩39,420

[한화손해보험 해외상담 서비스]
여행자 지원 · 보험사고 청구지원 · 의료지원 서비스
전세계 현지에서 365일 24시간 우리말로 상담해 드립니다.

무료직통전화가 가능한 아래 국가 이외에는
수신자부담(Collect Call) 822-3140-1707 이용

—— 무료 직통전화 서비스국가 및 지역번호 ——

√괌	1-888-508-1455	√일본	0044-22-82-2271
√네덜란드	0800-022-1956	√중국 이남	10800-882-0128
√뉴질랜드	0800-44-5418	√중국 이북	10800-821-0128
√대만	0800-22-2284	√캐나다	1-888-492-8889
√독일	0800-181-6148	√태국	001-800-822-1011
√미국	1-888-752-4519	√프랑스	0800-91-9420
√싱가포르	800-821-8012	√필리핀	1-800-822-0055
√영국	0800-86-5889	√헝가리	00-800-18-280
√이스라엘	1-800-945-0005	√호주	1-800-148-052
√이탈리아	8008-76911	√홍콩	800-930-447
√인도네시아	001-808-822-0078		

[보험조건]

- 해외여행보험 보통약관
- 배상책임담보 특별약관
- 특별비용담보 특별약관
- 날짜인식오류담보 추가약관
- 질병사망담보 특별약관
- 휴대품손해담보 특별약관
- 실손의료비담보 특별약관
- 항공기납치담보 특별약관(해외)

[꼭 알아두실 내용]

이 보험계약에서 보장하는 의료비는 동 비용을 담보하는 다수의 보험계약이 체결되어 있는 경우, 약관에 따라 비례하여 보상합니다. 다만, 이미 가입된 보험계약에서 보상한 금액이 본인이 부담한 의료비를 초과 하였을 때에는 보험금이 지급되지 아니할 수 있습니다.

6) 출입국카드 및 세관신고서 확인

(1) 출입국신고서

해당국가의 출입국신고서는 E/D Card: Embarkation/Disembarkation Card, Immigration Card, Arrival Card이며, 해당 국가 입국 시 입국 및 출국 신고를 알리는 출입국 사실을 관할당국에 신고하는 서류이다. 이는 여행객의 여행기록과 방문목적, 체재기간 및 장소 등을 밝힘으로써 입국 및 출국을 허가받는 의미로 사용된다.

우리나라의 경우 이를 담당하는 기관은 법무부 출입국관리사무소이며, 모든 국가에는 이를 담당하는 기관이 있다.

말 그대로 출국과 입국 시에 필요한 서류로 국외여행인솔자는 나라별로 모든 참가고객의 수만큼 이를 준비하여 출국당일 고객들이 출국에 필요한 준비를 하도록 도움을 주어야 한다. 그러나 대부분의 경우 현지 출입국카드와 세관신고서는 비행기 기내에서 승무원이 나누어주는 경우가 많으므로 사전에 준비할 필요는 없으며, 기내 업무에서 관련 서류를 나누어주는 경우 잘 챙겨야 한다.

그리고 출입국카드는 나라별로 1인당 1명씩 작성하는 것이 원칙이며, 세관신고서는 가족당 1개씩 작성하므로 이에 관해 여행객들에게 사전에 주지시켜 준다.

단체관광의 경우 세관신고서나 출입국카드는 국외여행인솔자가 모든 고객의 출입국카드를 기록하고 출국당일 고객들에게 배포하여 고객들이 서명만 하도록 하는 것이 관행인데, 이는 단체행사를 원활히 진행시킬 수 있다는 장점 때문이다.

그러나 단체관광객이 많은 경우 국외여행인솔자가 모든 서류를 준비하는 것은 무리이므로 여행객들의 협조를 받아 각자 작성하는 것이 효율적이다.

국외여행인솔자가 출입국카드에 기록하는 고객정보는 고객이 여행사에 예약할 때 받은 고객정보가 루밍리스트에 기록된 것이므로 이를 근거로 하여 작성하게 된다. 한편 출입국카드의 입국부분은 여권커버에 넣어 잘 보관하도록 고객들에게 주지시켜야 입국 시 분실로 인해 입국카드를 재작성할 필요가 없게 된다.

(2) 세관신고서

세관신고서는 해당 방문국의 세관사무소에서 입국객의 소지품에 대한 반입허용 및 반입불가품목의 여부를 조사하는 서류이며, 우리나라를 비롯한 대부분의 국가들이 출입국 시 세관신고서를 작성하고 있다. 세관신고서도 사전에 준비할 수 있으면 국외여행인솔자가 미리 준비하도록 한다. 만약 사전준비가 안 되는 경우에는 기내에서 승무원에게 수령하여 작성하면 된다. 세관신고서는 출입국카드를 개별 작성하는 것과 달리 가족당 1매만 작성하면 된다. 다만 기내에서 작성 시 국외여행인솔자가 작성하게 되는 경우 대리작성이나 서명의 문제로 법적인 문제까지 번질 수 있으므로 세관신고서는 여행객이 직접 작성하고 서명할 수 있도록 한다.

양식 2-7 태국 출입국신고서 견본

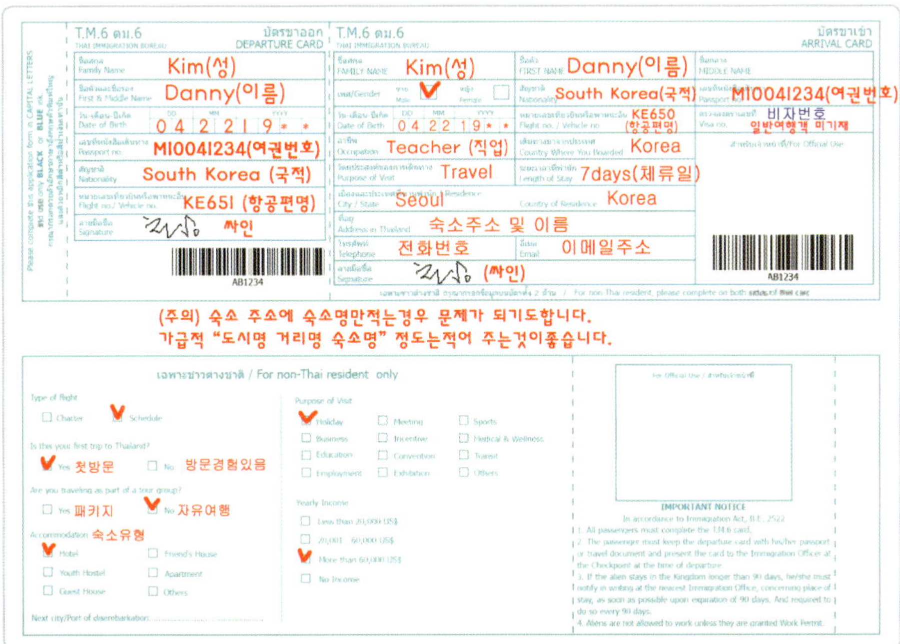

T.M.6 DEPARTURE CARD

Family Name: Kim(성)
First & Middle Name: Danny(이름)
Date of Birth: 04 2 2 1 9 * *
Passport no.: M1004I234(여권번호)
Nationality: South Korea (국적)
Flight no./Vehicle no.: KE651 (항공편명)
Signature: 싸인

AB1234

T.M.6 ARRIVAL CARD

FAMILY NAME: Kim(성)
FIRST NAME: Danny(이름)
MIDDLE NAME
Gender: Male ✔ Female
Nationality: South Korea(국적)
Passport no.: M1004I234(여권번호)
Date of Birth: 04 22 19 * *
Flight no./Vehicle no.: KE650 (항공편명)
Visa no.: 비자번호 일반여행객 미기재
Occupation: Teacher (직업)
Country Where You Boarded: Korea
Purpose of Visit: Travel
Length of Stay: 7days(체류일)
City / State: Seoul
Country of Residence: Korea
Address in Thailand: 숙소주소 및 이름
Telephone: 전화번호
Email: 이메일주소
Signature: (싸인)

AB1234

(주의) 숙소 주소에 숙소명만적는경우 문제가 되기도합니다.
가급적 "도시명 거리명 숙소명" 정도는적어 주는것이좋습니다.

For non-Thai resident only

Type of flight: Charter / ✔ Schedule
Is this your first trip to Thailand? ✔ Yes 첫방문 / No 방문경험있음
Are you traveling as part of a tour group? Yes 패키지 / ✔ No 자유여행
Accommodation 숙소유형: ✔ Hotel / Friend's House / Youth Hostel / Apartment / Guest House / Others
Next city/Port of disembarkation

Purpose of Visit: ✔ Holiday / Meeting / Sports / Business / Incentive / Medical & Wellness / Education / Convention / Transit / Employment / Exhibition / Others

Yearly Income: Less than 20,000 US$ / 20,001 - 60,000 US$ / ✔ More than 60,000 US$ / No Income

IMPORTANT NOTICE

양식 2-8 태국 세관신고서 견본

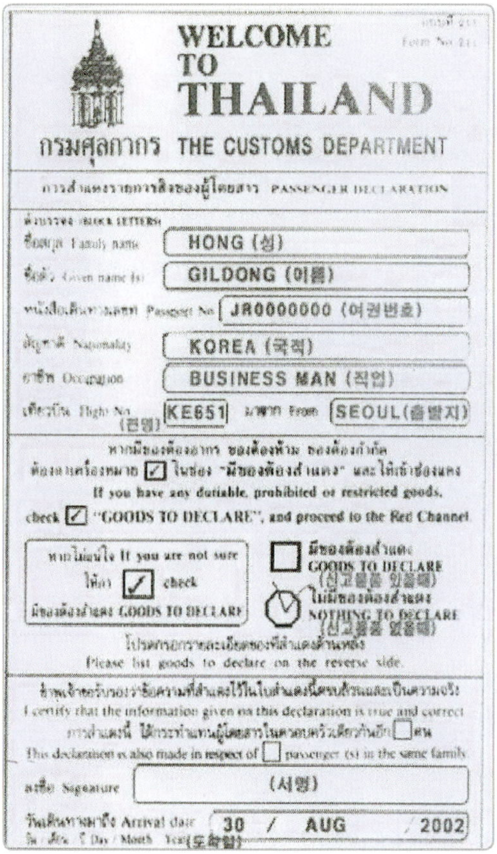
WELCOME TO THAILAND

THE CUSTOMS DEPARTMENT

PASSENGER DECLARATION

Family name: HONG (성)

Given name (s): GILDONG (이름)

Passport No: JR0000000 (여권번호)

Nationality: KOREA (국적)

Occupation: BUSINESS MAN (직업)

Flight No: KE651 (편명) From: SEOUL(출발지)

If you have any dutiable, prohibited or restricted goods, check ☑ "GOODS TO DECLARE", and proceed to the Red Channel

If you are not sure check ☑ GOODS TO DECLARE

☐ GOODS TO DECLARE (신고물품 있을때)

◯ NOTHING TO DECLARE (신고물품 없을때)

Please list goods to declare on the reverse side.

I certify that the information given on this declaration is true and correct

This declaration is also made in respect of ☐ passenger (s) in the same family

Signature: (서명)

Arrival date Day / Month / Year: 30 / AUG / 2002 (도착일)

(3) 검역질문서

검역질문서는 각국에서 전염병의 확산 등에 대한 통제를 하고자 하는 의미로 이용되고 있다. 검역질문서 작성 및 제출은 통상적으로 생략되고 있으나 코로나19, 조류독감, 사스, 신종인플루엔자, 구제역 등과 같은 세계적 전염병이 발생되거나 콜레라 등 전염병 발생지역 방문자에게 요구되는 서류이다.

7) 단체행사 일지

단체행사 일지는 행사의 진행에 대한 기록 · 평가서로서 매일 행사가 종료되면 그날의 행사에 대한 내용을 평가 · 기록하게 되며, 행사가 완전히 종료되면 행사정산서와 함께 행사보고에 최종적으로 사용되는 양식 중 하나이다.

양식 2-9 ESCORT 단체행사 안내보고서

인솔자명: ㊞

<table>
<tr><td rowspan="2">단 체 명 :
여행기간 :
인 원 수 :</td><td rowspan="2">결
재</td><td>담당</td><td>대리</td><td>과장</td><td>차장</td><td>이사</td><td>전무</td><td>사장</td></tr>
<tr><td></td><td></td><td></td><td></td><td></td><td></td><td></td></tr>
</table>

체재장소		교통수단	
체재일시		이동시간	
현지여행사		기타특기사항	

※ A: 매우 좋음 B: 좋음 C: 보통 D: 불량

1. 관광내용

일자	시간	세부관광내용	평점
기타특기사항			

3. 식 사

식당명	식사내용	시설	평점
기타특기사항			

2. 호텔관계(호텔명 :)

<table>
<tr><td colspan="2">호텔형태</td><td></td></tr>
<tr><td rowspan="3">시
설</td><td>로비</td><td>평점 :</td></tr>
<tr><td>객실</td><td>평점 :</td></tr>
<tr><td>승강기</td><td>평점 :</td></tr>
</table>

4. 현지안내원 및 교통편

가 이 드	교 통 편
한국어 · 영어 · 기타	(대 · 중 · 소)버스 · 승용차
가이드명	기타
평점 :	평점 :

종업원서비스	평점 :
포터서비스	평점 :
입 지 조 건	도보로 분, 택시로 분
	버스로 분(유 · 무)
	지하철 분(유 · 무)
	평점 :
기타특기사항(호텔등급 : 급)	

기타특기사항

5. 에스코트 기타 의견 및 고객의 동향

※ ESCORT 안내보고서는 귀국 후 일주일 이내 정산서와 같이 결재 완료함.

양식 2-10 ESCORT 단체행사 안내보고서

단 체 행 사 일 지

제 일

단 체 명		안내인솔자명	
여행기간	/ ~ / (泊 日)	참 가 인 원	

이동 구간 → → → →
이동 시간 (h) (h) (h) (h)

	구분	장소명	소재도시	내용	서비스상태			
					최상	상	중	하
내용	조식			MENU:				
	COMMENT :							
	중식			MENU:				
	COMMENT :							
	석식			MENU:				
	COMMENT :							
	HOTEL			( )S/B ( )T/B ( )TR/B				
	COMMENT(위치, 시설, LOBBY, 객실 etc):							
	현지가이드	성명						
	COMMENT :							
	BUS	BUS회사명						
		운전자성명						
	COMMENT :							
출입국	항공사 및 편명 : 한국 출발시간 : 현지 출발시간 :			사증검열 : 철저( ) 보통( ) 기타 : 짐 검 사 : 철저( ) 보통( ) 기타 :				
일정								

문제점 및 처리 내용	

※ 일지는 매일 작성해야 함.

8) 비상연락망

현지 비상연락망은 행사진행상 예기치 못한 긴급상황 발생 시 연락하여 도움을 받거나 계속 진행될 예정에 있는 일정에 대한 조정 및 필요한 사항에 대한 조치를 취할 수 있도록 하는 연락망으로서 일반적으로 지상회사의 각 지역별 전화번호와 기타 외국주재 한국대사관 등을 들 수 있다.

국외여행인솔자로서 업무진행을 하다 보면 비상상황이 발생하는 경우가 많으며, 신속한 조치를 취할 수 있도록 해당지역에 대한 비상연락망을 준비하는 것은 필수적이다. 특히, 유럽지역은 현지가이드가 없는 경우가 많아 국외여행인솔자 혼자서 일정을 진행하다 보면 여행객들이 길을 잃는 경우가 있으므로 긴급 비상연락망 제공은 물론 현지 지상랜드회사 연락망도 제공하는 것이 좋다.

9) 바우처(Voucher)

바우처(voucher)는 현지에서 행사진행 시 호텔 식사, 입장료, 교통수단 등 비용발생부분에 대한 사용을 했다는 확인서이며, 지불증서로 일종의 유가증권이라 할 수 있다. 국외여행인솔자가 사용할 때 서명을 하고 각 여행요소(principal)에게 제출하면 각 여행요소가 후에 현지 지상회사에게 이를 송부하여 대금지불을 요청하게 되고, 지상회사는 이를 근거로 다시 의뢰여행사에게 지상비의 지불요청을 하게 되는 것이다.

그러나 바우처(voucher)의 사용은 지상회사에 따라 발행될 수도 있고, 안

될 수도 있으며, 또한 현지안내원이 소지 · 서명을 통해 진행되는 경우도 있어 일반적으로 국외여행인솔자 업무에 통용되는 것이 아니며, 지상비 또한 미리 결정되어 바우처(voucher) 사용과 관계 없이 지불결제가 이루어지는 것이 일반적이다.

이외에 준비할 것은 고객들의 수하물에 이름 주소 · 전화번호 등을 명기하여 부착하는 짐표(baggage tag)와 안내용 깃발 및 구급약품 등을 들 수 있다.

양식 2-11 바우처 견본

렛츠고푸켓
Letsgophuket.co.,ltd

LETSGOPHUKET CO., LTD
32/99 @Twon, Phun phon, Tombom Talaadnue, Muang Phuket
Tel : 070-7538-7537 | +66(0)76-217-830 | Fax +66(0)76-217-831
TAT Licence No : 34/01156 | TAX No : 0835557005172

TOUR VOUCHER

No.1234

ISSUED DATE	16 JAN' 2015	AGENT	PHI PHI TOUR
ROOM NO	**	TOTAL PAX	2+0
NAME OF HOTEL	HOLIDAY INN RESORT PATONG		
PASSENGER NAME	HONG GIL DONG & PTY		
PERIOR	29 JAN' 2015		
TOUR NAME	PHI PHI & KHAI ISLAND DAY TOUR		
PICK UP TIME	07:30~07:45 - HOTEL LOBBY		
CONFIRMED BY			
REMARK			

▶투어 픽업 시 기재 시간보다 05~10분 정도 늦어 질 수 있습니다.
▶투어 픽업 시 성함 꼭 확인 하신 후 차량에 탑승하시기 바랍니다.
▶투어당일 리조트 로비에서 픽업시간 5분전 부터는 대기하여 주시기 바랍니다.

HOTEL VOUCHER

- Hanatour Reservation No: [illegible]
- Booking Reference No: [illegible]

1. Hotel	:	HOTEL AMISTA ASAGAYA 5-31-14 NARITA-HIGASHI SUGINAMI-KU TOKYO 166-0015 JAPAN 〒166-0015 TEL: 81-3-3220-5711 / FAX: 81-3-3220-5713
2. Check-in / out Date	:	22-NOV-2009 ~ 25-NOV-2009 (3 Nights)
3. Room Type	:	STANDARD SINGLE(1)
4. Total Pax		ADULT 1 CHILD 0
5. Guest Name		[illegible](STANDARD SINGLE)
6. Tax/Service Charge		INCLUSIVE
7. Meal		NOT INCLUDED
8. Guest Request		
9. Remarks		Only payment for extras to be collected from the client
10. Full Payment Guaranteed by		JAPAN HANATOUR SERVICE INC.

현지 일정변경 / 문제발생 시 연락처: JAPAN HANATOUR 81-3-5403-9085

10) 여권(Passport)과 비자(Visa)

예전에는 여행사에서 모두 보관하고 있다가 국외여행인솔자가 출국 시 일괄적으로 공항으로 가지고 가는 경우가 많았으나 여행자율화에 따라 많은 여행객들이 여행을 다녀온 경험도 많을 뿐만 아니라 대부분의 여행자들이 여권을 각자 만들기 때문에 공항에서 미팅할 경우 보딩 업무 때부터 여권이 필요한 경우가 많다.

그러나 공항에서 미팅할 경우 복수여권이 아닌 단수여권을 가지고 온 여행객들은 이미 여권을 사용한 경우가 있어 출국하지 못하는 경우가 발생할 수 있다. 따라서 여행객들에게 사전 설명회 때 여권 유효기간이나 여권이 단수여권인지, 복수여권인지를 미리 다시 체크할 필요성이 있다. 또한 미국이나 일본, 중국은 비자를 소지하지 않으면 입국이 안 되므로 비자여부, 기간확인, 여권기간 여부도 미리 확인하여야 한다.

양식 2-12 여권과 비자 견본

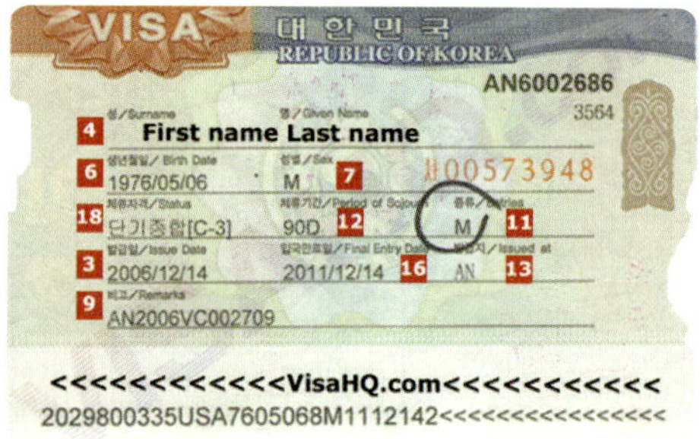

11) 랜드피 확인

랜드피가 현지 직불인 경우 국외여행인솔자가 직접 현지에 가져가야 하므로 가능한 여행자수표로 준비하여 가는 것이 가장 안전하다. 특히 인원이 많은 단체관광객들은 장거리여행일수록 랜드피 비용이 많으므로 만약 랜드피를 분실할 경우 국외여행인솔자가 책임져야 하기 때문에 상당한 주의가 필요하다고 하겠다. 랜드피의 분실에 대비하여 여행자수표의 번호를 적어놓고 양쪽에 사인(sign)을 해야 하나 분실 위험에 대비해 왼쪽만 사인을 하고 오른쪽은 사용할 때 사인하도록 한다.

12) 여행사 안내 보드판

공항에서 집합 시 처음 대면하는 관광객들을 쉽게 찾을 수 있도록 눈에 띄는 여행사 안내판/클립보드를 준비해 가야 한다. 가능하면 ㅇㅇ여행사, 태국 3박 4일까지 표시해서 나가는 것이 좋으며 가능한 여행사명이 기입되어 있는 기존의 안내 보드판을 이용하는 것이 좋다. 또한 이 보드판은 보딩이 끝난 후에는 행사 진행 시 현지 버스에서 사용하면 아주 좋다.

13) 항공권과 PNR

항공권(passenger ticker and baggage check)은 운송의뢰인이 여행자와 항공사간에 성립된 운송계약의 내용을 표시하고, 또 그에 정한 바에 따라 운송이 항공회사의 운송약관 및 특약에 의거하여 행해지는 것임을 표시하는 증거증권이다.[14]

항공권의 경우 항공권의 매수, 여행자명, 비행구간, 구간별 탑승 쿠폰, 출발일, 편명, 등급 등을 확인해야 한다.

(1) PNR(Passenger Name Record)

PNR(Passenger Name Record)은 항공을 이용하려는 승객의 예약전산 시스템에 기록된 예약기록으로 항공여행과 관련된 모든 동반여행자의 예약상황이 나타나 있다. PNR에는 승객 영문성명, 승객의 성별, 비행기편명, 이용날짜, 예약번호, 예약자전화번호 등이 기록되어 있다. 따라서 국외여행인솔자는 PNR을 갖고 예약재확인 및 예약상황을 확인하므로 반드시 주의를 기울여 점검하고, 행사가 종료될 때까지 지참하고 있어야 한다.

14 이용구(1999), 항공업무총론, pp. 149-150.

양식 2-13 PNR 견본

```
--- AXR RLR ---
RP/SELK1394Z/SELK1394Z            AA/GS    7APR16/1049Z   YLBONW
5555-5537
  1.LEE/JONGYONGMR   2.LEE/JUNMR   3.KIM/SIWOOMR
  4  KE 901 Y 01JUL 5 ICNCDG HK3  1320 1820   01JUL   E  KE/YLBONW
  5  KE 904 Y 09JUL 6 CDGICN HK3  1800 1150   10JUL   E  KE/YLBONW
  6 AP 033-5555-5555 CKU TOUR MR LEE
  7 TK OK07APR/SELK1394Z
  8 SSR LSML KE HK1/S4/P2
  9 SSR LSML KE HK1/S5/P2
 10 OPW SELK1394Z-20APR:1900/1C7/KE REQUIRES TICKET ON OR BEFORE
        21APR:1900/S4-5
 11 OPC SELK1394Z-21APR:1900/1C8/KE CANCELLATION DUE TO NO
        TICKET/S4-5
  * SP 07APR/AAGS/SELK1394Z-YLBP6Q
*TRN*
```

(2) 전자항공권(E-ticket)

국외여행인솔자는 최종적으로 항공예약과 관련된 PNR과 항공권을 항공카운터 부서 혹은 해당 OP로부터 관련 서류를 수령한 후 다음과 같은 사항을 확인해야 한다.

① 여권과 항공권의 영문이름의 일치

② 일정 구간과 예약구간, 예약날짜의 일치, 여행최종일정표와의 일정 및 구간 일치

③ 전 구간의 좌석 확정확인

④ 구간, 운임, 날짜변경 가능유무, 개별 리턴유무, 환불에 관한 사항 등 현지에서 일정변경이 있는 경우 사전 확인

⑤ 개별 리턴이 있는 경우 추가요금 발생에 대한 사항

양식 2-14 항공 E-ticket 전자항공권 견본[15]

승객명(Passenger Name)		THE SHILLA duty free 신라인터넷면세점 www.shilladfs.com
예약번호(Booking Reference)	QH59F2 / 1G	다양한 적립금과 쿠폰 혜택 증정
항공권번호(e-Ticket Number)	9994759182920	즐거운 쇼핑 혜택 받으러 가기

여행사정보(Agency Information)

WHY PAY MORE
Agency Phone: 02-1577-1245 RTM ONLINE **IATA Number:** 17312842

여정 (Itinerary)

편명(Flight) CA 124 (항공사예약번호:MTKWSV) 클래스(Class): T(일반석) 좌석(Seat No): 042L(확약)
중국국제항공 예약상태(Status) OK

출발(Departure)	서울, **Incheon Intl Arpt (ICN)**	**11JAN15**	**13:05**	
도착(Arrival)	베이징, Beijing Capital Arpt (PEK)	11JAN15	14:05	Terminal No: 3

운임(Fare Basis)	TPR1MKR	유효기간	Not Valid Before	11JAN15
수하물(Baggage Allowance)	2Piece(s)		Not Valid After	11JAN15

• 위탁수하물 규정 안내 •
적용노선:SEL - BJS
위탁 수하물 허용량:2 Piece
1st Bag:NO FEE UPTO50LB/23KG AND UPTO62LI/158LCM
2nd Bag:NO FEE UPTO50LB/23KG AND UPTO62LI/158LCM
수하물 정책 및 요금 정보 - http://MYTRIPANDMORE.COM/BAGGAGEDETAILSCA.BAGG

편명(Flight) CA 125 (항공사예약번호:MTKWSV) 클래스(Class): T(일반석) 좌석(Seat No): 023J(확약)
중국국제항공 예약상태(Status) OK

출발(Departure)	베이징, **Beijing Capital Arpt (PEK)**	**14JAN15**	**13:45**	Terminal No: 3
도착(Arrival)	서울, Incheon Intl Arpt (ICN)	14JAN15	16:50	

운임(Fare Basis)	TPR1MKR	유효기간	Not Valid Before	
수하물(Baggage Allowance)	2Piece(s)		Not Valid After	11FEB15

• 위탁수하물 규정 안내 •
적용노선:BJS - SEL
위탁 수하물 허용량:2 Piece
1st Bag:NO FEE UPTO50LB/23KG AND UPTO62LI/158LCM
2nd Bag:NO FEE UPTO50LB/23KG AND UPTO62LI/158LCM
수하물 정책 및 요금 정보 - http://MYTRIPANDMORE.COM/BAGGAGEDETAILSCA.BAGG

항공권 정보입니다. For Airline Staff

Issue Date/Place:	31 DEC 2014 / WHY PAY MORE / 17312842
Fare Calculation:	SEL CA BJS 82.74CA SEL 82.74 NUC165.48END ROE1027.21 XT 9000YQ57800YR
Forms of Payment:	BCxxxxxxxxxxxx6910 Cash
Fare:	KRW 170000
Taxes:	KRW 28000BP 16100CN 66800XT
Total:	KRW 280900
Carrier Fees/Taxes:	0
Endorsement:	NON END/NON REB OUTBOUNDPART USED NO REF

15 NCS 해외여행안내(2017). 해외여행안내 행사확정서 확인, p. 22.

2 행사 관련 업무 확인

최종 확정된 일정표상에 나와 있는 관광 최종 일정, 호텔, 식사 등 여행일정표에 표기되어 있는 행사조건을 확인하고 숙지한다.

1. 전체 일정과 세부일정을 꼼꼼하게 하나씩 체크
현지 비상연락망, 호텔 · 식당 · 현지가이드 등의 주소 및 전화번호, 방문하는 관광지, 버스 및 기사 연락처, 서비스 시작점과 종류지점, 지역이동 간 거리, 식사내용, 팁의 포함 및 불포함 사항, 추가 지불경비, 쇼핑, 선택관광 등 서울에서 최종 고객과 계약된 여행조건을 확인한다.

2. 최종 확정서에 있는 지불관계 확인
현지 일정 진행에 필요한 랜드 비용을 어떻게 지불할 것인가에 대한 확인이 필요하다. 현지직불인지, 회사지불인지를 파악해야 하며, 현지직불인 경우 국외여행인솔자가 랜드피를 수령해서 현지까지 전달해야 하므로 관련 인보이스(영수증)을 챙겨야 한다. 현지행사비용 중 전체 또는 일부를 여행객이 지불하는 경우도 있으며, 유럽은 지역마다 랜드피가 다르게 책정되어 있는 경우도 많으므로 지불내용을 세심하게 확인한다.

3. 옵션 투어에 대한 계획과 지불관계 확인
언제, 어디서, 어떤 옵션이 가능하고 어떤 옵션이 고객들의 선호도가 높은지, 가격, 최저 참여인원, 지불방법, 충분한 시간 등을 확인한다.

4. 개별 행동 여행객의 요구사항 확인
여행일정 중 또는 여행 종료 후 현지의 친척이나 친구, 지인 등이 현지에 있는 경우 발생되는 개별 행동 여행객으로 항공 리턴 변경이나 호텔 숙박 연장 등의 재요청과 대기상황이 발생될 수 있으므로 이에 관련된 요구사항을 확인하고, 사전에 요구사항에 대한 충분한 논의 및 문제가 발생되었을 경우 조치를 강구한다.

1) 호텔 Condition 점검사항

호텔은 여행상품의 여행경비 구성 및 고객만족도에 영향을 주는 주요 조건으로 이용호텔의 등급, 위치, 부대시설 등에 따라 여행객의 여행상품 선호도가 달라질 수 있다. 따라서 사전 출장 시 호텔에 대한 점검사항을 확인한다.

- 최종일정표와 수배의뢰서가 일치하는 호텔로 최종 확정되어 있는지 확인
- 호텔의 등급, 위치, 부대시설에 대한 확인
- 객실배정 : 고객의 단체 구성에 맞게 Single Room, Twin Room, Double Room, Triple Room, Ocean View, City View, Mountain Room, Connecting Room, 신관, 구관 등 확인
- 고객의 요구사항이 있는 경우 추가요금 발생에 대한 확인
- 욕실 시설 확인 : 욕실 유무, 샤워시설 유무
- 객실 규모와 포터 서비스 등 확인

트윈룸 더블룸 싱글룸

2) 식사 Condition 점검사항

식사는 여행 중에 즐거움을 주는 주요 요인 중 하나이므로 현지에서 맛볼 수 있는 이국적인 현지식사부터 한국음식까지 포함 정도에 대한 확인이 필요하다.

여행상품의 조식 구성은 대부분 호텔이 일반적이며, 중식과 석식은 현지식과 한식, 중국식을 배정하고 있다. 그러나 일정상 시간이 허락되지 않는 경우에는 도시락, 현지 휴게소에서의 식사 등을 적절하게 배정하고 있다.

여행상품 가격이 높은 경우에는 현지에서 특식을 포함시키는 경우도 많으며, 이때 특식의 포함사항 및 범위 등 여행조건에 맞는 식사의 종류가 무엇인지 확인해야 한다. 여행일정 중 기내식이 포함된 경우도 있으므로 식사시간에 관련

교통을 이용하는 경우에는 식사 제공 유무를 확인하고 점검한다.

3) 관광 Condition 점검사항

국외여행인솔자는 일정표상의 관광지에 대한 사전정보를 숙지하고 관광지의 위치, 특성, 주의사항, 휴관일 등을 점검하도록 한다. 또한 대부분 현지가이드가 관광지에서 안내하지만 일부 지역의 경우는 현지가이드가 없거나 한국인 현지가이드가 동행하지 못하고 현지인 가이드를 동반하여 관광지를 안내하여야 하는 경우가 있기 때문에 이에 대한 확인을 통해 국외여행인솔자의 역할을 점검해야 한다. 그리고 관광지에서 발생하는 선택관광 또한 관광지 조건을 점검할 때 확인한다.

4) 현지 교통 Condition 점검사항

여행객들이 일정기간 동안 이용하는 교통편에는 항공기, 기차, 선박, 크루즈, 버스가 있으며, 대체적으로 항공기와 버스가 일반화되어 있다. 그러나 유럽 지역의 경우는 기차를 이용하는 여행상품이 많기 때문에 기차를 이용한 지역과 지역 이동, 도시와 도시 이동이 있는 경우는 티켓 수령방법, 예약 확인, 해당 탑승 게이트 확인, 소요시간 등을 정확하게 확인한다.

5) 쇼핑 & 팁 불포함 점검사항

국외여행인솔자에게 수입원이 되는 것 중에 하나는 출장비와 팁, 선택관광, 쇼핑비이기 때문에 출장 전에 팁의 포함여부를 파악하고 확인해야 한다. 만약 국외여행인솔자의 팁뿐만 아니라 식당 호텔에서 필요로 하는 팁이 불포함인 경우 여행객들에게 공지를 통해 팁을 준비할 수 있도록 하며, 팁의 용도와 사용범위 등을 알리고 준비할 수 있도록 한다.

그리고 현지에서 구매할 수 있는 특산품 쇼핑센터의 경우 지역별 품목, 횟수 및 나라별 · 지역별 쇼핑 유무 등에 대한 파악이 필요하며, 해당 특산품에 대한 정보제공을 위해 관련 기준과 내용을 숙지해야 한다.

3 행사진행 비용의 수령 및 확인

여행일정 진행에 소요되는 비용은 한국의 지상수배업자가 회사로부터 수령하여 현지 수배업자에게 전달하는 것이 일반화되어 있으나 인센티브인 경우, 특별한 행사로 인해 국외여행인솔자가 현지에 직접 전달하는 경우가 있으므로 이때는 랜드피 비용, 각 지역별 지급비용, Invoice 등을 잘 챙길 수 있도록 관련 내용을 숙지한다.

렛츠고푸켓
Letsgophuket.co.,ltd

LETSGOPHUKET CO., LTD
32/99 @Twon, Phun phon rd. Tombom Talaadnue, Muang Phuket
Tel : 070-7638-7637 | +66-(0)76-217-830 | |Fax +66(0)76-217-831
TAT LICENCE No. 34/01166 | TAX No 0836667006172

인보이스 견본

INVOICE

ISSUED DATE : 12-JAN-2015

수 신	홍길동님	발 신	렛츠고푸켓
기 간	12~15 JAN' 2015	총 인원	2+0
총 금액	1,069,000원 (30,300바트)		

일 자	내 용	금액(바트)
1/28'	*공항트랜스퍼 (KE637/23:15) - 홀리데이인 리조트 리조트	
	미니밴(봉고)	900
1/31'	*차량렌트 08시간 (14:00 차량미팅/홀리데이인 리조트)	
	승용차량	1,800
1/29'	*사이먼 카바레 쇼 (18:00 / VIP좌석)	
	성인 600바트*2인	1,400
1/30'	*피피섬 투어	
	성인 1,600바트*2인	3,200
1/28~31'	*홀리데이인 리조트	
	수페리어룸 / 1박6,800바트*3박)	20,400

총 금액 (원화환산- 외환은행 공시 2014-12/22 일자 환률 적용 / 환율 35.29)	바 트 :	27,700
	원 화 :	977,500원

○결제 계좌 정보 / 은행계좌정보 기재
○결제 기한 / 2015년 01월 15일 15:00까지

제 2 절 여행객 관련 업무

국외여행인솔자는 출장 시 본인이 인솔하게 될 단체구성원들에 대한 파악과 준비사항을 점검한다. 출장이 결정되면 회사에 나가 각종 준비사항과 준비물을 준비하며 출국 하루이틀 전 여행객들에게 전화를 하여 미팅시간과 장소, 여권과 비자 소지, 환전, 날씨, 간단한 여행일정, 시차, 비행시간, 옷차림, 현지 주의사항, 주요 특산품, 옵션투어, 여행상품 불포함사항, 수고비 등에 대해 정확하게 안내하는 업무이다.

1 여행단체의 규모와 성격 파악

출발일 최종 며칠 전 행사진행에 필요한 수배확정서 · 제반서류 등에 따른 여행단체의 규모와 성격을 파악하는 내용이며, 인솔팀의 성격이 패키지 단체인지, 인센티브인지, 만약 인센티브라면 팀의 리더나 총무가 있는지, 특별 단체인지, 구성원들이 가족 위주인지, 회사 구성원들인지 등을 정확하게 파악하는 것이 중요하다. 이는 팀의 성격에 따라 이에 대한 사전구성원 파악을 통해 행사를 어떻게 인솔하고 리드할 것인지를 고려해 보기 때문이다.

또한 현지에 도착해서도 인솔팀의 규모나 성격에 따라 안내방법이나 방문관광지의 유형이 달라질 수 있기 때문에 현지가이드와 주의사항 등에 대한 정보를 교환한다. 만약 산업시찰을 목적으로 하는 연수팀에게 일반 패키지처럼 여행행사를 진행한다거나 가족 위주의 참여자들에게 일반 회사원들을 다루듯이 하는 것은 좋지 않은 리더십이다.

따라서 국외여행인솔자는 본인이 인솔할 인솔여행팀의 성격을 정확하게 파악하고 이에 따른 규모와 성격에 맞는 인솔준비를 사전에 준비해야 한다.

1) 인솔단체에 대한 정보 파악하기[16]

국외여행인솔자는 인솔단체의 연령, 성별, 특별한 요구사항 여부, 여행목적 등의 정보를 정확하게 파악하는 것이 중요하다.

표 2-2 인솔단체 정보

구분	내용	필요사유
단체명	단체명으로 다른 단체와 구분 필요	구분 관리
인원규모	인원수에 따라 여행조건이 달라짐	식사, 교통, 버스 탑승 시
연령대	연령대에 따라 관광활동이 달라짐	관심영역과 체력
성별, 직업, 학력, 인원	남녀 구성비, 가족 구성비 여부 직업, 학력, 성별에 따른 서비스 범위 설정	숙식 및 투어활동 관리
단체 성격	패키지, 인센티브 단체 성격 구분 도매(Wholesale)상품 구분	관광활동, 팀의 성격 구분
여행 목적	관광, 연수, 휴양, 종교, 취미, 활동	목적에 적합한 구분
성향	종교적, 정치적, 지역적	불필요한 논쟁 방지
특별인사	건강상, 특별요구사항, VIP 등	장애인, 특별 배려 준비
여행 빈도	처음, 자주	안내내용과 방법의 차이

2 여행객과의 사전접촉

국외여행인솔자는 출장 전에 해당 OP로부터 여권 및 비자와 관련하여 준비사항을 숙지한다. 여권의 경우 여행객들이 직접 발급받은 여권 앞면이 해당 OP에게 전달되어 대부분의 여권복사본이 있으므로 분실을 고려하여 복사본을 준비한다. 여권은 고객의 영문이름, 유효기간, 복수여권과 단수여권을 검토해서

16 김병헌(2016), 국외여행인솔자, pp. 142-143.

문제가 있는 경우 즉시 해당 OP에게 전달해야 한다.

방문하는 국가의 비자가 필요한 경우 반드시 발급받아야 하므로 발급받은 비자를 수령할 수 있도록 하며, 비자를 현지에서 발급받게 되는 경우에도 발급비, 발급장소 등을 점검해야 한다.

1) 여권과 비자

(1) 여권(Passort)[17]

여권(passport)이란 자국을 떠나 외국을 여행할 때 여행자의 신분 및 국적을 증명하고 이를 통해 방문국 정부에 대하여 여권소지자의 여행 시 필요한 보호와 안전한 통과 및 도움을 의뢰하는 공문서이다. 즉 외국을 여행하려면 여권이 반드시 필요하며, 외국 여행 시 대한민국 국민임을 입증하는 신분증명서이다. 따라서 외국을 여행하고자 하는 국민은 여권법에 의하여 발급된 여권을 소지하도록 규정되어 있다.

해외여행 결격사유가 없는 대한민국 국민이면 누구나 외교부 장관으로부터 여권을 발급받을 수 있다. 여권은 여행객 본인 소지이지만 반드시 본 내용을 사전에 확인하도록 한다.

- 여권의 유효기간을 확인한다. 대부분의 국가는 입국일을 기준으로 유효기간이 6개월 이상 남아 있어야 한다.
- 여권의 영문이름과 항공권의 영문이름이 일치하는지 확인한다.
- 여권이 단수여권인 경우 남아 있는 기간과 방문횟수에 대하여 확인한다.
- 현지에서의 여권분실에 대비해 여권 복사본과 여권용 사진 2매를 준비하는 것이 좋다.
- 여권이 심하게 훼손된 경우는 입 · 출국이 거부될 수 있다.

---

17 정연국(2017), T/C실무교재, pp. 24-28.

(2) 비자[18]

비자란 방문하는 나라의 입국허가서로 비자를 필요로 하는 나라는 사전발급이 필수이다. 따라서 인솔국가의 비자유무를 확인하고 비자가 필요한 나라의 경우 여행객의 비자발급 유무, 여권 유효기간, 사용가능 여부(Single, Multiple) 등을 확인하여 다음과 같은 사항을 사전에 점검한다.

- 비자에는 입국 종류, 목적, 체류기간 등이 명시되어 있으므로 여권 사증란에 스탬프나 스티커를 붙여 발급하게 된다.
- 방문하게 되는 국가의 비자 유무와 형태를 확인한다.
- 인솔단체의 개인별 비자발급 및 유효기간을 확인한다.
- 비자 사용가능 여부를 확인한다.
- 단체 비자인 경우 여행목적, 여행기간, 구성원 등을 확인한다.

2) 사전 미팅장소 확인

출장 전 여행객들에게 전화로 사전 미팅장소 및 시간, 국외여행인솔자 연락처에 대해 알려주고 미팅미스가 나지 않도록 재차 확인한다. 비수기와 성수기를 구분하여 비수기에는 미팅시간을 2시간 전에, 성수기에는 3시간 전에 실시한다. 이때 미팅장소만 알리는 것이 아니라 여행 전반에 걸친 정보를 알라고 궁금한 점이 없는지, 고객요구사항이 있는지를 파악하여 간단하게 설명한다.

그리고 여행하게 될 국가와 지역, 여행단체의 특성에 따라 준비물이 있는지, 현지에서 주의해야 할 사항, 고객의 특별요청사항이 있는 경우 이에 대해 확인하고 관련 준비물에 대해 알린다.

---

18 (사)한국여행서비스교육협회(2020), 국외여행인솔자 자격증 공통교재, pp. 138-140.

제 3 절 국외여행인솔자 개인 준비 업무

국외여행인솔자는 해당 OP에게서 출장이 배정되면 방문하는 나라의 관광지, 교통수단뿐만 아니라 역사, 정치, 경제, 사회, 종교, 지리적 특성, 기후와 최근의 상황이나 화제, 현지사정 등 종합적인 정보 수집은 물론, 그 나라의 독특한 문화적 관습이나 관광객으로서 하지 말아야 할 금기사항 등까지 숙지해서 여행객이 편안하게 여행할 수 있도록 인솔할 의무가 있다. 따라서 사전에 현지 정보를 다양한 루트를 통해 수집하고 공부하도록 한다.

1) 사전 현지 정보 수집

국외여행인솔자는 일정표에 방문하기로 되어 있는 모든 국가와 도시에 대한 지리, 경제, 역사, 건축, 음악, 문화, 지리적 특성과 최근의 상황, 화제, 현지사정(공휴일, 출퇴근시간 및 매장 영업시간) 등 종합적인 정보 수집과 관광객이 알아야 할 정보 등을 숙지해야 한다. 시차와 서머타임 시행국가 방문의 경우에 대비하여 세계 여러 지역의 시차를 숙지한다.

그리고 국가의 출입국 절차에 대해서도 특정국가에서는 수속 시 항공권 소지 유무, 입국사증 소지 유무, 반출 · 입 금지품목, 화폐소지 한도, 검역, 치안상태, 건강정보 등에 대해 사전정보를 정확하게 숙지해야 한다.

주요 연락처의 경우 대사관, 항공사, 랜드사 등에 대해 숙지한다.

인터넷이나 여행사 관련 홈페이지를 방문해 출발상품에 대한 현지정보를 활용하는 것도 매우 바람직하다.

(1) 지리적 위치 및 기후

지리적 위치와 기후는 방문지역을 이해하는 기본적인 정보로 지리적 위치를 통해 국가의 환경적 특성과 주변국과의 관계, 현재의 정치상황, 기후까지 확인해 볼 수 있어 옷차림 준비와 휴대품을 준비하는 데 참고가 된다.

(2) 역사적 배경

역사적 배경은 그 지역의 인종, 정치, 종교, 문화, 사회, 경제, 인물, 배경 등에 관련된 모든 문화를 이해하는 데 좋은 자료가 된다.

특히 요즘 유럽지역은 현지가이드가 없는 경우가 많기 때문에 연대별 역사적 배경에 대한 이해를 통한 현지 설명은 고객들의 만족도를 높인다.

(3) 정치, 경제, 사회, 문화, 치안상태 등

방문지 국가의 정치적 상황 및 본국과의 외교관계 등도 고객들에게 관심을 불러일으킬 수 있는 흥미로운 정보가 된다.

현지나라의 GNP, 본국과의 무역 정도, 환율도 여행자들에게 제공되어야 하는 필수정보이며, 방문예정국가의 치안사정 등과 같은 사회적 정보와 현지국의 독특한 문화 · 관습 · 종교 등에 대한 정보도 여행자들이 흥미로워하고 관심을 갖는 정보들이다.

(4) 현지 방문 시 주의사항

현지의 특산물, 교통수단 이용정보와 주의할 점, 관공서를 포함한 상점 · 은행 등의 업무시간, 전화이용법, 식수, 야간관광활동에 대한 사항 등 현지에 대한 상세한 정보와 투숙할 호텔 및 주변 관광지의 정보도 정확하게 파악하고 있는 것이 필수적이다.

이와 더불어 여행일정에 포함되어 있는 모든 관광지에 대한 정보, 즉 역사적 배경, 관광지의 성격 및 종류(박물관 · 공원 · 유적지 등), 공개방문시간의 제한 유무(개관 · 폐관시간 · 휴관일 등) 등을 정확히 파악해 두어야 한다.

이러한 정보는 자신이 여러 가지 방법을 동원해서 수집해야 하며, 정보화시대에 따른 인터넷, 여행안내서, 여행관련 잡지, 여행관련 업계신문, 기행문 등을 통해 획득할 수 있다. 최근의 정보는 최근 그 지역에 출장을 다녀온 직원에게 직접 자문해서 생생한 정보를 얻을 수 있다.

(5) 현지 통화, 시차 등

여행객들은 현지에서의 물품 구매나 사용 등으로 그 나라의 통화를 사용하는데 화폐단위를 이해하면 쇼핑하는 데 편리할 수 있다.

따라서 국외여행인솔자는 통화, 환율, 물가 등에 대한 정확한 숙지가 필요하며 각 나라별 통화를 숙지한다.

(6) 주요 관광지별 선택관광

방문하는 나라별로 여행객들이 참여할 수 있는 선택관광에 대한 특성이나 가격, 소요시간, 인기상품에 대해 정확하게 숙지한다. 선택관광의 경우 국외여행인솔자의 수입과도 관련이 있긴 하지만 여행객들이 현지에서 참여할 수 있는 별도의 선택관광은 여행객의 만족도를 극대화할 수 있는 요인이 되기 때문에 현지에서 꼭 해볼 만한 선택관광이나 기존 여행객들의 선호도가 높았던 선택관광은 현지가이드를 통해 공지할 수 있도록 한다. 다만, 아무리 좋은 선택관광상품일지라도 현지에서 충분한 시간이 필요하며, 고객들이 가격이나 시간이 맞지 않아 선택을 못하는 경우에도 이를 수용할 수 있는 자세가 필요하다.

표 2-3 세계 주요 국가의 화폐단위

나라명	화폐단위	나라명	화폐단위
미국, 캐나다	달러	말레이시아	링깃
호주	호주달러	태국	바트
뉴질랜드	뉴질랜드달러	싱가포르	싱가포르달러
영국	파운드	홍콩	홍콩달러
프랑스	유로	필리핀	페소
이탈리아	유로	중국	인민화폐

스위스	유로	일본	엔
노르웨이	크로네	덴마크	크로네
독일	유로	인도	루피

표 2-4 주요 관광지별 선택관광 안내

국가명	선택관광명	내용
태국	알카자쇼	방콕의 칼립쇼, 푸껫의 사이먼쇼와 같은 종류의 쇼, 내용은 비슷하나 지역마다 각기 다른 이름이며 쇼를 진행하는 무희들의 독특한 비밀이 있는 것이 특징임
	팔라디움 나이트	파타야에 위치한 세계적인 나이트클럽으로 세계 각국의 젊은이들과 현재 각 나라의 최신 유행음악을 트는 나이트클럽
	코끼리트레킹	코끼리를 타고 미지의 세계로 떠나는 정글여행
	미니시암	파타야에 위치한 세계 각국 도시들의 명물과 세계 유수의 여행상품을 축소해 놓은 관광지
	전통안마	태국의 전통 마사지로 근육을 하나하나 풀어줌
	해양스포츠	스노클링, 패러세일링, 수상스키, 바나나보트, 제트스키, 골프
홍콩, 마카오	심천, 민속촌	중국의 역사를 한눈에 볼 수 있는 민속촌 관광을 비롯해 식후 중국 각 소수민족의 민속쇼 관람
	해산물식사	신선한 해산물로 가격에 따라 다양한 식사 가능
마닐라, 보라카이	스킨스쿠버	전문 스쿠버들의 지도로 고객에게 안전과 즐거움을 제공하며 철저하고 재미있는 교육을 통해 완벽한 스쿠버를 즐길 수 있음
	아일랜드호핑	15~20인승의 벙커선을 타고 4시간 정도 섬 일주 및 스노클링, 낚시를 포함한 투어
	바나나보트	바나나형태의 보트에 5~6명이 탑승하여 견인선을 따라 열대바다에서 스피드를 즐길 수 있는 해양스포츠
	시푸드	섬나라 필리핀에서 맛보는 해산물. 저렴한 가격으로 각종 해산물을 맛볼 수 있는 절호의 기회
싱가포르, 빈탄	바탐섬	고속훼리로 40분 거리에 위치한 인도네시아 섬으로 나고야타운과 아름다운 자연경관을 볼 수 있으며 우리나라 60년대를 연상시키는 곳

	해저터널 수족관	동양 최대의 해저터널 수족관으로 350종 6,000마리 이상의 아름다운 톱상어, 바다용, 타이거상어, 스톤피쉬 등을 생생하게 체험할 수 있는 곳
	사파리나이트	아시아의 작은 아프리카로 100종 1,000여 마리의 동물들이 살아 숨쉬는 밤의 야생생활을 생생하게 체험할 수 있는 곳
	당성	싱가포르의 작은 중국으로 중국 최대의 문화의 꽃을 피운 당나라 수도 장안의 생활상을 한곳에서 볼 수 있는 곳
미국	유니버셜 스튜디오	세계 최대의 영화 및 스튜디오가 자리한 곳
	라스베이거스 쇼	1억 원을 호가하는 무대의상을 입은 미녀들이 호화쇼를 하며 18세 미만은 관람 불가
	라스베이거스 야경관광	세계 최대의 호텔들이 밀집한 거리를 따라 각종 레이져쇼와 각종 쇼를 가이드의 안내로 관람할 수 있는 관광
	그랜드캐니언 아이맥스 영화관	그랜드캐니언국립공원의 다 찾아볼 수 없었던 많은 비경들을 모아 초대형 스크린의 웅장함과 박력 넘치는 음향시설을 통해 45분 관람
	베이크로즈	세계적인 금문교와 베이브리지 및 알카트라섬 등을 유람선을 타고 약 1시간 동안 관광
캐나다	빅토리아왁스뮤지엄	영국 왕실의 가족들과 캐나다 수상, 케네디, 베이브루스 등 각계 유명인사들의 실제 모습 같은 밀랍인형 전시
	꽃마차	말이 이끄는 꽃마차로 빅토리아 시내를 30분 정도 관광
	휘슬러곤돌라	북미 최대의 스키 리조트로 휘슬러산과 블랙콤산으로 이루어진 리조트. 세계적인 리조트를 한눈에 볼 수 있는 곤돌라
스페인, 포르투갈	플라밍고쇼	아랍예술의 영향을 많이 받은 스페인의 민속춤
	투우	스페인의 민속경기
호주	시드니 야경감상	시드니타워, 모노레일, 차(3시간 소요)
	울릉공	자연분수 및 울릉공 해변
	시월드관광	수상스키쇼, 돌고래쇼 관광
	글래스우드	농장체험, 양털깎기쇼
뉴질랜드	번지점프	푸른 강과 깨끗한 경치 속에서 맛보는 번지점프
	마운트 헬리콥터 비행	헬리콥터로 3가지 코스 비행투어
일본	지옥온천	지옥온천을 즐길 수 있는 코스
	디즈니랜드	도쿄 디즈니랜드는 미국의 디즈니랜드를 축소해 놓은 테마파크

2) 출장 전 준비물[19]

여행에 필요한 정보와 자료를 수집한 후 조직이나 개인적인 업무처리를 위한 출장을 위해 준비물을 준비한다.

(1) 개인 준비물

여행출장에 필요한 개인 준비물을 통해 단체활동을 잘 리드할 수 있도록 하며, 개인 준비물 체크리스트를 통해 확인하도록 한다.

표 2-5 국외여행인솔자의 개인 준비물 체크리스트

준비물	내용	확인
여행용 가방	장기간 출장에 필요한 최소한의 가방	
휴대용 가방	출장서류, 사무용품, 양식, 랜드피 보관	
전자사전	필요시 현지에서 사용	
휴대폰	필요시 현지에서 사용. 특히, 유럽의 경우 필요한 경우가 많음	
명함	고객과 현지 랜드사와의 업무 시 필요	
필기구	행사진행 시 필요	
상비약	본인과 여행객을 위한 상비약	
선글라스, 스웨터 등	모자, 우비, 슬리퍼, 스웨터 등	
지도	나라별 지도를 통한 경로 확인	

(2) 여행객 준비물

여행객들이 여행 시에 필요한 준비물로 현자에서 구입하기 어려운 품목의 경우는 미리 준비하도록 안내해 주는 것이 좋다. 여권/비자, 항공티켓 등 필수 항목부터 신용카드, 필기도구, 모자/선글라스, 자외선 차단크림, 편한 신발, 화

19 김병헌(2016), 전게서, p. 145.

장품, 칫솔과 치약, 속옷, 생리용품, 상비약 등 개인적인 선호도에 따라 달라질 수 있으나, 이외에도 현지 관광지 방문 시에 제약받는 옷차림이 있는 경우가 있으므로 제약받지 않는 별도의 옷을 여벌로 준비하는 것이 좋다.

표 2-6 여행객 준비물

준비물	내용
여권/비자	해외여행의 필수품이며, 분실 대비를 위해 서류도 준비하면 좋다.
항공티켓	항공 e-ticket인 경우 고객이 준비해 오는 경우가 많다.
현금	현지에서 사용할 돈으로 가이드, 운전사, 국외여행인솔자, 선택관광, 현지 교통수단에 필요한 경비를 준비한다.
신용카드	현지에서의 쇼핑 등을 위해 필요한 카드이다.
카메라	현지 관광지에서 필요한 카메라를 준비한다.
모자/선글라스	여름 날씨나 유럽지역에서는 필수 준비항목이다.
편한 신발	여러 지역을 걸어 다니는 경우가 많으므로 편한 신발이 필수 준비항목이다.
휴대용 우산	유럽지역의 경우 우천 시에 대비하는 것이 좋다.
칫솔과 치약	대부분의 호텔들이 일회용품의 사용을 자제하기 때문에 개인이 사용하는 칫솔과 치약을 준비한다.

학습 2-1 국외여행인솔자가 되어 행사물품 목록 작성해 보기

◆ 국외여행인솔자가 되어 유럽지역에 간다면 행사물품에는 무엇이 필요할지 토론해 본다.

– 행사진행에 필요한 행사물품을 스스로 목록으로 작성해 보기

◆ 국외여행인솔자가 되어 출장 전 업무에 대해 1. 회사 관련 업무 2. 여행객 관련 업무 3. 국외여행인솔자 개인 준비 업무로 구분하여 절차 및 필요물품 등에 대해 토론해 본다.

– 3가지 업무를 구분하여 업무절차도를 만들어 작성해 보기

◆ 여행 출발 전부터 귀국할 때까지 어떤 행사물품들이 필요한지 작성한 목록들을 확인해 본다.

– 행사 최종 여행일정표
– 최종 행사 확정서
– 여권/ 비자
– 항공권/ PNR
– 여행자보험증권
– 출입국신고서/세관신고서
– 고객 명단(Name List)
– 고객 방 배정표(Rooming List)
– 호텔 바우처
– 여행 계약서
– 여행 보딩판
– 행사보고서
– 관련 방문지역 지도
– 수하물 인식표(여행용 가방 네임텍)
– 여행자보험
– 행사 만족도 조사
– 랜드피 등

복습하기

01 **국외여행인솔자 출장과 관련한 현지정보 수집방법이 아닌 것은? (　　)**

① 회사 선후배(인솔자) 활용

② 관광청, 식당 종업원

③ 랜드사 요청

④ 여행서적 및 신문스크랩

02 **사전정보 수집에서 필요한 내용과 관계없는 것은? (　　)**

① 방문 나라의 역사, 지리, 종교, 건축, 음식, 문화, 풍습, 생활습관, 언어 등에 대한 기본적인 전문지식 습득

② 정치, 경제, 사회적인 이슈가 되는 문제와 우리나라와의 관련성과 관계 파악

③ 최근 전 세계적으로 방문나라에서 화제가 되고 있는 뉴스를 수집한다.

④ 우리나라의 기후, 치안과 안전상태, 시차, 출입국 관리 및 절차, 세관규정, 환율과 위급사항에 필요한 공관의 연락처 등에 대해 조사

03 **교통정보 수집 내용과 관계없는 것은? (　　)**

① 탑승할 항공기의 기종, 수하물 규정, 기항지 정보 파악

② 탑승한 비행기 경유와 환승지 및 소요시간

③ 고객의 업그레이드한 항공 좌석종류와 요금

④ 열차와 선박의 경우 좌석등급과 소요시간

정답 01 ① 02 ④ 03 ③

04 숙박정보 수집 내용과 관계없는 것은? (　　)

① 숙박 예정 호텔 등급, 위치, 객실의 비품과 편의시설 제공, 기타 서비스, 식사 메뉴와 장소, 부대시설, 객실 종류와 타입 등을 미리 확인함

② 호텔 숙박 시 주변 관광지를 조사하여 투숙하는 동안 활용할 수 있는 정보 수집

③ 숙박정보수집은 랜드사, 여행사 홈페이지, 온라인상에 나와 있는 정보를 통해 충분히 숙지

④ 여행 전반적인 모든 안내와 연출을 책임지는 여행의 연출자

05 국외여행인솔자가 설명회 준비 시 고객에게 알려주고 확인해야 할 내용이 아닌 것은? (　　)

① 현지 버스회사 연락처와 기사 연락처 공지

② 여행준비물(개인준비물 등)

③ 특이사항 및 요구사항 확인(객실 요청사항, 식사 특별식 등)

④ 공항 미팅 장소와 시간

06 국외여행인솔자가 고객에게 준비하도록 해야 할 준비물이 아닌 것은? (　　)

① 개인 복용약과 상비약　　② 현지업체의 연락처

③ 개별 소지품(옷, 선글라스 등)　　④ 여권(최소 6개월 이상)과 비자

정답 04 ④　05 ①　06 ②

복습하기

07 국외여행인솔자가 출장 전 해당 OP와 확인해야 할 서류내용이 아닌 것은? (   )

① Confirm Sheet ② Invoice
③ 투어피 ④ 현지쇼핑 물품과 가격

08 국외여행인솔자가 항공과 관련하여 최종적으로 챙겨야 할 서류는? (   )

① PNR ② Name card
③ Baggage Tag ④ E/D CARD

09 Confirm Sheet에 포함되는 내용으로 틀린 것은? (   )

① 국외여행인솔자의 이력 ② 여행단체명
③ 버스 종류 및 탑승인원 ④ 호텔명과 위치, 등급

10 호텔에서 사용할 Rooming List에 포함되는 내용이 아닌 것은? (   )

① 호텔 체크아웃 시간 ② 모닝콜 시간
③ 식사 종류 ④ 방과 방 연결방법(Room to Room)

정답 07 ④ 08 ① 09 ① 10 ③

11 국외여행인솔자의 세부여행일정표 점검내용으로 맞는 것은? (　　)

① 출장이 배정되면 배정된 출장지를 위주로 출발, 여행지역, 여행일수, 관광단체의 성격, 식사, 숙박, 선택관광 등을 확인하고 점검한다.

② 여행객에게 사전설명회를 실시하고 참석하지 않은 고객에게는 전화로 연락하여 여행관련 내용에 대해 공지한다.

③ 현재 수배가 완료되지 않은 업무에 대해서는 해당 고객과 상의해서 대책을 강구하고 출발하는 것이 좋다.

④ 합류고객이 있으면 현지랜드사에 확인해서 합류시키면 된다.

12 국외여행인솔자가 세부일정에 대해 반드시 숙지해야 할 내용이 아닌 것은? (　　)

① 대표 관광지 ② 교통편과 이동시간

③ 쇼핑 종류 및 횟수 ④ 선택관광 판매 시 회사 간의 수수료

정답 11 ① 12 ④

TOUR
CONDUCTOR

CHAPTER

03

출국수속 업무

PASSPORT

CHAPTER 03

출국수속 업무

여행 일정이 모두 확인되고 필요한 구비서류를 갖추었으면 다음 단계는 실제 고객들과의 첫 만남이 이루어지면서 실제 행사가 진행되는 단계이다. 현지행사진행의 전반적인 단계를 시간적 흐름에 맞추어 그 진행순서를 살펴보면, 공항에서의 사전 준비 업무 → 집합과 출국 → 해당관광지의 입국 → 관광행사의 진행 → 귀국을 위한 출국 및 입국과 해산 등의 5가지 업무로 구분해 볼 수 있다.

제 1 절 사전 준비 업무

여행객과 공항에서 만나기 위한 사전준비단계 업무에 해당되며 미팅을 위한 준비단계라고 할 수 있다.

1 사전미팅 준비 업무

1) 여행객과 미팅 준비

여행객과의 미팅을 위해 일반적으로 국외여행인솔자는 비행기 출발 2시간 전에 해당 여행사 미팅장소(보통 3층 여행사 미팅장소로 지정되어 있음)에서 여행객들과 만날 준비를 한다. 보통 국외여행인솔자는 고객보다 최소 30분~1시간 전에 도착해서 미팅준비를 한다. 여행사 전용 만남의 장소에서 아래와 같은 내용들을 준비하고 대기한다.

(1) 이름표 준비[20]

국외여행인솔자는 고객들보다 먼저 공항 만남의 장소에 도착해서 업무를 시작하기 전에 복장에 이름표를 단다. 여행사에서 이름표가 지급되지 않는다면 해외여행 인솔자는 자신이 만들어서 단다.

(2) 지정된 장소에 미팅 보드와 깃발 걸어 두기

인천국제공항 여객터미널 3층 출국장의 A카운터와 M카운터 창가에 여행사 전용 만남의 장소가 별도로 지정되어 있다. 만남의 장소에는 여행사용 데스크가 마련되어 있다. 고객에게 출국 2~3일 전에 전화로 통화하여 안내사항을 전달할 때 미팅장소를 정확하게 알려서 문제가 발생하는 일이 없도록 한다.

여행객보다 공항에 먼저 도착하여 만남의 장소를 점검하고 눈에 잘 띄는 곳에 미팅 보드와 여행사 상징물인 깃발을 부착한다.

공항에 집결할 때 처음 대면하는 여행객들이 보고 찾아올 수 있도록 눈에 띄는 여행사 안내판과 깃발을 준비하여야 하며, 일반적으로 패키지 여행사의 집결장소의 미팅 보드 안내는 다음과 같다.

---

20 NCS 해외여행안내, 전게서, pp. 14-17.

예를 들어 '○○여행사, 유럽 7박 9일'까지 표시한다. 그러나 일반 종이에 흘려 쓴 글씨는 여행사에 대한 여행객들의 신뢰를 반감시키므로 여행사의 규격화되고 표준화된 표식을 사용하는 것이 바람직하다.

그림 3-1 여행사 미팅 보드

2) 여행객과의 대면장소

공항에서 고객들과 만나는 곳은 인천공항 1청사의 경우 미팅장소는 3층 N과 A카운터[21]를 출발하는 해당 항공사와 가까운 지점에서 일반적으로 약속장소가 정해진다.

인천공항 2청사의 경우 미팅장소는 H카운터 지점이 약속장소로 사용된다.

한편, 여행객과 만나는 미팅장소는 여행사별로 예약된 항공사 위치에 따라 달라질 수 있으므로 이에 대한 사전확인을 하도록 한다.

21 인천공항 여행사 공용카운터 운영이 2019년에 폐지되었으므로 중소여행사는 확인 필요

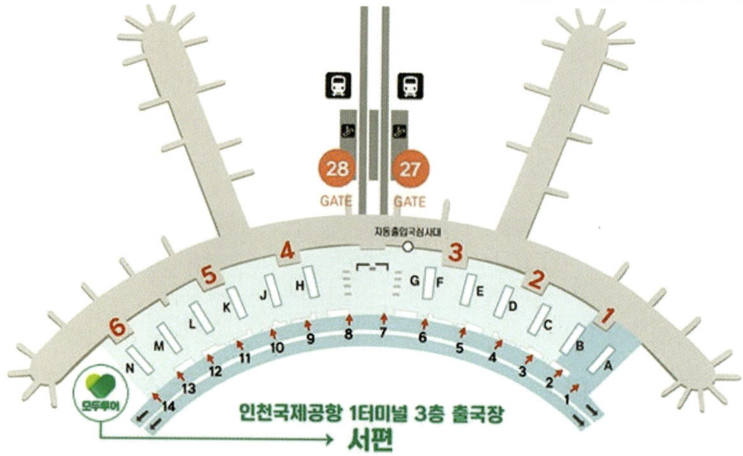

미팅 장소 인천국제공항 1터미널 3층 출국장 14번 출구 앞(N 카운터 옆창측)
여행사 카운터 38~42번 테이블 "모두투어"

독일항공 LH | 말레이시아항공 MH | 몽골항공 OM | 베트남항공 VN | 비엣제트항공 VJ | 산동항공 SC
세부퍼시픽항공 5J | 싱가폴 SQ | 아메리칸에어라인 AA | 에미레이트항공 EK | 에바항공 BR | 에어마카오 NX
에어 서울 RS | 에어아시아 D7 | 에어아시아엑스 XJ | 에어캐나다 AC | 에티오피아항공 ET | 영국항공 BA
오로라항공 HZ | 우즈베키스탄항공 HY | 유나이티드항공 UA | 제주항공 7C | 중국국제항공 CA | 중국남방항공 CZ
중국동방항공 MU | 카타르항공 QR | 캐세이퍼시픽 CX | 타이항공 TG | 터키항공 TK | 티웨이항공 TW
팬퍼시픽 8Y | 폴란드항공 LO | 핀에어 AY | 필리핀 PR | 필리핀 에어아시아 Z2 | 하와이안항공 HA | 홍콩 항공 HX

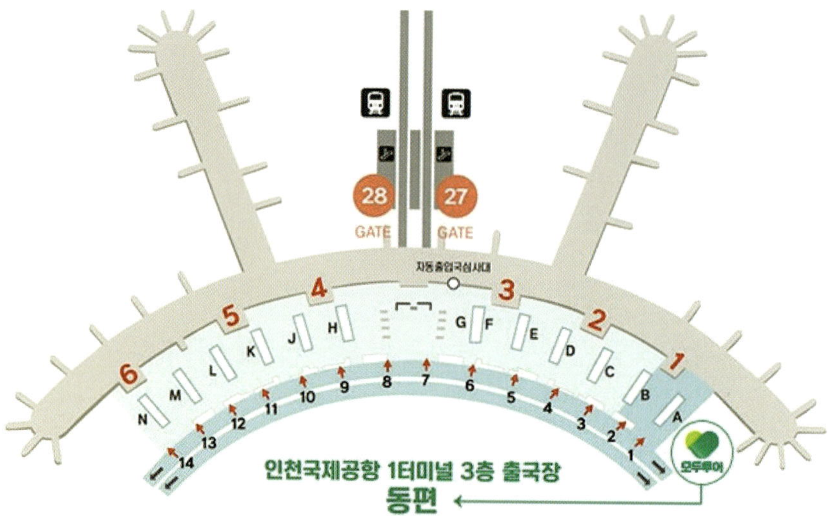

로얄브루나이 항공 BI | 심천항공 ZH | 아시아나 항공 OZ | 에티하드항공 EY
이스타항공 ZE | 진에어 LJ | 홍콩 익스프레스 UO

그림 3-2 제1여객터미널 모두투어 여행사 미팅장소 예

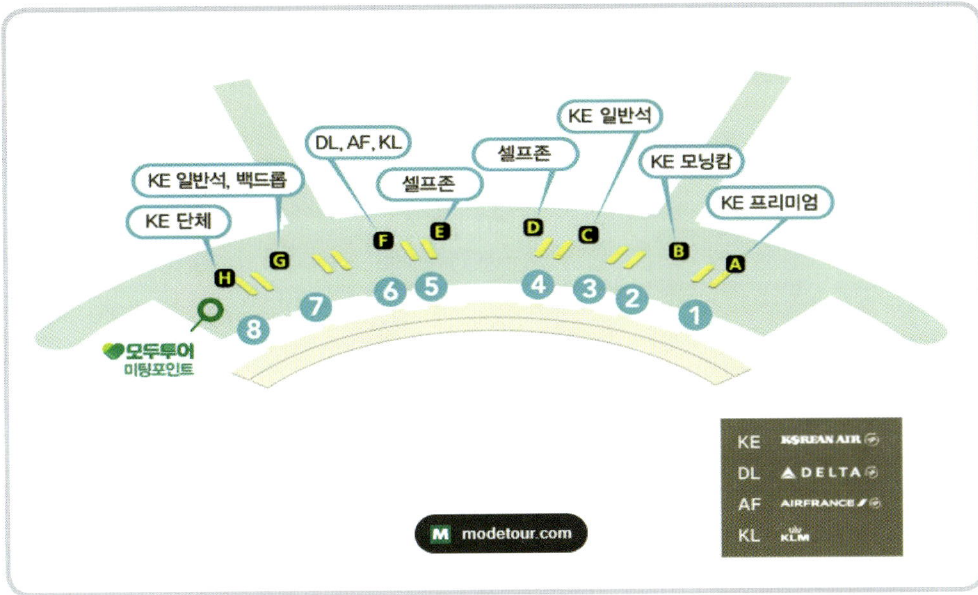

그림 3-3 제2여객터미널 모두투어 여행사 미팅장소 예

3) 항공편 탑승수속 확인

여행일정표에 나와 있는 해당 항공사를 이용할 카운터를 미리 확인하여 탑승수속 및 위탁수하물 탁송 시 고객들에게 전달한다.

2 여행객과의 대면 업무

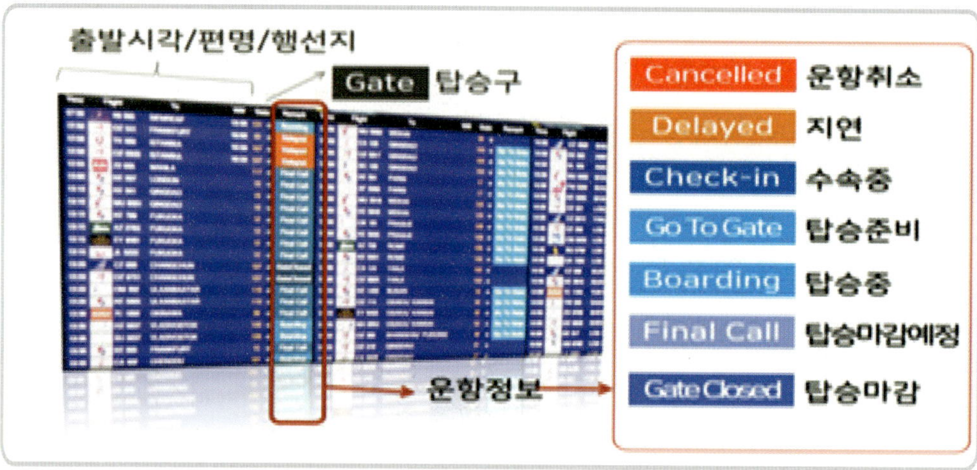

여행객과의 첫 대면은 업무의 시작이므로 여행객에게 좋은 이미지를 줄 수 있도록 정중한 자세로 임하고 업무는 최대한 빠르고 신속하게 처리하며, 오는 순서대로 친절하게 응대한다.

1) 여행객과의 첫인사 및 명단 확인

고객명단 리스트를 꺼내 해당 고객들을 맞이하며 먼저 본인이 금번 행사의 국외여행인솔자임을 밝히고 정중하게 인사한 다음 업무를 진행한다.

① 온 순서대로 명단을 확인하며, 해당 인원수가 현장에 모두 도착하였는지를 확인하고, 최종 여권 개수를 확인한다. 특히, 성수기에는 일정과 항공이 같은 여행단체들이 많으므로 자신의 고객을 다시 확인한 후 멀리 가지 말 것을 당부하고 업무를 진행한다.

② 도착한 여행객에게서 여권을 받고, 영문이름, 여권유효기기간, 비자가 필요한 나라의 경우는 비자 유무까지 빠르게 확인한 후 돌려준다.

③ 여행객에게 나눠줄 최종 여행일정표, 계약서가 있는 경우 전달한다.

④ 회사에서 미리 준비한 네임택(Name Tag), 여권커버, 배지, 필기도구 등을 나누어주는데 대부분의 여행사들은 센딩백에 넣어서 배포하며, 네임택은 여행객의 수하물에 각각 부착하도록 안내한다.

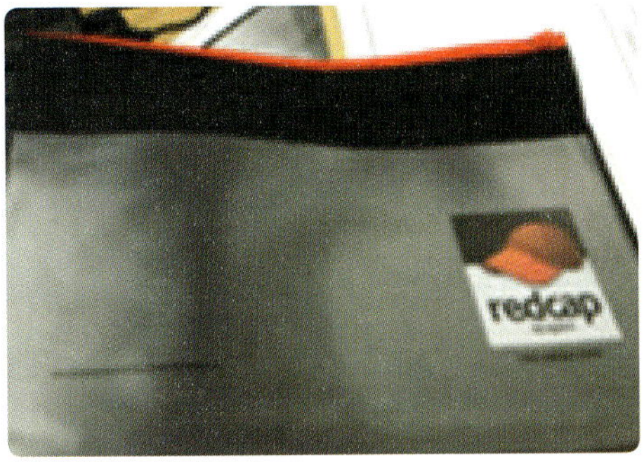

센딩백 준비

병역의무자 국외여행 허가

병역의무자 출국신고 : 25세 이상 병역미필병역의무자, 병역필자, 제2국민역 제외

병역의무자로서 아래의 허가대상자가 국외여행을 하고자 할 때에는 지방병무청장의 국외여행허가를 받아야 하며, 국외여행허가를 받은 사람이 허가기간 내에 귀국하기 어려운 때에는 허가기간만료 15일 전까지, 24세 이전에 출국한 사람은 25세가 되는 해의 1월 15일까지 국외여행(기간연장) 허가를 받아야 함

병무신고 대상 및 서류 : 25세 이상자로서 다음 각 호 어느 하나에 해당하는 사람

다만, 24세 이하자도 승선근무예비역, 보충역으로 복무 중인 사람은 국외여행허가를 받아야 함

- 병역준비역(병역판정검사대상, 현역병입영대상)
- 보충역으로서 소집되지 아니한 사람
- 사회복무요원
- 사회복무요원 · 산업기능요원 · 공중보건의사 · 병역판정검사전담의사 · 공익법무관 · 공중방역수의사 및 승선근무예비역으로 복무 중인 사람

⑤ 항공사 마일리지 적립에 관한 안내는 기존의 회원이 아닌 경우 신규가입 시 해당 항공사 서비스 카운터 위치를 안내한다.

⑥ 환전할 여행객에게는 해당 은행위치를 안내하며, 보딩을 받아야 하므로 너무 멀리 가지 않도록 모든 여행객에게 주지시킨다.

환전안내 Tip

1. 일정 중 가장 오랫동안 체류하는 국가의 화폐로 바꾸는 게 좋음
2. 가장 일반적인 화폐 : US달러
3. 여행자수표(Traveler's Check) : 분실, 도난 등의 위험을 피하기 위해 발행하는 자기앞수표(정액권)로 도난, 위험으로부터 안전하며, 분실, 도난신고 접수와 환급이 가능, 외화현금보다 유리한 환율로 구입, 매각할 수 있음
4. 선택관광, 현지기사, 현지가이드, 국외여행인솔자 팁은 가급적 US달러로 준비하도록 안내함
5. 호텔, 식당 팁이 있는 지역은 1달러짜리를 넉넉하게 준비하도록 안내함

⑦ 만약 여행객이 사전에 약속한 장소에 나타나지 않을 경우 여러 상황이 있을 수 있겠으나, 대부분 여행객이 늦게 나타나는 경우가 많으므로 전화통화를 통해 여행객의 사정을 파악한다.

만약 전화통화에서 약속시간과 장소를 정확하게 인지하지 못하는 경우는 Meeting Miss에 해당되며, 예상 도착시간보다 많이 늦어지면 다른 여행객들을 무작정 기다리게 할 수 없으므로 보딩업무를 받거나 업무를 진행할 경우 국외여행인솔자가 자리를 뜰 수 있으므로 다시 미팅장소를 정확하게 안내한 후 도착하면 전화해 줄 것을 요청한다.

그러나 약속장소에 30분 이상 지각하는 경우 여행객과 연락을 취해보고 만약 통화가 안 되는 경우 가족과 연락을 취해본다. 가족과의 연락도 불가할 경우엔 No-show에 대한 준비를 해야 한다. 일반적으로 항공기 출발 1시간 전까지 연락이 안 될 경우 No-show로 판단할 수 있다.

No-show가 발생했을 경우 담당OP직원에게 상황을 알리고 항공권, 현지 행사에 대한 취소를 해당 항공사와 랜드사에 알려줄 것을 요청한다. 그리고 고객에게 전화 연결이 안 되는 경우 No-show 상황에 대해 문자로 취소료에 대해 안내한다. 여행사와 여행객 간에 작성된 여행계약서의 거래가 변경되거나 취소된 경우 아래 규정에 근거하여 적용한다.

여행약관

여행자의 여행계약 해제 요청 시 여행약관에 의거하여 취소료가 부과됩니다.
제15조(여행출발 전 계약해제)
- 여행개시 30일 전까지(~30) 통보 시 - 계약금 환급
- 여행개시 20일 전까지(29~20) 통보 시 - 여행요금의 10% 배상
- 여행개시 10일 전까지(19~10) 통보 시 - 여행요금의 15% 배상
- 여행개시 8일 전까지(9~8) 통보 시 - 여행요금의 20% 배상
- 여행개시 1일 전까지(7~1) 통보 시 - 여행요금의 30% 배상
- 여행 당일 통보 시 - 여행요금의 50% 배상

(공정거래위원회 고시 제2014-4호 소비자분쟁해결기준에 의한 것으로 제15조의 변경사항은 2014년 3월 21일 여행상품예약자부터 적용)

2) 탑승수속 및 위탁수하물 탁송 안내[22]

여행객 전원이 도착하면 개별적으로 해당 항공사 체크인 카운터로 이동하여 여권과 항공권을 제출하고 탑승수속과 위탁수하물을 탁송하도록 안내한다.

① 인솔자는 여행객들과 함께 탑승수속 카운터에서 탑승수속을 시작한다.

22 (사)한국여행서비스교육협회, 국외여행인솔자 자격증 공통교재, pp. 140-150.

그림 3-4 출국수속 카운터

② 전자항공권과 여권을 수속 담당자에게 주면 탑승권을 인도받고 본인의 짐을 부친다.

③ 최근에는 많은 항공사들이 키오스크 기계로 수속을 하고 있어 짐만 부칠 수 있는 카운터로 가서 짐을 부치거나 웹 또는 모바일로 체크인 후 짐만 부치고 탑승동으로 바로 이동하는 경우가 많다.

그림 3-5 셀프 Check-in 카운터

④ 위탁수하물을 부치면 개인별 수하물표를 받게 되는데 이때 짐을 부친 개수와 수하물표의 개수가 일치해야 하며 목적지에서 짐을 찾을 때까지 고객이 잘 소지해야 함을 안내하고 주지시킨다. 위탁수하물 분실 시 수하물표에 기재되어 있는 기록을 갖고 분실수하물을 추적하게 되므로 해당 위탁수하물표(Baggage Claim Tag)를 버리거나 분실하면 안 됨을 주지시킨다.

그림 3-6 위탁수하물표(Baggage Claim Tag)

⑤ 경유나 환승의 경우 수하물은 최종목적지까지 부쳐지므로 수하물 탁송 시 최종목적지까지 수속을 확인하게 한다. 만약 Though Check-in의 경우 국외여행인솔자가 경유지에서 위탁수하물표를 해당카운터에 재확인시켜 다른 곳으로 보내지는 분실사고를 방지한다.

⑥ 체크인 카운터에서는 기내에 휴대하는 물품 외에는 위탁수하물로 처리하도록 하며(무료 수하물 기준: 가로 90cm×세로 70cm×높이 40cm), 기내에는 가로 55cm×세로 40cm×높이 20cm, 무게 10kg 이내의 물품에 한해서만 반입이 허용되기 때문에 이에 대해 안내한다.

⑦ 휴대물품 중 기내반입 시 여객의 생명과 안전에 위험이 될 수 있는 물품은 반입이 금지된다.

⑧ 위탁수하물 중 세관신고가 필요한 경우 대형수하물 전용카운터 옆 세관신고대에서 신고하며, 대형수하물은 대형수하물 전용카운터에서 위탁처리한다.

출처 : 인천국제공항 홈페이지

3 출국 안내

1) 여행객 최종 인원 파악

탑승수속 종료 후 출국안내를 위해 근처의 여유공간으로 이동한 후 최종 인원파악을 한다. 인원파악 시 최대한 여행객을 존중하는 목소리로 인원을 세며, 가능한 ~님, 혹은 ~선생님 등의 호칭을 사용하며, 손가락으로 가리키지 않도록 조심한다.

2) 출국 안내

최종 인원파악이 완료되면 다음과 같은 순서에 의해 출국 안내를 한다.

① 관광단체에 참가하게 된 고객들에게 감사인사를 하면서 국외여행인솔자 자신에 대한 소개를 한다. 처음 고객들과 조우할 때 물론 간단한 인사를 하게 되나, 모든 단체가 모인 뒤에 하는 공식적인 인사는 이때 하게 되는

데, 처음 고객들이 모였을 때 공식적인 인사는 탑승수속을 결과적으로 다소나마 늦추는 결과를 초래하므로 탑승수속을 완료하고 하는 것이 좋다.

② 인사를 마치면 단체 구성원의 소개에 대해 간단하게 안내한다.

③ 최종 일정에 대해 간단하게 안내하고 특이사항, 주의사항 등을 간단하게 설명한다. 만약 공항사정 및 탑승수속의 지연 등 부득이한 사정이 있는 경우 이에 대해 안내한다.

④ 여권과 함께 탑승권에 대해 설명한다. 먼저 게이트 앞에 모이는 시간은 탑승권에 나와 있는 출발시간 30분 전에 안내하고 좌석번호, 탑승구(Gate) 번호, 도착시간, 비행시간, 면세점 이용안내, 경유지가 있는 경우 주의할 점 등에 대해 간결하고 명료하게 안내한다.

⑤ 세관에 신고할 물품이 있는지를 확인하고 상황에 따라 검색대 통과요령, 출국심사, 면세구역에 대해 설명한다.

고가상품의 경우 세관신고 : 고가의 상품, 미화 1,000달러 이상 소지자는 자진신고를 하여야 입국 시 면제받을 수 있음

⑥ 설명을 마치면 단체를 출국장으로 인도한다. 단, 출국장으로 인도하기 전에 고객들이 환전을 하거나 다소의 자유시간이 필요한 경우에는 이에 대한 시간약속을 정하고 다시 집합한 후에 출국장으로 인도한다.

⑦ 경우에 따라 단체의 구성원이 자유로운 여행 스타일을 선호하고, 여행 경험이 많은 고객들로 구성되어 있다면 탑승구에서 만나는 시간만을 정하고 개별적인 행동을 하도록 안내한다.

⑧ 탑승구의 변경이 있는 경우에는 항공기 출발정보 전광판이나 안내방송에 주의를 기울여 탑승에 차질이 없도록 한다. 만약의 사태에 대비해 사전에 고객의 양해를 구한 뒤 단체방을 만들어 발생될 수 있는 사고나 안전사고에 대비한다.

제 2 절 출국수속 업무

출국장에서의 진행순서는 어느 나라나 유사한 절차로 진행된다. 우리나라의 경우 출국장에서의 진행절차는 여권(비자) 및 탑승권 확인→ 세관신고→ 보안검사(휴대 수하물과 여행자의 X-ray 투시대 통과) → 출국심사 → 항공기 탑승의 순으로 진행된다.

1 세관신고(Customs)

1) 출국 시 외화신고

국내 거주자는 여행경비로 US$ 10,000를 초과하는 외화를 반출하는 경우는 세관외환신고대에 신고하면 직접 가지고 출국할 수 있다.

2) 휴대물품 반출신고서

여행 시 사용한 후 입국할 때 다시 가져올 귀중품 혹은 고가품의 경우 출국하기 전에 세관에 신고한 후 "휴대물품반출신고서"를 받아야 입국 시에 면세를 받을 수 있다. 세관신고소는 국제선 출국장 안쪽에 위치하며, 여행객 '휴대물품반출신고서' 양식에 품목, 신고, 가격을 적어 반출신고를 하고 출국하면 된다.

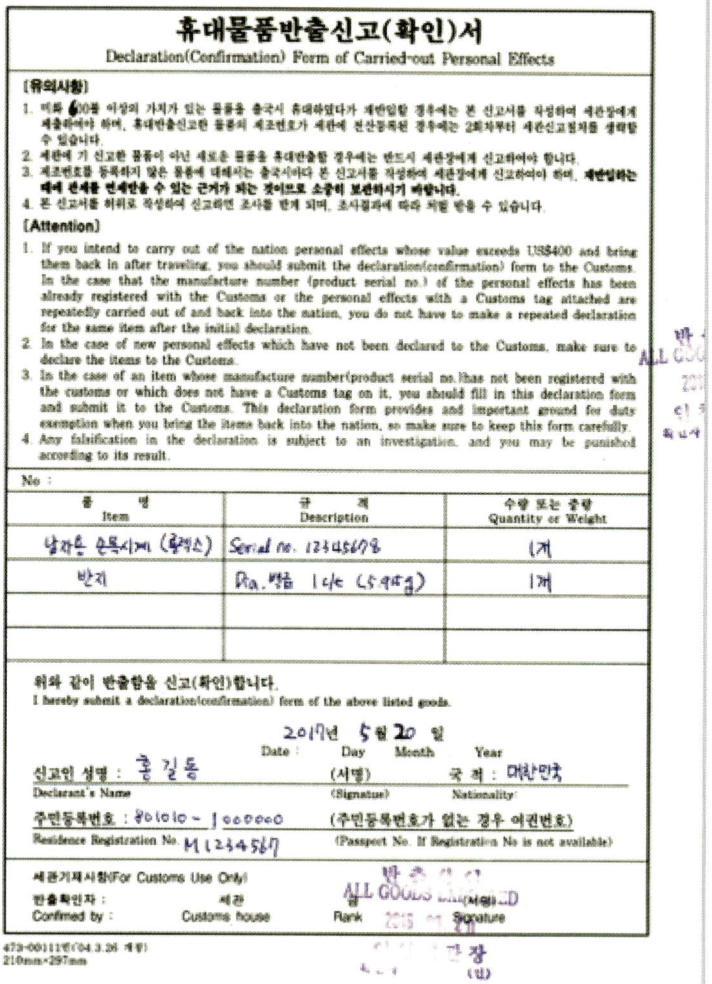

휴대물품반출신고(확인)서

Declaration(Confirmation) Form of Carried-out Personal Effects

[유의사항]

1. 미화 600불 이상의 가치가 있는 물품을 출국시 휴대하였다가 재반입할 경우에는 본 신고서를 작성하여 세관장에게 제출하여야 하며, 휴대반출신고한 물품의 제조번호가 세관에 전산등록된 경우에는 2회차부터 세관신고절차를 생략할 수 있습니다.
2. 세관에 기 신고한 물품이 아닌 새로운 물품을 휴대반출할 경우에는 반드시 세관장에게 신고하여야 합니다.
3. 제조번호를 등록하지 않은 물품에 대해서는 출국시마다 본 신고서를 작성하여 세관장에게 신고하여야 하며, **재반입하는 때에 관세를 면제받을 수 있는 근거가 되는 것이므로 소중히 보관하시기 바랍니다.**
4. 본 신고서를 허위로 작성하여 신고하면 조사를 받게 되며, 조사결과에 따라 처벌 받을 수 있습니다.

[Attention]

1. If you intend to carry out of the nation personal effects whose value exceeds US$400 and bring them back in after traveling, you should submit the declaration(confirmation) form to the Customs. In the case that the manufacture number (product serial no.) of the personal effects has been already registered with the Customs or the personal effects with a Customs tag attached are repeatedly carried out of and back into the nation, you do not have to make a repeated declaration for the same item after the initial declaration.
2. In the case of new personal effects which have not been declared to the Customs, make sure to declare the items to the Customs.
3. In the case of an item whose manufacture number(product serial no.)has not been registered with the customs or which does not have a Customs tag on it, you should fill in this declaration form and submit it to the Customs. This declaration form provides and important ground for duty exemption when you bring the items back into the nation, so make sure to keep this form carefully.
4. Any falsification in the declaration is subject to an investigation, and you may be punished according to its result.

No :

품 명 Item	규 격 Description	수량 또는 중량 Quantity or Weight
남자용 손목시계 (롤렉스)	Serial no. 12345678	1개
반지	Dia. 백금 1 ct (5.9 g)	1개

위와 같이 반출함을 신고(확인)합니다.

I hereby submit a declaration(confirmation) form of the above listed goods.

2017년 5월 20일

Date : Day Month Year

신고인 성명 : 홍 길 동 (서명) 국 적 : 대한민국

Declarant's Name (Signature) Nationality

주민등록번호 : 801010 - 1000000 (주민등록번호가 없는 경우 여권번호)

Residence Registration No. M1234567 (Passport No. If Registration No is not available)

세관기재사항(For Customs Use Only)

반출확인자 : 세관 급 (서명)

Confirmed by : Customs house Rank Signature

473-00111민('04.3.26 개정)
210mm×297mm

2 검역(Quarantine)

출국 시 대부분 생략되나 예방접종이 필요한 특정지역으로의 여행이나 동식물 반출입 시 반드시 검역소에 신고한다.

3 안전 검색대 통과(Security Check)

출국장의 보안검색대로 이동하여 X-ray 검색장비에 의한 휴대물품 검사와 검색직원에 의해 몸검색을 실시한다. 국외여행인솔자가 먼저 검색대 앞에서 검사를 받으면 된다. 휴대용 가방이나 주머니 속의 소지품, 휴대폰 등을 바구니에 올려 금속탐지기를 통과시킨다. 검색이 강화되는 시기나 국가에서는 신발을 벗거나 허리띠를 풀고 검색대를 통과하면 된다. 가위, 주머니칼 등 기내반입이 불가한 물품이 있는 경우는 RI(Envelop for Restricted Item)에 담겨 따로 탑재되기 때문에 도착한 후 수하물 수취장(Carousel)에서 물품을 찾을 때까지 영수증을 보관한다.

4 출국심사(Immigration Inspection)

출국장 내의 출국심사는 내국인과 외국인 심사대가 있어서 출국심사대 대기선에서 기다리다가 자신의 차례가 오면 여권, 탑승권을 출국심사관에게 제시하고 여권의 사증란에 출국허가 스탬프를 받고 여권과 탑승권을 되돌려 받는다.

출국심사대는 국경선과 같은 곳으로 심사를 받을 때 모자나 선글라스를 벗도록 하며 휴대폰 통화는 삼가야 한다.

그림 3-7 출국심사

최근 출국심사의 경우 성수기에 시간이 오래 걸리는 것을 신속하게 처리할 수 있는 자동출입국 심사에 한번 등록하면 여권만료일까지 지속적으로 사용할 수 있어 편리하다. 다만 만 7세 이상~14세는 부모의 동의서를 받아 이용할 수 있으며, 15세의 경우 자동출입국심사를 모두 이용할 수 있다.

출국심사대를 통과하면 면세구역이다. 일단 면세구역으로 들어가면 다시 밖으로 나가는 절차가 복잡하다.

▶ 이용 대상 : 만 7세 이상 국민, 14세 이상 등록외국인으로 출입국이 제한되지 않는 자
- 13년부터 14세 이상 국민 사전등록절차 생략
  (단, 개명 등 인적사항 변경 혹은 주민등록증 발급 후 30년 경과된 국민은 사전등록 필요)

▶ 등록 대상(유효기간이 만료되지 않은 복수여권을 소지해야 함)
- 만 7세 이상~15세 미만 국민(법정대리인 이용동의 필요, 가족관계증명서 필요)
- 외국인은 17세 이상 모든 외국인, 입국 시 지문 및 얼굴정보를 제공한 17세 이상 단기체류외국인

자동출입국심사대 등록방법

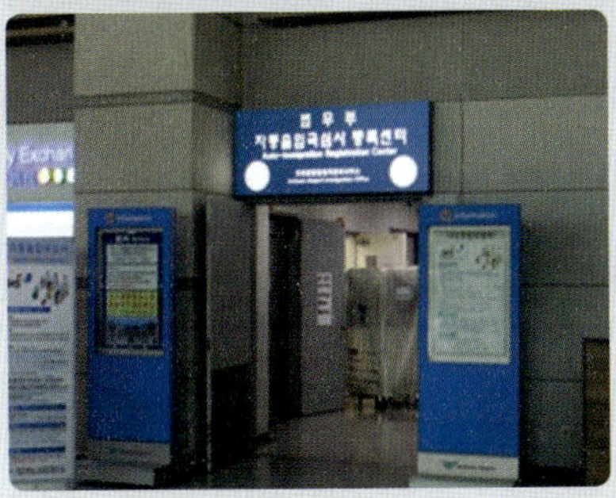

인천국제공항 3층 F카운터 주변에 자동출입국심사등록센터

↓

여권정보(복수여권) 및 바이오정보(지문, 안면) 등록

↓

여권만료일까지 지속적 사용 가능

5 면세(Duty Free Zone) 업무

출국심사대를 통과한 여행객들을 한곳으로 집합하도록 유도한 후 모든 여행객들이 이상 없이 출국심사를 마쳤는지 확인하고, 여권과 탑승권을 잘 보관하도록 안내한다.

시내면세점에서 물품을 구입한 여행객이 있는 경우 면세점 물품인수 카운터에서 영수증을 제시하면 물품을 수령할 수 있음을 안내한다. 면세점 물품 구입 시 여권과 탑승권을 제시하므로 계산이 끝난 후 여권과 탑승권을 분실하지 않도록 주의시킨다. 탑승시간과 탑승구 번호를 재확인시키고 자유시간을 준다.

여행을 많이 한 여행객이 많은 경우는 보딩을 마친 후 자율적으로 출국수속을 받을 수 있도록 안내하는 방법도 있다.

자유시간을 준 후 여행사 담당자에게 전화를 걸어 출국심사가 종료되었음을 보고하고 출국한다. 이는 회사담당자에게 신뢰를 받을 수 있는 중요 업무일 수 있기 때문이다.

그림 3-8 출국 라운지

6 탑승구 집합대기 업무와 탑승

국외여행인솔자는 탑승시간 30분 전에 탑승구에서 대기하면 되는데 임의로 탑승구가 변경된 경우는 출발정보 전광판을 통해 탑승구를 확인해야 하며, 안내방송에도 주의를 기울여야 하고, 만약 약속시간에 모이지 않은 고객이 있으면 전화를 하거나 단체방에 출발시간이 되었음을 알린다.

여행객들이 다 모인 경우 최종 인원파악을 하고 항공사의 탑승안내에 따라 탑승하며 국외여행인솔자가 제일 마지막에 탑승을 한다.

학습 3-1 국외여행인솔자가 되어 공항 설명회 준비해 보기

◆ 국외여행인솔자가 되어 유럽지역에 간다면 공항에서 설명회를 어떻게 해야 할지 작성해 보고 토론해 본다.

– 공항에서 고객들과 보딩을 받은 후 설명회 진행방법에 대해 스스로 작성해 보고 롤플레잉해 보기

◆ 여행 출발 전에 공항에서 사전 설명회를 실시할 때 순서지를 작성해 본다.

– 고객맞이 인사 및 자기소개 방법

구분	고객맞이 인사 및 자기소개
첫 만남	안녕하십니까? ○○여행사의 ○○○입니다. 오늘부터 ○일 동안 여러분과 함께 여행을 인솔하게 된 ○○○과장입니다. 잘 부탁드립니다.

– 고객들에게 이번 여행 인원은 몇 명인지, 특별한 보고상황이 있으면 먼저 설명하고 좌석 보딩 패스, 여권, 수하물표, 출발시간, 모이는 시간 등을 설명한다.
– 좌석 변경이 있는 경우 이유와 변경 좌석에 대해 설명한다.
– 현지 출입국신고서와 세관신고서가 준비된 경우 미리 나누어주고 설명한다.
– 현지의 예기치 못한 긴급사태가 발생하였을 때나 일정 조정이나 필요사항에 대한 조치를 할 때 필요한 고객들의 비상연락처 목록을 지참했는지 확인한다.
– 환전이나 세관 통과방법에 대해 설명한다.
– 병무신고자가 있는 경우 신고에 대해 설명한다.

복습하기

01 **국외여행인솔자가 공항에서 고객과 미팅 시에 준비해야 할 내용이 아닌 것은? (　　)**

① 성수기, 비수기 모두 2시간 전에 공항에 나가야 한다.

② 가능한 출발일과 도착일엔 세미정장으로 입는다.

③ 여행사가 고객과 만나는 정해진 미팅장소에 깃발과 보딩판을 설치한다.

④ 1청사는 3층, A~B, L~N 장소에서, 2청사는 3층, H장소가 주로 미팅장소가 되며, 출발 항공사 위치를 고려해 미팅장소를 정한다.

02 **최근 항공사에서 고객좌석을 미리 발권하는 전문용어는? (　　)**

① ART 제도　② 사전발권

③ BSP 제도　④ 사후발권

03 **짐을 부치게 되는 경우 짐의 종류는 2종류로 구분할 수 있으며, 부치는 짐과 핸드캐리의 이름은? (　　)**

① 무료수하물/위탁수하물

② 위탁수하물/무료수하물

③ 위탁수하물/기내수하물

④ 휴대수하물/초과수하물

정답 01 ① 02 ② 03 ③

04 여행자수표 내용으로 <u>틀린</u> 것은? (　　)

① 분실에 대비해 반드시 위, 아래 두 곳에 모두 사인을 해놓도록 한다.

② 여행자수표는 영어로 Traveler's Check이다.

③ 분실 시 수표번호만 있으면 환급이 가능하며, 환율이 유리하다.

④ 분실, 도난으로부터 다른 화폐보다 안전하다.

05 No-show한 여행객이 아무 이유 없이 당일에 나타나지 않을 때 공정거래위원회에서 고시한 기준에 의한 취소료는? (　　)

① 여행요금 10%　　② 여행요금 30%

③ 여행요금 50%　　④ 여행요금 20%

06 기내에 반입할 수 있는 수하물 크기는? (　　)

① 가로 90cm+세로 70cm+높이 40cm

② 가로 55cm+세로 40cm+높이 20cm

③ 가로 57cm+세로 35cm+높이20cm(가로 55cm 넘어가면 안 됨)

④ 가로 90cm+세로 65cm+높이 35cm

정답 04 ① 05 ③ 06 ②

복습하기

07 기내반입, 위탁수하물 모두 금지품목이 아닌 것은? ( )

① 식품, 화장품 등의 액체 등 1L 투명 비닐지퍼백

② 부탄가스

③ 폭죽

④ 표백제

08 국외여행허가를 받은 사람이 허가기간 내에 귀국하기 어려운 때에는 허가기간만료 ① ( )일 전까지, 24세 이전에 출국한 사람은 25세가 되는 해의 ② (월 일까지) 국외여행허가를 받아야 한다.

① 10일/1월 10일

② 15일/1월 15일

③ 20일/1월 20일

④ 30일/1월 30일

09 고객에게 출국에 대한 설명 시 확인시켜야 할 서류가 아닌 것은? ( )

① 여권

② Boarding Pass

③ E/D Card

④ Baggage Claim Tag

정답 07 ① 08 ② 09 ①

10 **고가의 상품인 경우 작성해야 하는 ① 서류명과 ② 1인당 (   )불 이상이면 신고를 해야 한다.**

① 여행객 휴대물품 반출신고서/10,000불 이상

② 여행객 세관신고서/10,000불 이상

③ 여행객 세관신고서/5,000불 이상

④ 여행객 휴대물품 반출신고서/5,000불 이상

11 **출국절차 시 여행객에게 설명해야 할 내용이 아닌 것은? (   )**

① 탑승구 번호 ② 탑승시간

③ 세관안내 ④ 선택관광

12 **출입국절차를 밟는 과정에 해당되지 않는 것은? (   )**

① Customs(세관) ② Immigration(출입국심사)

③ Quarantine(검역) ④ Boarding(탑승)

13 **출입국절차를 신속하게 이용할 수 있는 시스템 이름은?**

....

정답 **10** ① **11** ④ **12** ④ **13** 자동출입국심사대

학습 3-2 국외여행인솔자가 되어 공항에서 No-show 대처해 보기

◆ 국외여행인솔자로 공항에 나타나지 않은 고객의 No-show 대처방법에 대해 작성해 보고 토론해 본다.

- 공항에서 고객들이 No-show한 경우 대처방법에 대해 스스로 작성해 보고 롤플레잉해 보기

◆ 여행 출발 전에 공항에 나타나지 않는 고객의 No-show 대처방법에 대해 순서지를 작성해 본다.

- 고객에게 전화해 보기

- No-show한 고객명단을 회사에 보고하기

제 3 절 탑승과 기내 업무

1 기내업무

1) 탑승하기

탑승구에서 고객과 만나고 탑승시간이 되면 순서에 맞게 고객들을 탑승시킨다. 일반적으로 탑승순서는 어린이나 노약자, First Class, Business Class, 그리고 Economy Class의 뒷좌석 번호에서 앞좌석 순서로 탑승하게 된다. 국외여행인솔자는 고객의 전원 탑승 여부를 확인하고 맨 마지막에 탑승하게 된다.

2) 이륙 전 업무

① 탑승 후 국외여행인솔자는 빠르게 여행객들의 좌석상태를 확인하고 이륙을 기다린다.

② 여행객의 특성이나 연령에 따라 기내시설의 사용법이나 기내매너 및 에티켓에 대해 설명한다.

③ 좌석의 경우 가족과 떨어져 앉게 될 경우는 승무원에게 협조를 구해 좌석 조정을 하거나 고객들끼리 좌석을 바꾸는 것을 도와준다.

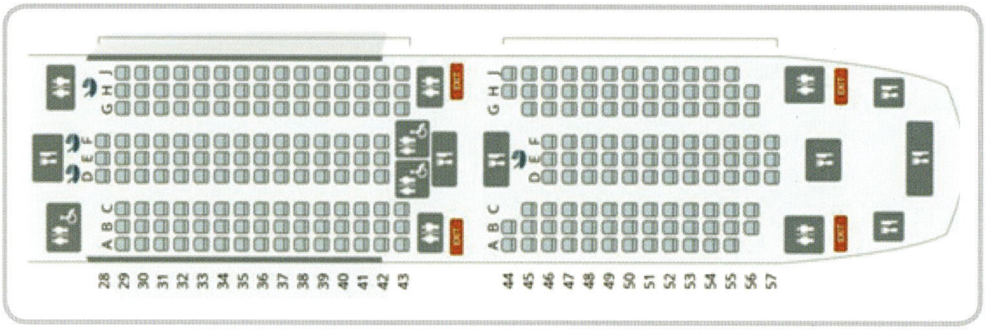

그림 3-9 비행기 기내 좌석 배치도

기내시설 사용법과 에티켓

1. 좌석 젖히기(이착륙 시 X, 식사시간 X)
2. 팔걸이 및 개인 리모컨 이용(양쪽 팔걸이 이용 꼴불견 승객)
3. 승무원 호출 시에도 리모컨 사용 권장(큰 소리 승무원 호출 X)
4. 헤드폰 소리 및 아이 방치(떠드는 아이보다 방치하는 부모 X)
5. 화장실 사용(사용 중(Occupied), 비어 있음(Vacant)으로 표시
6. 기내음주(최근 국제선 비행기에서 30대가 2시간 동안 난동)
7. 좌석이 비어 있는 경우는 이륙 후 안전벨트 사인이 꺼진 후 다른 여유 있는 좌석에 앉을 수 있음을 안내한다. 특히, 노약자의 경우 장거리 여행이라면 이런 좌석안내가 필요하다.

3) 이륙 후 업무

비행기 이륙 후 국외여행인솔자의 기내업무 중 중요한 것은 고객들의 입국 서류와 고객들과의 대화라고 할 수 있다.

(1) 입국서류 준비하기

– 방문예정국가의 입국서류로 출발할 때 사용했던 우리나라의 출입국카드와 동일한 출입국카드와 세관신고서를 준비한다. 단체행사를 원활하게 진행

하기 위해 국외여행인솔자가 맡아서 하는 일반적인 업무이다.

- 입국카드는 기내 승무원이 배포해 주는데, 국외여행인솔자는 배포 시 승무원에게 국외여행인솔자임을 알려주고 해당단체에 필요한 수만큼 입국카드를 수령하여 작성한다.
- 국외여행인솔자는 자신의 단체고객들의 좌석위치를 승무원에게 알려주어 입국카드를 재배포하는 일이 없도록 하고, 고객들에게도 자신이 일괄작성한다는 것을 알려주고 이를 받지 않도록 주지시킨다.
- 입국서류는 고객명단 리스트의 고객정보를 바탕으로 하여 작성하고, 정확 · 신속하게 처리한다.
- 작성 완료 후에는 고객들에게 이를 배포하여 서명하게 하고, 입국에 필요한 설명을 한다.

(2) 고객과의 친밀감 형성

① 기내에서 또 한 가지 중요한 업무 중 하나는 고객과의 친밀감 형성이라 할 수 있다. 출발 당일 공항에서 탑승하기까지는 수속과 인솔 등으로 고객과 친밀감을 형성할 수 있는 시간적 여유가 없으나, 다른 국가로 이동하게 되는 항공기 내에서는 다소 시간적 여유가 있는 편이어서 좋은 기회가 되기 때문이다.

② 이 시간을 이용하여 여행하게 될 관광지의 정보, 고객의 질문에 대한 응대 및 개인적인 유대관계까지 대화를 통해 형성하게 되는 것이다. 이는 향후 행사를 보다 친숙하고 즐겁게 신뢰감 속에서 진행할 수 있는 바탕이 된다.

고객에게 알려주면 좋은 기내 이용시설과 특별식 내용

항공기 이용에 대한 정보, 시차, 기내 영화 상영안내, 식사, 목적지까지 거리 및 소요시간, 시차, 기내 면세점 이용, 화장실 안내, 승무원 호출방법, 기내 음료, 식사 종류

특별식에 대한 이해

대한항공, 아시아나 특별식에 대한 이해 : 두 항공사 홈페이지 특별기내식란에서 메뉴를 선택하면 됨. 대한항공의 경우 출발 48시간 전까지, 아시아나의 경우 출발 24시간 전까지 특별식을 주문할 수 있음

대한항공 : 24개월 미만 유아를 위한 이유식과 아기용 주스, 아동식 식사가 가능한 24개월 미만 영유아에게 제공되는 유아용 아동식, 만 2세~12세 미만 아동에게 제공되는 아동식 제공. 아이들이 좋아하는 스파게티, 햄버거, 오므라이스, 돈가스 중에서 선택가능. 해외 출발편일 경우에는 햄버거, 피자, 스파게티, 핫도그 중에서 선택할 수 있음

아시아나항공 : 2세 미만 유아를 위해 별도의 제조업체가 제공하는 베이비밀(Baby Meal), 2세 미만 유아에게 아동식과 유사하게 제공하는 토들러밀(Toddler Meal), 12세 이하 어린이에게 제공하는 차일드밀(Child Meal) 등으로 메뉴를 나눠 공급하고 있음. Child Meal의 경우 서울 출발편에서는 오므라이스와 소시지, 떡갈비와 맛밥, 볶음밥과 치킨너겟, 미트볼 토마토소스 파스타 중 선택 가능

③ 이러한 기본적인 기내 업무를 종료하면 국외여행인솔자도 도착 후 업무 진행을 위해 조용히 휴식을 취하는 것이 좋다.

(3) 목착지 도착 전 준비 업무

① 목적지 도착 1시간 전쯤에 여행객들에게 하기 시 필요한 사항을 안내한다. 도착 예정시간과 잔여시간을 알리고 입국에 필요한 출입국카드와 세관신고서 등을 나눠주고 서명할 수 있도록 안내한다.

② 하기 후 비행기 바로 문앞에 단체로 모여 이동하는 것을 여행객들에게 전달하고 국외여행인솔자가 먼저 하기할 수 있도록 준비한다.

③ Transit(경유), Transfer(환승)인 경우 출입국수속을 밟는 게 아니기 때문에 순서와 수속방법에 대해 설명한다.

2 경유와 환승하기 업무

이용하는 비행기가 목적지까지 직항편이 아닌 경우에는 중간지점을 경유하여 목적지까지 가는 경우에 비행기를 갈아타야 한다. 이때 이루어지는 업무를 경유지업무라고 하며, 경유(Transit)와 환승(Transfer) 업무로 나누어진다. 이때 업무에 따라 국외여행인솔자가 다르게 대처해야 하므로 이에 대해 숙지하도록 한다.

1) 경유(Transit)업무

- 하기 전 중요물품만 가지고 내리기
- 비행기 탑승구에서 Transit Card 받기
- 해당 게이트에서 대기 또는 면세점 쇼핑
- 탑승구 및 탑승시각 확인과 안내
- 탑승구 집합, 탑승하기
- 탑승 시 Transit Card 반납하기

직항편이 아닌 경유는 비행기를 갈아타야 하는데 경유인 경우는 같은 비행기로 가지만 다음 목적지까지 가는 승객은 잠시 하기하여 공항의 면세구역에서 기다린 후 재탑승을 하게 되는데 이를 경유라 한다. 이때 국외여행인솔자는 여행객들에게 재탑승시간과 게이트 번호를 알려주어 비행기를 놓치는 일이 없도록 한다.

보통 대기시간에 면세점 이용을 하며, 이때 시계를 현지시간에 맞추도록 한다. 그리고 이때 Transit Card를 잃어버리지 않도록 주의할 것을 안내하며, 현지 통화단위에 대해 안내한다. 탑승게이트를 미리 알고 있는 경우 하기 시 여행객에게 안내한다.

2) 환승(Transfer)업무

- 하기 전 해당 공항에 대한 사전지식
- 하기 시 모든 휴대품 가지고 내리기
- 하기 후 인원 파악하기
- 환승카운터로 이동하기
- 이동 연결편 탑승수속
- 위탁수하물 확인
- 탑승권 배부
- 탑승구 및 탑승시각 안내
- 탑승구 이동 및 자유시간
- 탑승구 재집합, 인원 체크하기, 탑승하기

여행일정 중 환승구간이 있는 경우 국외여행인솔자는 여행객들이 이탈하지 않도록 하는 것이 가장 중요하다. 만약 환승 시 여행객을 잃어버리는 경우 큰 낭패를 볼 수 있기 때문이다. 따라서 국외여행인솔자는 환승구간이 있는 경우 해당 게이트 앞까지 고객 인원 모두가 같이 이동할 수 있도록 한다.

① 환승지역 공항에 대해 구조, 규모, 시설 등에 대해 미리 파악을 한다.
② 환승수속 절차는 하기 전 인천에서 이용했던 비행기가 아닌 다른 비행기로 갈아타야 함을 여행객들에게 주지시켜 여행객이 하기 전 기내물건들을 다 챙겨서 나갈 수 있도록 안내한다.
③ 여행객들을 인솔하여 환승카운터로 이동한다.
④ 여권과 항공권을 제시하고 탑승권과 탁송수하물표를 재확인한다.
⑤ 탑승수속시간과 해당 게이트 등을 재확인한다.

그림 3-10 환승 탑승권 예

제 4 절 입국 업무

1 입국수속 전 입국 업무

1) 여행객 현지 공항 도착 후 집결

항공기가 목적지에 도착하면 국외여행인솔자는 고객들에게 잊고 내리는 물건이 없도록 주지시키고 가장 먼저 항공기에서 하강하여 고객들을 집합시킨다. 국외여행인솔자 업무 중 가장 기본적인 것으로 염두에 두어야 할 것은 버스 및 항공기에서의 하차나 해산, 출발 및 이동을 할 때 항상 잃어버리는 물건이 없도록 고객들에게 주지시키는 것이다. 고객들이 다 집합한 것을 확인하면 입국에 관한 절차를 설명해 주고 고객들을 인도하면서 입국절차를 진행시킨다.

입국심사장으로 진행하는 사인은 일반적으로 Immigration, Arrival, Passport Control, Baggage Claim 등으로 표기되고 있으나 모든 나라가 똑같은 것은 아니다.

2) 입국절차

어느 국가이건 입국절차는 유사한데, 통상 검역(Quarantine) → 입국심사(Immigration Inspection) → 위탁수하물 수취(Baggage Claim) → 세관통과(Customs Declaration)의 순으로 진행되는 것이 일반적이다.

국외여행인솔자는 고객들 전원을 인솔하여 입국심사를 밟아 나가는데, 자신이 가장 선두에 서서 입국심사를 밟고, 필요한 경우 입국심사관에게 국외여행인솔자임을 밝히고 자신이 인솔하는 단체의 수와 체류일정 및 호텔 등을 전달해주면 입국진행이 신속하고 수월하게 진행될 수 있다.

(1) 검역(Quarantine)

입국심사대로 이동하다 보면 검역신고대가 나오며, 전염병 발생지역이나 의심지역을 여행하고 돌아오는 여행객은 검역질문서를 작성해서 제출한다.

(2) 입국심사(Immigration Inspection)

입국심사대에서 해당국가에 입국을 신청하고 허가를 받는 과정으로 여행객이 비행기에서 내리면 '내국인' 또는 'Nations', 'Foreigners', 'Aliens' 등의 표시가 되어 있는 출입국심사대에서 입국심사를 받는다. 여행객은 입국심사대에서 차례가 오면 여권과 입국신고서를 제시하고 입국심사를 받는다.

일본, 태국, 미국 등 일부 국가는 테러와 범죄예방 차원에서 새로운 입국심사 수속을 도입하여 입국하는 여행객의 지문채취와 안면사진을 찍는 경우도 있다.

국외여행인솔자는 입국심사 시 가장 앞쪽에서 심사원에게 여행객들의 총 인원, 여행형태, 입국목적, 체류기간, 체류호텔, 여행지 등 질문사항을 미리 설명하여 단체 여행객들이 입국심사에 어려움을 겪지 않도록 도와준다. 그리고 구성원들이 입국심사 종료 시까지 대기하여 문제가 발생되지 않도록 한다.

그림 3-11 입국심사

3) 위탁수하물 확인(Baggage Claim)

입국심사를 마치면 출국 시 위탁수하물을 수취해야 하는데, 짐 찾는 곳(Baggage Claim Area)에 도착하면 타고 온 항공기번호와 함께 짐 찾을 컨베이어 벨트의 번호가 전광판에 나타나고, 이 번호로 고객들을 유도하여 모든 짐을 다 찾을 때까지 고객들이 한곳에 모여 있도록 주지시키고 위탁수하물을 여행객 모두가 찾을 때까지 대기한다.

그림 3-12 Baggage Claim Area

만약 위탁수하물이 파손되거나 분실한 경우는 다른 여행객에게 양해를 구한 다음 수하물분실센터(Lost & Found Center)에 가서 신고해야 한다. 신고 시 여권, 탑승권, 항공권, 수하물표 등이 필요하며, 위탁수하물의 분실 시 해당 항공사에서 아래와 같이 보상을 받을 수 있다.

위탁수하물 분실사고 사고보상은?

분실 배상액은 항공사가 속한 국가, 소비자가 탑승한 항공노선에 따라 달라짐

1. 바르샤바 협약, 몬트리올 협약 두 가지 기준으로 적용
2. 바르샤바 협약 : 1kg에 20달러, 2만 4천 원 정도 배상
   보통 국내 항공사 일반석의 경우 위탁수하물 최대 허용기준이 20kg이면 최대 48만 원 정도 배상
3. 몬트리올 협약 : 최대 1,131SDR 보상, SDR은 국제통화기금이 정한 특별 인출권임
   1,131SDR은 약 180만 원 정도
   선진국은 대부분 몬트리올 협약을 적용함

위탁수하물 도착이 늦는다면?

1. 지연보상금(Out of Pocket Expence)을 신청할 수 있음
2. 위탁수하물이 도착하지 않은 경우 세면도구나 간단한 속옷 등 임시 생활용품을 구매하라는 뜻으로 해당 승객에게 지급되는 응급비용
3. 1회에 한해 US$50~100가 지급됨
4. 서바이벌 키트를 지원받는데 이는 세면도구, 간단한 속옷, 양말 등으로 불편하지만 응급으로 지낼 수 있음

4) 세관검사 확인(Customs Declaration)

국외여행인솔자는 전체 관광단체의 일원이 자신들의 짐을 이상 없이 모두 찾은 것을 확인하면 역시 가장 선두에 서서 세관 통관절차를 밟는다. 일반적으로 관광객의 경우는 세관통관에 대한 수속이 간단한 편으로, 특히 서유럽지역의 경우는 거의 세관통관절차가 매우 간소해서 거의 세관절차를 느끼지 못할 정도이다. 그러나 호주 및 뉴질랜드 등 오랫동안 대륙과 떨어져 있어 병균 및 세균으로부터의 감염이 쉬운 국가는 관광객을 막론하고 세관검사절차가 매우 까다로운 편이므로 세관절차에 대해 미리 숙지하는 것이 중요하다.

그림 3-13 호주 입국 시 반입물품 예

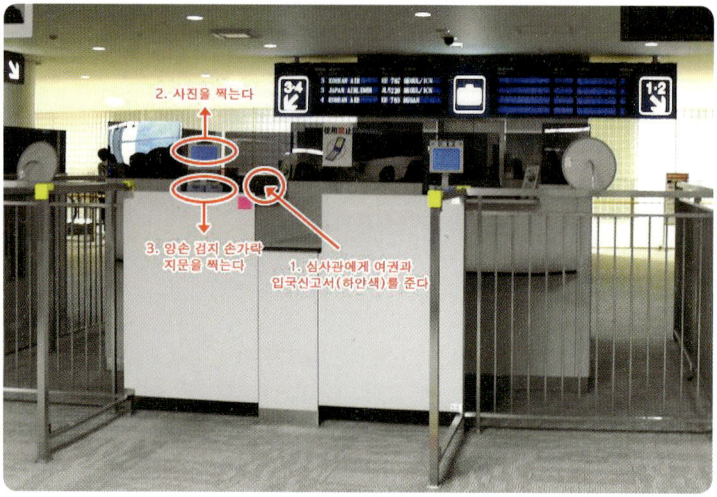

그림 3-14 일본 입국장

국가별로 차이가 있으나 대부분의 국가들은 세관신고 물품이 없는 경우는 녹색라인(Nothing to Declare)으로 세관검사 없이 통과하며, 세관신고 물품이 있는 경우는 적색라인 혹은 황색라인(Something to Declare)에서 세관신고 검사를 받는다. 따라서 여행객에게 신고할 물품이 있으면 정확하게 신고물품을 작성하고 적색라인 혹은 황색라인으로 나갈 것을 안내하고, 신고할 물품이 없는 경우는 녹색라인으로 같이 인솔해서 나가면 된다.

만약 세관신고 물품이 있는데 녹색라인을 통과하다 적발되면 중과세를 물 수도 있음을 안내한다.

① **면세출구(Nothing to Declare)**
출구의 간판이나 램프, 바닥의 Line이 녹색으로 되어 있으며, 신고할 물품이 없는 비과세 대상자가 통과함

② **과세출구(Something to Declar)**
출구의 간판이나 램프, 바닥의 Line이 빨간색이나 황색으로 되어 있으며, 신고할 물품이 있는 과세 대상자가 통과함
짐을 X-ray 검사대로 통과시킨 후 세관원이 직접 짐 가방을 열어 조사함
과세물품이 있는 경우 그에 준하는 세금이 부과되며 반입금지 물품이 있는 경우 관련 물품은 압수되거나 예치시켜 놓고 출국 시 찾도록 함

일단 국외여행인솔자가 세관통관을 마치면 마중 나온 현지가이드와 만나 인사를 한 후 뒤따라 세관통관절차를 마치고 나오는 고객들을 한곳으로 집합시킨다. 이때 환전과 화장실의 용무를 볼 시간을 제공하는 것이 좋다. 왜냐하면 모든 입국절차를 마치는 동안 시간도 다소 소요되고, 공항에서 목적지까지 가는 동안 일반적으로 시간이 걸리기 때문에 이에 대한 준비를 미리 하는 것이다.

제 5 절 현지행사 진행업무

1 현지행사 업무

1) 버스 이동 및 탑승

모든 고객이 환전 및 용무를 마치고 다시 집합하면 안내원의 안내와 함께 고객들을 버스로 인솔한다. 이때 역시 고객들의 수하물 등 잊은 물건이 없는지 재확인하고 버스로 이동해야 한다. 공항에서 포터를 이용하는 경우도 있는데, 이 경우 고객들의 짐 개수를 반드시 확인하고, 포터에게 이동시켜 버스에 동일한

수의 짐을 완전히 적재하는 것까지 국외여행인솔자는 확인해야 한다.

일단 버스로 이동한 후 고객들의 수하물을 짐칸에 적재한 후 고객들을 탑승시킨다.

탑승이 완료되면 다시 한번 고객들이 잊은 물건이 없는지 확인하고, 또한 관광단체 전원이 탑승했는지 인원수를 확인한 뒤 출발한다.

일정의 시작은 해당방문지의 도착시간에 따라 달라지는데, 행사가 바로 진행되는 경우도 있고, 저녁 때 도착하여 호텔로 직접 가는 두 가지 경우로 구분해 볼 수 있다.

2) 현지가이드 미팅

현지가이드와 미팅하게 되면 본인을 간단히 소개하고 일정 진행에 대한 내용을 다음과 같이 간단하게 논의한다.

▶ **현지가이드 미팅 시 국외여행인솔자의 현지행사 진행내용**

(1) 기본적 태도

국외여행인솔자는 현지여행사 가이드에 대해서 고압적인 태도나 필요이상의 친밀감을 표시하지 않도록 하며 고객과 현지 랜드회사의 중간자적인 입장을 잘 조율하여 사소한 행동이 고객에게 나쁜 인상을 주지 않도록 노력한다.

(2) 행사진행 현지가이드 담당자와의 협의

- 명함을 주고받으며 상대방의 이름을 확인한다.
- 팀 성격에 대해서 충분히 설명한다.
- 총인원수와 짐 개수를 알려준다.
- 필요시 수하물 취급은 포터에게 의뢰할 수 있으나, 여행경비에 포함되지 않는 경우가 대부분으로 여행객들과 사전 조율이 필요하다.

(3) 버스 안과 호텔 도착 후 협의

- 한국에서 가져온 일정표와 랜드사에서 가져온 일정표를 비교한다.
- 일정표 내용을 정확히 비교하며 확인한다.
- 필요하다면 현지체제 중에 사무소를 방문할 것을 알린다.
- 급한 용무가 있을 경우에 대비하여 연락처를 물어두거나 시간을 정하여 중간연락을 한다.
- 인원수 및 자유 여행객 확인
- 지불 랜드피 확인
- 관광, 업무 방문예정 및 출발시각 확인
- 출국 시 출발시각
- 변경내용이 있으면 확인
- 확정금액 지불, 영수증 수령
- 견적서에 있는 대로 서비스를 제공받지 못한 경우 출발 전에 반드시 사무소를 방문하여 이의 제기
- 항공편, 시간, 출발시간 재확인 및 예약 재확인

3) 버스 탑승업무

버스로 이동하는 중에는 우선 고객들에게 행사를 진행할 안내원에 대한 소개를 하고, 국외여행인솔자는 버스의 가장 앞자리에 착석하여 버스 안에서의 설명은 안내원에게 맡긴다.

호텔로 이동하는 동안 통상 안내원의 자기소개와 더불어 해당 방문국가의 전반적인 정보를 제공해 주는데, 예를 들면 해당 방문지의 현지인사말이라든가 시차가 있는 경우 현지시간, 환율과 통화의 종류, 호텔까지의 소요시간, 상점의 영업시간 및 체재하는 동안 주의할 점 등이다. 호텔에 도착할 쯤이면 호텔의 이용방법과 투숙절차 등에 대한 설명을 해주고, 남은 일정도 고객들에게 설명한다.

(1) 현지가이드와 버스기사 소개

수화물을 확인한 후 버스에 오르면 간단한 인사를 한 후 주의사항(여권, 짐 체크), 호텔 설명 등을 간단히 한 후 일정을 진행할 현지가이드(local guide)와 버스기사, 보조 업무자, 우리나라와 다른 관습 등에 대해 설명하고 마이크를 현지가이드에게 넘긴다.

그림 3-15 여행객이 단체버스에 탑승

그림 3-16 단체버스에서 설명하는 현지가이드

학습 3-3 국외여행인솔자의 버스에서의 인사말 학습하기

안녕하십니까?

저는 (유럽 9박 10일) 여행의 여행에 참가하시는 여러분을 모시고 여기까지 온 ○○○ 여행사 국외여행인솔자 장서진 과장입니다.

오늘 이곳에 오신 분들 중에는 설명회를 통해 이미 인사드린 분도 계시지만 공항에서 처음 뵌 분들도 계시기 때문에 이 자리를 빌려 다시 한번 정식으로 인사드리겠습니다.

저는 오늘부터 9박 10일 동안 여러분의 여정이 즐겁고 편안하게 현지에서 차질없이 진행되고 무사히 끝마칠 수 있을 때까지 여러분을 수행할 임무를 맡고 있습니다. 오늘부터 시작되는 9박 10일의 여정이 여러분의 기억에 영원히 남을 만한 관광이 되도록 최선을 다하겠습니다.

그런 의미에서 저와 함께 여러분의 관광일정을 책임지고 안내해 주실 현지여행사 가이드분이신 정연국 이사님을 소개해 드리겠습니다. 앞으로 잘 부탁드리겠습니다.

(2) 일정 및 목적지 소개

도착공항을 출발하여 호텔까지 가는 동안 버스 안에서 현지가이드에게 마이크를 넘기면 사용할 수 있는 시간이 없으므로 여행 전반에 대해 고객에게 해설할 수 있는 시간을 꼭 갖도록 한다. 시차, 공항의 명칭, 위치, 시내에서 호텔까지의 거리, 식사. 통화, 치안상태, 물(음료수에 대한 설명, 수질), 생활상의 주의 등 고객에게 꼭 알려주어야 할 상황들을 설명하고 가이드에게 마이크를 넘긴다.

복습하기

01 비행기 탑승 대기 시에 가장 먼저 탑승하는 고객은 누구인가? (　　)

① First Class 고객

② 노약자 고객

③ Bussiness Class 고객

④ Economy Class 고객

02 국외여행인솔자가 기내에서 준비해야 할 서류가 아닌 것은? (　　)

① E/D Card
② 세관신고서
③ 검역서
④ 휴대물품반출신고서

03 국외여행인솔자가 비행기 탑승 시 이륙 전에 수행해야 할 업무가 아닌 것은? (　　)

① 단체여행객이 전원 탑승을 했는지, 좌석에 착석했는지 최대한 빨리 확인한다.

② 해당 고객과 좌석번호를 숙지한다.

③ 비행기 좌석이 고객이 원하는 대로 앉지 못할 경우 일단 좌석번호대로 앉도록 한다.

④ 승무원에게 해당 입국서류와 출입국서류를 달라고 요청한다.

정답 01 ② 02 ④ 03 ④

04 **기내에서 머무는 동안 고객과 소통해야 할 내용이 아닌 것은? ( )**

① 여행객의 필요사항 파악하기

② 여행객의 불편사항 체크하기

③ 관광지에 대해 안내하기

④ 여행객의 요구사항 파악하기

05 **승무원과 협조사항이 아닌 것은? ( )**

① 본인이 해당되는 단체팀 좌석번호를 알려주고 고객에게 해당 입국서류 및 출입국서류를 나누어줄 것을 부탁한다.

② 객실승무원에게 여행사 단체 자리를 알려주고 최대한 좋은 서비스를 요구한다.

③ 기내에서 불가피하게 좌석조정이 가능하면 승무원에게 협조를 구하도록 한다.

④ 본인이 인솔자임을 알려주고, 팀과 관련한 협조사항이 있으면 요청한다.

06 **다음에 해당되는 내용에 대해 작성하시오.**

① 경유(Transit) :

② 환승(Transfer) :

정답 **04** ③ **05** ② **06** pp.125-126 참고

복습하기

07 **다음 해당사항에 대해 답을 작성하시오.**

▶ 경유와 환승의 경우 MCT가 무엇을 뜻하는지 쓰시오.

08 **내국인이 입국 시 적용받는 1인당 면세한도 금액은? (　　)**

① 6,000달러　　② 1,000달러

③ 800달러　　④ 10,000달러

정답 07 최소항공연결시간　08 ③

CHAPTER

04

호텔 업무

PASSPORT

CHAPTER 04

호텔 업무

호텔에 도착하면 버스에서 내릴 때 짐이나 귀중품을 잊고 내리는 일이 없도록 다시 한번 고객들에게 주지시키도록 하고 현지가이드와 신속하게 협조하여 가능한 빨리 Check-In을 하여야 한다.[23]

제 1 절 호텔 업무

1 호텔 도착 후 투숙절차(Hotel Check-In)

호텔에 도착하면 고객들에게 버스에 놓고 내리는 물건과 분실물건이 없도록 다시 한번 주의를 환기시키고 버스에서 하차시킨다. 고객들을 호텔 로비로 인솔하고 투숙절차를 밟는 동안 호텔 로비에 의자가 있으면 가급적 그 자리에 모여 앉아 대기하도록 유도한다.

이때 수하물은 호텔의 벨맨이 수거하여 한곳에 모아두게 되고, 투숙절차가

23 장양례(2006), 전게서, pp. 110-125.

완료되면 객실이 할당되어 번호가 기재된 루밍리스트를 호텔의 프런트 또는 국외여행인솔자가 제공함으로써 수하물이 배달되게 된다.

호텔 도착 후 투숙절차는 다음과 같다.

그림 4-1 호텔 프런트

① 국외여행인솔자는 현지안내원과 일단 프런트로 가서 여행사명과 단체번호(group name and number)를 말한다.

② 예약한 객실 수와 객실의 종류 및 체재일수를 확인하면 호텔의 프런트 직원이 예약된 객실에 대한 키를 제공한다.

③ 국외여행인솔자는 루밍리스트에 객실번호를 기재하고 프런트에 이를 제출한다.

그림 4-2 호텔 Check-In

④ 객실은 루밍리스트를 기초로 하여 배정하는데, 일반적으로 동반자의 경우에는 서로 가까운 객실을 사용하도록 하고, 나이 많은 여행자가 있는 경우에는 저층으로 하여 승강기가 가까운 객실로 배정하는 것이 좋다.

⑤ 다음날의 일정진행을 위한 아침식사 장소와 시간 및 모닝콜, 수하물 수취시간(baggage down) 등을 현지가이드와 상의해서 호텔 측의 협조가 필요한 내용은 의뢰한다. 예를 들면 모닝콜, 수하물 수취시간, 아침식사시간과 장소 등에 대한 문의이다.

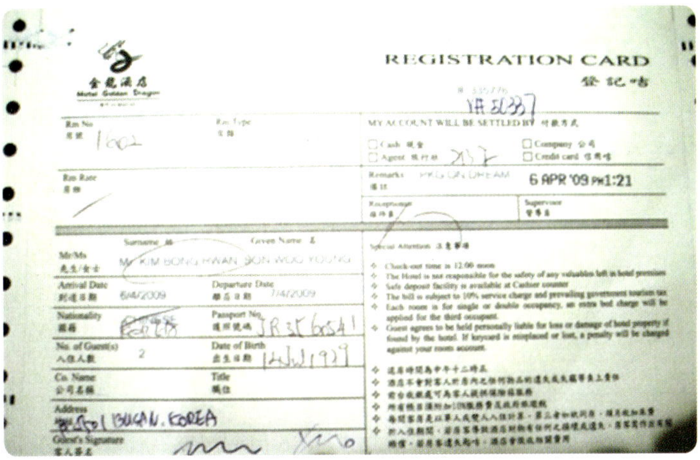

그림 4-3 호텔 숙박등록카드 견본

⑥ 호텔에 관한 이용정보를 여행객에게 제공하기 위해 호텔 부대시설인 헬스시설과 수영장 · 식당 등 부대시설의 종류와 운영시간, 객실 내 TV 시청방법과 유료 TV(pay TV)의 설치 유무, 미니바(mini bar)의 이용방법, 객실 내에서의 외부전화와 객실 안 전화사용법 등을 파악한다. 이것은 고객들이 해당호텔에 체류할 때 필요한 기본적인 정보이므로 자세히 파악하여 고객들에게 제공해 주어야 한다.

⑦ 조식(朝食)의 경우 관광단체행사 시 일반적으로 호텔에서 식사하는 경우가 흔하므로 자신의 단체에 대한 식사의 종류를 확인하여 여행객에게 안

내한다. 단체조식의 경우 조식의 종류에 따라 식당의 위치가 달라지므로 자신의 단체가 어떤 식사를 하는지 확정서에 나온 것을 바탕으로 호텔 측과 확인하여 식당과 조식시간을 협의한 후 결정된 사항을 여행객에게 전달한다.

Continental Breakfast와 American Breakfast 구분방법

① Continental Breakfast
잼과 커피 · 빵 등 간단한 식사

② American Breakfast
계란 · 주스 등 좀 더 푸짐한 형태의 조식

Continental Breakfast

American Breakfast

⑧ 여행객들이 집합되어 있는 장소와 위에서 언급한 호텔 이용정보와 기상시간, 식사시간, 수하물 수취를 위한 짐 내놓는 시간, 출발시간 등 다음날의 일정에 대해 간결하고 명확하게 설명해 주어야 한다.

⑨ 국외여행인솔자 자신이 사용하는 객실번호도 고객들에게 알려주고, 모든 설명사항과 고객들의 질문 및 이에 대한 설명이 종료되면 마지막으로 객실열쇠를 나누어주고 해산한다.

⑩ 해산 후에는 고객들의 짐이 신속히 객실로 배달될 수 있도록 해야 하는데 (배달 시 포터에게 팁을 제공함을 안내) 이유는 짐 속에 의류 및 세면도

구 등이 있어 고객들이 객실에 투숙한 후에는 자신들의 짐을 기다리고 있기 때문이다. 따라서 국외여행인솔자는 안내원과 함께 벨맨 등과 협조하여 짐이 신속하게 배달될 수 있도록 도움을 주어야 한다. 때로는 수하물의 운반 서비스를 이용하지 않는 경우도 있는데, 이러한 경우에는 고객들이 자신들의 짐을 직접 객실까지 운반하고, 퇴숙 할 때도 마찬가지이다.

⑪ 국외여행인솔자는 첫날 투숙인 경우 투숙한 객실의 미비점이 없는지, 고객들의 객실에 대한 요구사항이 없는지를 확인하기 위해 안내원과 함께 여행객들의 객실을 돌아보는 게 좋다.

그림 4-4 호텔 객실

⑫ 고객의 객실 이상 유무를 확인하고, 이상이 없으면 국외여행인솔자는 다음날 일정에 대해 현지안내원과 논의하고, 수배사항에 대해 점검한다. 즉 수배확정서와 변경된 일정이 있는지, 현지사정은 어떠한지를 확인하고 최적의 행사를 진행할 수 있도록 다음날의 일정에 대한 계획을 수립한다.

⑬ 수배사항과 행사진행에 대한 점검업무가 종료되면 국외여행인솔자는 그날의 업무에 대해 행사보고서를 작성하고 충분한 휴식을 취한다.

■ **호텔 체크인 시 국외여행인솔자의 유의사항**

① 호텔 측과 숙박조건을 확인할 때

- 객실형태 및 설비, 욕조유무 체크할 것
- 객실의 상태(좋고 나쁨 및 위치 파악)
- 체제일수와 숙박조건 확인
- 서비스료, 세금, 포토비 확인 유무
- 지불금액 확인, 체크아웃 시간
- 호텔 부대시설
- 식사 종류 및 위치

② 각 호텔에 체크인 시 식사시간, 식사장소를 재빨리 결정하여 연락한다. 이를 빨리 결정하지 못하면 식사시간이 빨라지거나 느려지는 경우가 있다. 이것은 프런트에 부탁하는 것만으로는 불충분하므로 스스로 식당지배인에게 직접 확인하는 것이 안전하다.

③ 호텔 측에서 일시적으로 여권을 접수하는 경우가 있는데, 통상적으로 반나절 정도 되면 되돌려받을 수 있다. 중국이나 베트남 등 사회주의국가에서는 체크아웃 시 되돌려주기 때문에 호텔 투숙 시 잊지 않도록 한다.

2 로비에서의 전달사항 업무

1) 호텔 이용에 대한 전달 업무

국외여행인솔자와 현지가이드는 신속하게 방 배정을 하고 바로 열쇠, 조식 쿠폰을 나주어주면서 전달사항을 말한다. 입실 후 바로 나와서 간단한 투어를 진행하거나 저녁식사를 하는 경우도 있으며 시간이 안 되면 바로 취침을 하는 경우도 있다. 상황에 따라 전달할 내용이 다를 수 있으나 일반적으로 전달되는 사항에 대해 살펴본다.

① 열쇠 사용법에 대해 설명한다. 특히 전자감응식 카드인 경우는 여행자들에게 충분히 설명한다. 객실 안에 부착되어 있는 포켓에 키를 넣어야 객실 내 전원이 작동됨을 안내한다. 객실문이 닫히면 자동으로 문이 잠기게 되므로 객실문을 열 수 없는 경우는 호텔 로비에 내려가 문을 열어달라고 요청하면 된다.

② 호텔 이용법에 대해 설명한다. 욕조 사용법, 미니바, Safety Box, Room Service, Pay TV, 국제전화와 객실 간 객실 전화방법 등

미니바(Mini Bar)	– 객실 내에 비치된 냉장고에는 각종 음료와 주류, 초콜릿, 안주류 등이 비치 – 이들 품목 외에도 스타킹, 양말, 속옷, 일회용품 등을 냉장고 외부에 비치함 – 미니바 가격은 시중에 비해 많이 비싸므로 이를 이용할 때는 냉장고 위에 비치되어 있는 빌(Bill)에 표시된 금액을 확인하고 수량을 기입해서 체크아웃 시 제출하고 정산하면 됨
전화	– 객실 내의 전화는 객실 간 전화(Room to Room) : 무료 전화. 층별 연결번호가 다른 경우 있음 – 시내전화와 국제전화 : 유료, 나라별 가격 천차만별
엘리베이터	– 유럽의 호텔들은 0층의 개념이 있음 – 한국의 1층을 0.G(Ground), L(Lobby) 등으로 표시하니 주의가 필요함
유료 TV	– 추가로 금액을 지불하는 유료방송임 – 최신영화나 성인영화 방송

욕실 사용법	– 욕실에는 매트용 타월, 손을 씻는 핸드타월, 세면과 샤워는 페이스타월, 전신타월 등이 비치됨 – 유럽, 미국의 호텔에는 욕실바닥에 배수시설이 없으므로 주의해야 함 – 욕조 밖에서 샤워기를 사용하면 물이 객실로 넘쳐 배상해야 하므로 욕조 사용 시 샤워커튼을 욕조 안쪽으로 들여서 물이 밖으로 튀지 않도록 해야 함   **샤워부스/욕조커튼** 유럽에는 배수구가 샤워부스 안, 또는 욕조 안에 있는데 욕조에 있는 커튼을 밖으로 빼고 샤워할 경우 물이 바닥으로 떨어져 미끄러질 위험이 있다.  **샤워기에 있는 줄** 샤워 중 응급상황 시 줄을 당기면 호텔 직원의 도움을 받을 수 있다.
청소와 세탁, Safety Box	– 객실을 사용하고 나면 룸메이드가 침구류, 타월, 비품을 교환하는 등 객실을 원상태로 청소완료 – 아침에 투어를 나오기 전 객실당 1~2불 정도의 수고비를 베개 밑에 놓아두는 것이 에티켓 – Do Not Disturb : 객실에서 휴식을 취하고 싶은 경우 본 팻말을 걸어 놓으면 방해하지 않음 – Make Up : 객실 청소를 요청함 – Safety Box : 귀중품이나 여권, 항공권을 넣어둘 수 있는 안전금고박스, 무료인 경우가 많음   
Rooming Service	– 객실에서 음식, 음료, 담요 등 필요한 서비스를 요청할 수 있으며, 1~2불 수고비 지불 필요 – 객실 내 룸서비스 이용 시 유료가 많음 – 세탁 : 객실의 서랍장에 비치된 세탁물 봉투에 담고 세탁요청을 표시해서 객실 문 안쪽에 둠 – 룸메이드에게 세탁뿐만 아니라 다림질도 의뢰할 수 있음

그림 4-5 호텔 미니바

③ 호텔 부대시설에 대해 설명한다. 수영장, 사우나, 바, 레스토랑 등

그림 4-6 호텔 부대시설인 수영장, 바, 레스토랑

④ 당일 일정에 대해 설명한다. 투어일정, 식시시간, 집합장소, 복장, 선택관광 참여요령, 호텔 내 특별한 행사 이용방법 등 안내

⑤ 저녁 늦게 투숙 시 모닝콜, 아침식사 장소 및 시간, 집합시간, 다음날 간단한 일정 및 복장, 호텔 약도 등 안내

3 객실배정 업무

객실 형태별로 몇 개의 방이 나왔는지를 확인하고, 성수기에는 호텔 측의 사정으로 싱글룸 2개를 트윈룸으로 변경하기도 하기 때문에 이에 대해 꼼꼼하게 확인하고 문제가 있을 경우 이에 대해 변경을 요청한다.

① 호텔의 객실배정도 반드시 좋은 방과 나쁜 방이 있으므로 체크인 전에 미리 조사한 후 여행객의 특성을 고려하여 객실배정을 한다.
예를 들면, 노약자, 신혼부부, 아이들이 있는 가족을 중심으로 방을 우선 배정한다. 일반적으로 젊은 사람은 샤워만으로도 그다지 불만이 없으나 연장자들은 욕조에 들어가려는 욕구가 강하므로 객실배정 시 욕조, 샤워뿐, 설비 없음 등의 표시를 해놓아야 다음번 방 배정 시 공평을 기할 수 있다.

② 국외여행인솔자에게 호텔 측에서 정책적으로 좋은 방을 배정하는 경우가 있는데 고객의 방이 전실 스탠다드로 욕조가 달려 있으면 국외여행인솔자의 방이 스위트로 배정되어 있어도 고객의 불만이 없으나, 고객들이 욕조도 없는 방에 배정되어 있으면 상당히 주의해야 한다.

4 객실열쇠 전달 업무

① 국외여행인솔자의 객실번호는 여행객들에게 알려 상시로 연락이 닿을 수 있도록 한다.

② 포터가 고객의 짐을 객실에 전달할 때 공동경비를 걷거나 회사에서 관련 경비를 지급하여 국외여행인솔자가 일괄적으로 지급할 경우 여행객 각자에게 알리고 개인적으로 팁을 지불하지 말 것을 주지시킨다.

③ 객실열쇠 취급방법 : 최근 호텔의 대부분은 자동잠금장치가 되어 있으므

로 외출하는 경우에는 반드시 열쇠를 챙기도록 주지시킨다.

④ 동남아시아의 경우 열쇠가 키가 아니고 자물쇠인 경우 분실하면 패널티를 지불시키므로 이에 대해 여행객에게 주지시켜야 한다.

그림 4-7 호텔 키

5 수하물 배달 확인

포터에게 객실배정표를 주어 배달을 시키게 되므로 가끔 배달에 차질이 생기는 경우가 있으므로 국외여행인솔자가 마지막에 연락을 취해서 확인한다. 또한 방 배정에 변경이 있는 경우 최종적으로 리스트가 포터에게 전달될 수 있도록 해야 한다. 수하물이 방에 배달되지 않으면 Concierge 또는 벨캡틴에게 의뢰하여 신속히 처리하도록 한다.

6 객실 점검

수속 종료 후 각 방을 순회하여 객실설비를 확인하거나 호텔의 방상태를 체크한다. 특히 나쁜 조건의 방이 있을 경우는 호텔 측과 연락을 취해 가능한 바꿀 수 있도록 조치하여 고객들이 불만이 없도록 한다. 에어컨이나 이불의 상태,

다른 목욕용품, 드라이기 등 객실에서 사용하는 물품들도 다시 체크한다.

▶ **객실 점검요령**

① 베드의 형태(싱글, 트윈, 더블, 트리플)

② 베드의 사용법과 이불 사용법

③ 에어컨, 전화기 고장 유무

④ 기타 호텔비품 이용방법(문구, 편지지, 엽서 등)

⑤ 욕조, 욕조커튼, 비데, 샤워, 변기 등의 사용법

⑥ 더운물, 물이 안 나오는 경우, 방의 불이 안 켜지는 경우, 열쇠 고장, 베드의 불청결성, 옆방의 소음, 에어컨의 고장 유무 등을 확인한다.

7 호텔에서의 식사 업무

① 식사하는 시간과 장소를 미리 알아두어야 하며 식사장소의 인원 파악, 음료수는 개인 지불인지를 다시 한번 체크한다. 때에 따라서 팀 성격에 맞게 식사가 나오기 때문에 정확하게 숙지해야 하므로 여행객이 모이기 30분 전에 식당 위치와 식사내용을 점검한다.

② 국외여행인솔자는 고객을 전체로 볼 수 있으면서 움직이기 쉬운 자리를 선택하여야 한다. 식사 중에도 요리가 제대로 나오는지, 통역을 필요로 하지는 않는지 등에 대해 항상 신경을 쓴다. 또한 여러 고객과 식사자리를 함께할 수 있도록 하여 불만사항을 체크할 수 있어야 한다.

③ 약속된 조식을 위해 미리 식사장소에 내려가 단체에 대한 식사준비가 완료되었는지, 식당 좌석배정, 식사 종류 등을 확인하고 여행객들을 기다린다. 단체의 경우 좌석은 그룹으로 하는 것이 일반적이다.

④ 식사를 마치면 고객들에게 다시 한번 출발시간을 상기시키고 필요한 서류를 지참하여 약속장소에서 대기한다.

그림 4-8 호텔 뷔페식당

⑤ 모든 고객이 모이면 버스로 이동하여 탑승시키고, 필요한 물건을 지참하였는지, 귀중품에 대해 확인하고 현지가이드에게 행사진행을 넘긴다.

⑥ 국외여행인솔자는 행사진행 시 좌석은 버스 가장 앞자리에 착석하고, 관광지 방문 시에는 가장 뒤에서 고객들이 이탈하지 않도록 보조를 맞추며, 때에 따라 앞뒤로 이동하여 무리 없는 관광단체 행동이 되도록 한다.

⑦ 관광지에 대한 여행객의 대답과 보충설명이 필요한 경우 이에 대해 잠깐 설명해 주는 등의 전체적인 즐거운 분위기를 조성하고 이끌어간다.

⑧ 모든 공식 일정을 마치면 호텔로 돌아와 다음날의 행사에 대해 호텔 측에 일정을 통보하고 현지가이드와 논의한 뒤 호텔방에 올라와 행사보고서를 작성한다.

⑨ 선택관광(Option Tour)은 현지에서 가치가 있거나 고객들이 즐겁고 만족할 만한 관광대상 중에서 기본일정에 포함되어 있지 않은 것에 대한 여행객의 추가적인 비용지출에 의해 진행되는 행사이다.
따라서 선택관광에 대한 의사결정은 여행객에게 전적으로 맡기고, 이에 대한 정보도 상세하게 안내한다.

8 호텔 체크아웃(Hotel Check-Out)

① 체크아웃은 고객보다 1시간 전에 프런트에 내려와서 루밍리스트를 호텔 프런트에 제출하여 Check-out을 준비한다.

② 체크아웃 시 키, 수하물 수거에 대해 벨캡틴과 상의한다. 체크아웃은 전날 가능한 것은 모두 정리하고, 정산은 출발 전에 여유를 가지고 한다.

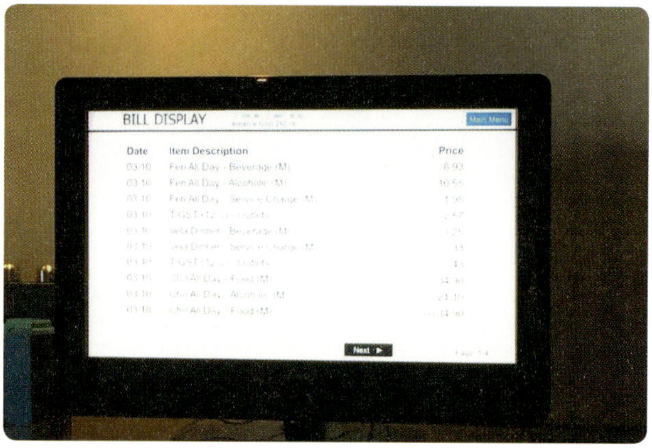

그림 4-9 호텔 체크아웃 시 계산서

③ 조조 출발 시 전날 모닝콜 의뢰 → 조식 예약 → 버스 상태를 체크한다. 고객들에게는 출발일의 모닝콜 시간, 조식시간, 출발시간과 장소, 수하물 수거사항 등과 관련된 사항을 전달하는 것을 잊지 않는다.

④ 수하물 수거는 출발 60분 전이 원칙이나 고객 숫자가 적고 다른 고객이 별로 없을 경우에는 30분도 무방하다. 여행자에게 수하물 수거시간을 이야기하고 정해진 시각에 객실문 안쪽 또는 바깥쪽에 놓아두도록 안내한다.

⑤ 수하물의 수거가 끝나고 로비에 모이게 되면 여행자들로 하여금 본인의 수하물을 확인하게 하고 벨맨 또는 포터에게 버스로 짐을 옮겨줄 것을 부탁한다. 이때 여행객들에게 본인의 짐이 있는지를 재확인시킨다.

그림 4-10 호텔 체크아웃 시 수하물 수거

⑥ 귀국을 위한 현지에서의 마지막 날 호텔 업무는 Baggage Down과 체크아웃(숙박요금의 정산) 업무이다. Baggage Down은 호텔의 서비스 중 하나로 투숙객의 짐을 포터들이 운반하여 주는 서비스를 말한다. 따라서 고객들이 요청한 시간에 짐을 지정장소(객실문 바로 앞)에 놓으면 포터들이 이를 수거한다.

⑦ 귀국 당일에는 수하물에 대한 고객들의 분실이 없도록 특히 유의하여 확인하고, 고객들이 본인의 짐을 확인하면 이동할 버스에 적재하고 최종 짐 개수를 확인한다.

⑧ 짐의 수거 외에도 호텔 사용이 종료되면 사용한 객실에 대한 비용을 지불한다. 국외여행인솔자나 현지안내원이 해당단체의 루밍리스트를 호텔에 제시하여 단체 투숙절차를 진행하게 되는데, 이때 해당 관광단체의 객실에서 발생한 모든 청구서를 수집하여 고객들이 약속한 장소에 집합하면 지불절차를 돕는다.

⑨ 호텔과의 정산이 종료되면 고객들을 버스에 탑승시키고, 고객들이 잊은 물건이 없는지 확인한 후 이상이 없으면 공항으로 출발한다. 공항으로 이동하면서 출국에 필요한 절차 등에 대해 설명하고, 본국에서 출국할 때와 마찬가지로 마지막 방문 국가에서 출국을 위해 여권을 회수한다.

제 2 절 버스 업무

1 버스 확인 및 고객 수 확인

① 버스가 어디에 주차되어 있는지, 현지가이드는 어디에 있는지, 버스 안에서 여행객 인원을 다시 정확하게 확인하고 아직 내려오지 않은 여행객에게는 방으로 전화를 한다.

② 버스 탑승 시 귀중품, 여권 확인, 개인적 정산관계 등을 다시 한번 체크하고 여행지나 공항으로 출발한다.

학습 4-1 국외여행인솔자가 되어 호텔 체크인과 체크아웃 준비해 보기

◆ 국외여행인솔자가 되어 유럽지역 호텔 머큐리에 1박 2일 투숙을 한다면 호텔에서의 체크인과 체크아웃 방법에 대해 작성해 본다.

호텔에 도착하여 호텔 프런트에 가서 단체고객 체크인과 체크아웃 진행방법에 대해 스스로 작성해 보고 토론해 보기

◆ 호텔 체크인과 체크아웃 시에 국외여행인솔자가 해야 할 역할에 대해 순서지를 작성해 본다.

• 호텔 체크인 시 본인의 역할과 방법

구분	역할과 방법
프런트	
고객	
객실	

• 호텔 체크아웃 시 본인의 역할과 방법

구분	역할과 방법
프런트	
고객	
객실	

복습하기

01 현지가이드 미팅 시 국외여행인솔자가 해야 할 태도로 적당하지 않은 것은? (　　)

① 명함을 주고받으며 상대방의 이름을 확인한다.

② 팀 성격에 대해 충분히 설명한다.

③ 총 인원수와 짐 개수를 알려준다.

④ 고객의 여권을 걷어서 총 개수를 알려주고 맡겨 보관한다.

02 호텔 도착 후 투숙절차 시 호텔 프런트 직원과 주고받을 업무사항이 아닌 것은? (　　)

① 행사번호 전달　　② 여행사 단체명

③ 예약번호　　④ 예약한 객실 수와 객실 종류

03 투숙 시 호텔 이용정보에 대해 확인해야 할 사항이 아닌 것은? (　　)

① 헬스시설 유무

② 수영장, 식당, 연회장 등 부대시설 종류와 운영시간

③ 객실 내 TV 시청방법

④ 미니바 이용방법

정답 01 ④　02 ①　03 ①

04 호텔 도착 시 호텔 투숙절차로 맞지 않는 것은? (   )

① 고객들을 호텔 로비로 인솔하고 투숙절차를 밟는다.

② 객실배정 시 동반자의 경우에는 서로 가까운 객실을 사용하도록 배려한다.

③ 나이 많은 여행자가 있는 경우에는 뷰가 좋은 고층으로 우선적으로 배려한다.

④ 인솔자 자신이 사용하는 객실번호를 고객들에게 알려주어야 한다.

05 호텔 숙박 시 고객에게 필요한 정보제공 내용이 아닌 것은? (   )

① 호텔 이용정보

② 모닝콜 시간

③ 관광지 이용정보

④ 수하물 수취를 위해 짐 내놓는 시간

06 그림과 같이 호텔에서 제공된 식사 종류의 이름과 특징에 대해 쓰시오.

정답 04 ③ 05 ③ 06 American breakfast : 달걀, 주스, 다양한 과일, 음료, 빵 등 푸짐한 형태의 식사

복습하기

07 **호텔 수하물 운반서비스 이용 설명으로 맞는 것은? (   )**

① 호텔 프런트 벨맨에게 루밍리스트를 전달하여 배달시킨다.

② 수하물 운반서비스가 없는 호텔은 직접 현지가이드-인솔자가 배달한다.

③ 수하물 운반 이용 비용은 국외여행인솔자가 팁을 주도록 한다.

④ 수하물 배달이 늦어지는 경우 인솔자가 프런트에 내려가 배달한다.

08 **고객들이 투숙하고 나면 현지가이드와 국외여행인솔자가 수행해야 할 업무로 맞지 않는 것은? (   )**

① 다음날의 일정에 대해 현지가이드와 논의한다.

② 변경된 일정이 있는지 수배사항에 대해 확인 및 점검을 한다.

③ 다음날의 일정에 대한 계획을 수립하고 논의한다.

④ 행사보고서 작성에 대해 논의한다.

09 **호텔 측과 숙박조건에 대해 논의할 경우 필요한 내용이 아닌 것은? (   )**

① 객실 형태 및 욕조 유무 체크

② 체제일수와 숙박조건 확인

③ 현지가이드, 국외여행인솔자 숙박 룸타입 확인

④ 서비스료, 세금, 포터비 확인 유무

정답 07 ① 08 ④ 09 ③

10 중국의 경우 여권을 호텔 프런트에 맡겨야 하는데 체크아웃 시 주의해야 할 사항에 대해 적으시오.

11 세 개의 그림에 대한 호텔비품의 용도에 대해 적으시오.

자료 : https://www.dreamstime.com

정답 10 고객들의 여권을 호텔 체크아웃 시 반드시 챙겨서 가지고 와야 한다.
11 Do not Disturb : 방해하지 말아주세요 / Make Up : 방의 청소 좀 부탁해요
Safety Box : 여권이나 귀중품 맡기는 곳

복습하기

12 아래 사진에 보이는 욕조 커튼의 조치사항에 대해 고객에게 알려주어야 할 사항을 적으시오.

13 샤워기 옆에 있는 줄의 용도에 대해 적으시오.

정답 **12** 욕조커튼은 반드시 욕조 안에 넣고 샤워해야 한다.
13 위급상황 발생 시 호텔종사원을 호출할 수 있음

14 사진과 같은 방 타입의 이름과 용도에 대해 적으시오.

15 다음 설명에서 (   ) 안에 들어갈 용어를 작성하시오.

(   )은 현지에서 가치가 있거나 고객들이 만족할 만한 관광대상 중에서 기본 일정에 포함되어 있지 않은 것으로 고객들의 선택하에 추가경비를 지불하고 진행 여부를 결정한다.

16 호텔 체크아웃으로 여행객들이 버스 탑승 시 확인해야 할 내용에 대해 적으시오.

정답 14 트리플 룸: 세 명이 숙박하게 되는 경우에 요금을 추가로 지불하고 숙박할 수 있으며, 가족, 친구여행객인 경우에 해당될 수 있다.

15 선택관광(Option Tour)

16 본인의 여권, 귀중품, 본인의 짐을 버스 타기 전에 한 번 더 체크했는지 확인

TOUR
CONDUCTOR

CHAPTER

05

투어행사 진행 업무

PASSPORT

CHAPTER

05

투어행사 진행 업무

전 세계의 지도를 보고 각 나라의 위치를 사전에 숙지해요

제 1 절 투어행사 진행 준비

투어행사 진행 업무는 현지 관광행사진행에 따른 가장 중요한 업무로 국외여행인솔자와 현지가이드가 같이 진행하는 업무이다.

전반적인 행사진행에 있어 관광지 설명은 현지 관광가이드가 역할을 주로 수행하지만, 최근 유럽이나 지중해 지역의 경우 국외여행인솔자의 비중이 높아지고 있어 이에 대한 전문역량이 필요하다.

1 관광지 행사진행 업무

1) 일정표 점검 업무

국외여행인솔자는 현지관광을 시작하기 전에 현지 관광가이드와 공항, 호텔, 관광지 등에서 미팅하는 첫날 전체 여행일정에 대해 협의한다. 현지 관광가이드가 준비한 현지의 일정 즉 관광지, 관광코스 및 식사와 종류, 이동에 적합한 교통편, 호텔, 쇼핑장소와 횟수, 선택관광 등에 대한 전반적인 검토가 필요하다.[24]

(1) 전체 및 세부 일정 점검하기

- 최종 여행일정표 확인 : 해당 OP로부터 전달받은 최종적으로 확정된 전체 일정표에 있는 현지수배내용과 행사조건을 확인한다.
- 세부 여행일정표 확인 : 현지에서 예정된 방문 관광지, 숙박, 식사, 교통 등의 현지수배내용과 행사조건이 최종 일정표와 일치하지 않으면 그 이유를 현지가이드에게 들어보고 특별한 사유가 아닌 이상 가능한 한 예정일

24 김병헌(2016), 전게서, p. 269.

정대로 진행한다. 만약 불가피한 상황인 경우 현지 랜드사와 서울의 담당 OP와 상의하여 조율한다.

표 5-1 행사 최종 일정표 구성요소

구분	내용
상품명(행사명)	여행사명, 행사명
여행기간 및 일시	여행기간, 여행일시
현지일정	세부일정, 이동시간
여행인원	최종 모객인원
현지상황	날씨, 교통, 관광지 사정
여행 국가와 지역	여행국가, 관광지에 대한 소개
안내 인솔정보	현지가이드, 국외여행인솔자 유무, 연락처
교통편	항공, 철도, 버스, 선박 등의 안내, 시간정보
숙박지 정보	호텔명, 주소, 전화번호
식사정보	식당명, 음식 메뉴 종류, 주소, 전화번호 등
쇼핑관광	쇼핑장소, 횟수, 소요시간 등
선택관광	선택관광 종류, 가격, 내용
포함사항, 불포함사항	현지에서 포함내용, 불포함내용

여행 일정표의 세부일정인 날짜별 이용 교통편과 시간, 호텔, 현지관광지, 식사, 쇼핑센터, 선택관광 등에 대해 국외여행인솔자가 매일 체크할 수 있는 체크리스트를 작성하여 사전 점검한다면 출장에서 잘 활용할 수 있는 기록물이 될 것이다.

체크리스트 작성 시 유의사항

- 날짜별로 이용 교통편의 세부사항인 소요시간, 도착 예정시간, 출발 예정시간 등과 이용 호텔 및 위치 등을 확인하여 작성한다.
- 현지 관광일정에 있어 관광지, 소요시간, 체계시간, 일정 진행순서 등을 확인한다.
- 식당의 경우 날짜별 식사 메뉴, 식당 위치, 소요시간, 다음 일정과의 거리와 시간 등을 확인한다.
- 현지 관광가이드의 경우 지역별 가이드의 특징, 연락처, 미팅 장소를 확인하여 작성한다.

표 5-2 세부일정 점검 체크리스트

날짜	교통편/시간	호텔	현지관광지	식사	쇼핑센터	선택관광	기타
5/1							
5/2							
5/3							

(2) 행사일정 진행 시 주의사항

① 고객들에게 제공된 최종 여행일정표를 최우선시하여 행사를 진행한다.

② 매일의 모든 일정을 자세히 검토하고 재확인한다. 특히, 교통편을 이용하는 날이나 호텔, 여행관광지, 식사 종류는 겹치는 매뉴가 없는지 확인한다.

③ 일정 중 세부사항을 구체적으로 파악한다. 특히, 집합장소, 시간, 차량번호 등을 숙지해서 고객들에게 반복하여 알려준다.

④ 현지 관광지의 안내는 현지 관광가이드의 역할이므로 이를 침범하지 않도록 고려하고, 현지가이드가 제대로 역할을 수행하도록 협조한다.

⑤ 현지관광에 필요한 중요 사항뿐만 아니라 치안, 위생, 안전, 출입국 수속 및 세관이 있을 것에 대비해 관련 주의사항을 파악한다.

(3) 현지상황 변동 협의하기[25]

① 예정된 일정은 변동하지 않는 것이 바람직하다. 그러나 예정된 일정은 현지의 교통, 치안과 여행객의 안전, 기후, 관광지 혼잡, 관광지 운영시간, 그 밖의 다양한 현지상황에 의해 변동될 수 있는 점을 감안한다.

② 호텔이나 현지 교통편(기차, 선박 등)의 경우 인원이 정확해야 하므로 출발일이 임박해서 확정되는 경우가 많다. 현지상황 변동에 따른 협의가 필요한 경우 여행객에게 현지상황에 대해 설명하고 양해를 구해야 하며, 무엇보다 여행객들의 안전을 최우선으로 고려한다.

③ 여행객들의 편의와 만족도를 고려해야 한다.

예) 일행에 노약자가 많을 경우 도보 노선을 상대적으로 짧게 수정할 수 있다. 학생 동반 가족이 많을 경우 박물관 시간을 좀 더 늘리기 위해 출발시간을 조정하거나 관광지 교통 체증으로 관광지 방문순서를 바꾸는 등은 여행객들의 편의와 만족을 고려한 것으로 상황에 따라 협의하여 조정한다.

④ 현지가이드와 해외여행 인솔자의 편익을 위한 일정 협의는 다른 기본 사항보다 우선시되어서는 곤란하며, 신중하게 판단해야 한다. 그러나 영리를 추구하는 여행사의 편익도 무시할 수 없으므로 해외여행 인솔자의 현명한 판단이 요구된다.

---

25 NCS 해외여행안내, 전게서, pp. 35-36.

학습 5-1 일정조율이 필요한 상황에 대해 시나리오 작성하기

◆ 서유럽 일정 중 런던에서 문제가 발생한 경우에 대한 협의 및 조정 내용에 대해 대안 및 방안 찾아보기

협의 · 조정 필요 일정	• 유럽 9박 10일 여행 중 4일차 밤에 런던에 도착함. 5일차에는 대영박물관, 국회의사당, 버킹엄 궁전 근위병 교대식, 타워브리지, 웨스트민스터 사원 등 런던 시내 관광이 예정되어 있고, 6일차 새벽에 스위스로 TGV를 타고 출발함. 영국의 대표적인 관광지인 대영박물관 관람이 여행일정표에 포함되어 있으나 당일 휴관하여 관람이 불가능해짐
대안 및 방안	• 대영박물관을 대체할 인지도 높은 다른 관광지를 찾음 • 일정에 포함되어 있지 않으나 여행객들에게 알려진 런던의 관광지로는 내셔널 갤러리(National Gallery), 빅토리아 · 앨버트 박물관(Victoria and Albert Museum), 런던박물관(Museum of London), 런던 탑(London Tower), 런던 아이(London Eye), 세인트폴 대성당(St. Paul Cathedral) 등이 있음 • 내셔널 갤러리, 빅토리아 · 앨버트 박물관 등 영국의 박물관과 미술관의 경우 대부분 입장료가 무료이며 인지도 높은 작품도 상당히 많이 소장하고 있음. 내셔널 갤러리의 유명 소장품으로는 레오나르도 다빈치의 '암굴의 성모', 보티첼리의 '비너스와 마르스', 고흐의 '해바라기' 등이 있으며, 빅토리아 · 앨버트 박물관은 세계 제일의 장식미술 박물관임 • 웨스트민스터 대성당, 세인트폴 대성당, 런던 탑의 경우 인지도가 높은 관광지이지만 입장료가 있어 여행객이 입장료를 부담해야 함(대영박물관은 입장료가 없음)
현지 가이드와 협의	• 일정에 포함되어 있지 않으나 인지도가 높은 런던 관광지 중 대영박물관과의 유사성, 입장료 유무, 거리와 소요시간, 관광지 인지도, 여행객들의 만족도 등을 고려할 때 대영박물관 대체 관광지로 내셔널 갤러리를 추천함 • 대영박물관 관람 소요시간(평균 2시간)과 비슷한 소요시간으로 내셔널 갤러리를 관람하도록 유도함 • 현지 여행사나 본사의 잘못이 아닌 현지의 상황변동으로 인한 관람 불가이므로 여행객들에게 보상이나 배상 등은 할 필요 없음
여행객에게 설명	• 어쩔 수 없는 상황으로 대영박물관 관람이 불가능함을 설명함 • 대체 관광지로 내셔널 갤러리 관광을 진행할 것임을 설명함 • 내셔널 갤러리 관광에 흥미를 가지도록 소장작품에 대해 설명 관람 유도

◆ 서유럽 일정 중 프랑스에서 테러가 발생한 경우에 대한 협의 및 조정 내용에 대한 대안 및 방안에 대해 시나리오 작성하기

2) 상황별 업무 진행[26]

(1) 관광지 업무

시내관광 진행 시 유의사항

- 여행 당일에 해당 지역의 복장관계, 특수한 현지상황 등에 대해 사전정보를 파악한다.
  예) 바티칸시국 복장 제한, 태국 왕궁 복장 제한, 스위스 지역, 유럽 이동구간 두툼한 옷 준비 등
- 많이 걷는 지역 : 편한 신발 준비
- 출발시간, 주요 방문 관광지 동선 파악, 방문 소요시간, 차량번호, 기사 휴대폰 등을 파악한다.
- 관광지 방문 후 미팅시간과 약속장소를 정확하게 파악한다.
- 자유시간을 주었을 경우 미팅시간과 약속장소를 정확하게 파악한다.

버스관광 진행 시 유의사항

- 장거리 버스 여행(L.C.D)은 유럽, 미주, 호주, 뉴질랜드 지역이 대표적이다.
- 장거리 버스 안의 국외여행인솔자는 해당 지역 국가의 역사, 경제, 사회, 문화, 예술, 건축, 문화 등 전반적인 설명을 하는 총괄책임자로서 전문역량이 매우 중요하다.
- 시차차이가 심한 경우는 시차적응을 할 수 있도록 배려한다.
- 장거리 이동지역은 해당지역 진입 1시간 전에 해당지역의 다양한 역사~문화까지 설명하며, 때에 따라서는 DVD, 음악 등을 이용하여 설명하면 효과적이다.

26 이교종(2017), 전게서, pp. 238-246.

기차관광 진행 시 유의사항

- 유럽의 경우 45개국 이상이 하나의 대륙으로 자리 잡고 있어 초고속열차 시스템이 잘 발달되어 있음
- 런던과 브뤼셀은 영국의 유로스타(Euro Star), 프랑스 내륙과 스위스 간을 오가는 프랑스의 테제베(T.C.V), 독일과 유럽 전역을 오가는 독일의 이체(ICE), 이탈리아의 에우로스타(Euro Star), 화려함을 자랑하는 스페인의 아베(AVE) 등 유럽의 고속열차와 일본의 신칸센, 미국의 암트랙, 러시아의 시베리아 횡단열차도 이용하므로 이에 대한 이용방법을 사전에 숙지해야 함
- 출발기차역과 도착역의 정확한 명칭과 위치, 현지의 교통상황을 미리 숙지하며, 이동구간, 소요시간, 경유지 등을 사전숙지해야 함
- 기차역은 소매치기가 많은 지역이므로 이에 대한 휴대품 관리를 잘할 수 있도록 함
- 기차역에서 전광판을 통해 행선지, 열차번호, 플랫폼 번호를 확인하고 여행객들에게 승차권을 나눠주고 플랫폼 번호, 기차 일정, 객차번호, 출발도착시간, 좌석번호 등 승차권 보는 방법을 안내함

① 관광지 해설과 안내업무는 주로 현지 관광가이드가 하며, 국외여행인솔자는 필요한 경우 안내를 하지만 대체적으로 업무진행을 총괄하는 역할을 수행한다.

② 여행객들에게 관광지에서의 집결장소, 집결시간, 버스번호 등을 잊지 않도록 하며 차량 탑승 후에는 인원을 반드시 점검한다. 인원이 많은 경우 조별로 팀을 짜서 조장을 이용하여 점검하는 것이 효율적이다.

③ 여행객들에게 사진 찍는 장소를 추천해 주거나 사진 찍는 것을 도와준다. 특히, 고령의 여행부부나 신혼부부 등의 여행객들이 사진 촬영을 요청하는 경우 도와준다.

④ 관광지에서 현지 관광가이드가 맨앞에 서서 여행객들을 안내하고 해설하는 경우가 일반적으로 국외여행인솔자는 대열의 이탈자가 없도록 여행객들의 맨 뒤편에서 전체적인 인원을 통제하거나 관리한다.

⑤ 많은 관람객들이 붐비는 관광지 내에서 입장하거나 소매치기가 많은 관광지는 세심한 주의를 기울여 안전사고 및 이탈자 예방에 만전을 기한다.

⑥ 재집결 후 인원 확인을 철저히 하고 집합시간에 항상 늦게 오는 여행객들은 다른 손님에게 피해를 줄 수 있으므로 이에 대해 주의를 촉구한다.

(2) 식당 업무[27]

호텔에서의 식사 유의사항

- 아침식사의 경우 대부분 호텔에 식사가 예약되어 있음
- 현지여행 중 마땅한 식당이 없는 경우에도 호텔에서 저녁을 먹는 경우가 있음
- 호텔에서 특별식을 먹는 경우 호텔 식당에서 복장을 제약하는 경우가 있으며, 이런 경우 미리 공지하여 예의를 지키도록 함

관광일정 중 식사에서의 유의사항

- 식당에 도착하면 먼저 밖에서 기다리고 자리배정을 받아야 함
- 현지식의 경우 입맛이 맞지 않아 외부음식(한국음식)을 미리 가지고 가는 경우에는 양해를 구해야 함. 이스라엘 지역 같은 경우는 외부음식 불가
- 한식의 경우 반찬 추가의 경우 추가요금이 있을 수 있으므로 이에 대해 사전에 양해를 구해야 함
- 음료나 술의 외부반입이 불가하므로 이에 대한 공지가 필요함
- 술 같은 경우는 도수로 요금을 책정하기 때문에 한국과 가격이 다름

27 장양례(2006), 전게서, pp. 129-136.

① 식당의 위치와 메뉴 종류, 여행지에서 식당까지의 소요시간 등을 미리 파악해 두는 것이 좋다.

② 식당종업원이 안내한 지정된 좌석에 앉도록 여행객들에게 주의를 시킨다.

③ 메뉴 선택 시 단체의 경우는 사전에 미리 메뉴가 정해진 경우가 많으며, 장기간 여행 시에는 현지식당과 한국식당을 주로 이용하므로 같은 메뉴 종류나 비슷한 음식 종류가 반복되지 않도록 한다.

④ 식당에서 개인적으로 음용한 음료나 술은 개인지불이므로 사전에 명확하게 공지하여 불만의 소리가 나지 않도록 한다.

⑤ 식사료에 대한 봉사료가 나라별로 불포함된 경우 식사 전에 공지한다.

⑥ 일정 중에 특식메뉴를 먹게 되는 경우, 고급 레스토랑을 이용할 경우에는 옷차림에 주의해야 하며, 이를 사전에 주지시켜 여행객이 준비하도록 한다.

⑦ 식당에 도착했을 경우 많은 여행객들이 화장실 위치에 대해 많이 물어오므로 미리 파악한다.

⑧ 자리가 없는 경우나 현지 관광가이드가 지친 국외여행인솔자를 배려하여 식사 시 고객과 동석하지 않도록 하는 경우가 있으나 여행객들과 식사를 함께하여 친밀감을 높일 수 있도록 한다.

⑨ 식사 시 주의할 점은 식사가 끝난 후 우리나라 사람들은 트림을 많이 하나 외국에서는 이러한 행동이 큰 실례가 될 수 있으므로 사전에 외국과 우리의 문화 차이에 대해 설명해 준다.

그림 5-1 식당에서 관광객이 식사하는 모습

표 5-3 나라별 특식 안내

나라명	전통음식명	특징	사진
프랑스	에스카르고	식용달팽이 껍질 속에 데친 달팽이 살을 넣고 마늘과 파슬리로 향을 낸 후 버터를 듬뿍 넣어 오븐에 구운 요리	
이탈리아	파스타, 피자	이탈리아 대표 요리, 모양에 따라 스파게티, 마카로니, 라비올리, 펜테로, 토르텔리니 등으로 나뉨	
스위스	퐁뒤	냄비에서 끓어오르는 치즈를 빵에 발라서 먹는 치즈는 치즈퐁뒤, 스위스의 대표 음식. 초콜릿퐁뒤, 버섯퐁뒤, 쇠고기 퐁뒤 등의 종류가 있음	
오스트리아	비엔나 슈니첼	적당한 크기의 송아지 고기에 밀가루, 계란, 빵가루를 입힌 후 기름에 튀김, 밥과 샐러드를 곁들임	

헝가리	굴라쉬	돼지고기나 쇠고기에 양파와 고춧가루를 넣어 만든 요리	
에스파냐	파에야	각종 해산물과 양파, 마늘 등을 쌀과 함께 올리브 기름에 볶은 음식	
터키	케밥	쇠고기, 돼지고기, 닭고기 등을 바비큐식으로 구워 각종 샐러드를 넣고 얇은 빵을 얹어 말아 먹는 음식	
인도	카레	다양한 야채와 커리를 넣어 만든 인도의 대표적 음식	
중국	교자연, 불도장	황실에서 먹던 만두요리로 서안지역의 특식이며, 모양과 크기가 1,000여 가지인 만두가 있음	
일본	사시미, 우동	생선을 날로 먹는 사시미와 일본을 대표하는 면류 우동	
베트남	쌀국수	고깃국물에 쌀로 만든 국수를 말아먹는 베트남을 대표하는 전통음식	

브라질	츄라스코	1m가량의 쇠꼬챙이에 다양한 부위의 고기를 끼워 숯불에 돌려가며 서서히 익혀낸 음식으로 토마토소스와 양파소스를 곁들여 먹는 음식	
멕시코	타코	옥수수 가루에 반죽해 둥글납작하게 빚어 구운 토르티야에 다진 고기와 야채를 넣고 반으로 접어 반달모양으로 만든 요리	
태국	팟타이, 똠양꿍	팟타이는 볶은 쌀국수라는 뜻으로 태국의 대표음식. 똠양꿍은 새우를 주재료로 각종 향신료가 들어감	
싱가포르	바쿠테	우리나라 갈비탕과 비슷한 음식으로 동남아식 돼지갈비탕으로 고기를 오랜 시간 고아 만든 음식임	
인도네시아	나시고렝	밥에 채소, 고기, 달콤한 간장, 토마토소스, 매콤한 고추소스 등과 함께 볶아 만든 인도네시아식 볶음밥	

학습 5-2 식당 종류에 따라 시나리오 작성하기

◆ 아침식사와 일반식당에서의 안내방법 구별하기

아침식사 안내방법	(1) 사전에 아침식사 관련 사항을 미리 파악한다. (2) 아침식사의 경우, 현지가이드 없이 호텔에서 해외여행 인솔자가 진행해야 할 경우가 많으므로 호텔에서 체크인할 때 미리 아침식사할 식당 위치와 시간, 메뉴를 점검하고 여행객들에게 공지한다. (3) 미리 식당에 나와 대기한다. 아침식사를 할 식당에 집합시간 30분 전에 나와 식사 장소, 메뉴, 지정좌석 등을 확인한다. 개별 식사의 경우에도 가능한 한 일찍 식당에 와서 일행을 보조한다. (4) 지정된 좌석으로 안내한다. 단체 여행객 좌석은 대부분 미리 지정되어 있으므로 식당 종업원이 안내하는 지정된 좌석에 앉도록 여행객들을 안내한다. (5) 시간이 이미 지났음에도 불구하고 내려오지 않는 여행객의 경우 방에 전화해서 확인하고 식사할 수 있도록 조치한다.
일반식당	(1) 식사의 유형과 구체적인 메뉴를 설명한다. (2) 식당에 도착하기 전에 식사의 유형(뷔페, 현지식, 한식 등) 및 메뉴를 구체적으로 설명한다. (3) 지정된 좌석으로 안내한다. 단체 여행객 좌석은 대부분 미리 지정되어 있으므로 식당 종업원이 안내하는 지정된 좌석에 앉도록 여행객들을 안내한다. (4) 화장실을 안내한다. 식사하기 전에 식당 화장실의 위치를 확인하고 일행에게 안내한다. 또 버스 출발 전에 미리 화장실을 이용하도록 안내한다. (5) 여행객들의 개별 비용 지불을 보조한다. (6) 식사가 끝나기 전에 종업원에게 계산서를 미리 받아서 여행객들이 개인적으로 주문한 음료, 술 등은 개별적으로 계산하도록 보조한다. (7) 개별 팁을 주어야 하는 경우 일행에게 안내한다. (8) 식사 후 좌석과 인원을 확인한다. (9) 좌석에 두고 온 물건이 없는지 확인시키고 마지막으로 모든 일행이 나갔는지 확인한다.

◆ 서유럽 일정 중 이탈리아 호텔에서 특별식 저녁식사가 준비되어 있는 경우 안내하는 방법에 대해 시나리오 작성하기

(3) 쇼핑 업무

① 쇼핑은 출발 전부터 정해진 일정에 적합한 쇼핑활동이 이루어질 수 있도록 현지 관광가이드와 적정 쇼핑의 횟수와 소요시간을 상의한다.

② 입국 시 면세통관의 범위 및 통관이 금지되는 물품에 대한 안내를 하도록 하여 과다쇼핑이 되지 않도록 유의한다.

③ 어떤 나라의 경우는 쇼핑 업무라기보다 그 나라의 관광지에 포함된 네덜란드의 다이아몬드 공장, 이탈리아 베니스의 유리공장, 나폴리의 카메오 공장, 톨레도의 검 등이 포함된 경우도 있다.

④ 현지 관광가이드나 국외여행인솔자에게는 자유로울 수 없는 업무로, 쇼핑과 관련하여 수입이 달라질 수 있으므로 민감한 문제일 수 있다.

쇼핑 업무 시 주의사항은 다음과 같다.

쇼핑 업무 시 유의사항

1. 쇼핑의 횟수는 가능한 하루에 한 개 정도로 정하는 것이 좋으며, 쇼핑시간은 관광지 방문이 끝난 후 저녁시간이나 일정이 생각보다 일찍 끝나 쇼핑센터에서 휴식이 필요한 경우가 좋다.
2. 여행객에게 쇼핑 가는 것을 절대 강요하지 않아야 한다. 쇼핑은 가능한 다른 나라로 이동하기 전에 시행하는 것이 효과적이다.
3. 여행객이 상품에 대한 품질이나 가게의 명성에 대해 물어보면 본인이 결정할 수 있도록 도움을 준다.
4. 국외여행인솔자 자신이 물건을 사는 데 정신이 팔려 여행객의 신변은 안중에도 없는 경우 여행객의 입에 오르내릴 수 있으므로 자제한다.
5. 쇼핑요금 계산 시 도움을 요청하는 여행객을 돕고, 쇼핑시간은 쇼핑 시작 전에 알려주어야 하며 쇼핑이 끝나는 시간과 모이는 장소까지 언급하고 쇼핑시간을 적당히 할애하도록 한다.
6. 유럽지역은 쇼핑한 물건에 7~10%의 부가세 금액을 면제받을 수 있다. 부가세 환급을 위해서 면세점(tax free) 로고가 있는 상점에서 일정 금액 이상의 물품을 구입한 후에 환급 증명서를 받아야 한다. 유럽연합 국가를 입출국할 때는 최종 출국 국가의 공항에서 구입한 물품을 제시하고 세관에서 세금 환급(tax refund) 서류에 확인받은 후 수하물로 부치고 공항 내 환급 창구에서 현금으로 돌려받거나 카드계좌로 2~3개월 후에 입금된다.
7. 쇼핑에 대한 정산은 출국하기 전이나 시간적 여유가 없는 경우에는 현지 관광가이드와 바로 이루

어지거나 쇼핑센터에서 바로 쇼핑 커미션을 지불해 주는데, 지역별로 약간 차이가 있다.

8. 최종적으로 얻어진 쇼핑커미션은 출장에서 돌아와 여행사와 협약된 수수료 정산 비율(5:5, 6:4, 7:3 등)에 의거하여 이루어진다.

표 5-4 세계 각국의 쇼핑품목

지역	국가	쇼핑품목
동남아시아	태국	상아제품, 실크, 악어제품, 보석(루비, 사파이어), 라텍스 등
	싱가포르	브랜드 상품, 악어가죽, 보석 등 면세품
	홍콩	브랜드 상품, 시계, 보석, 카메라, 라텍스, 차/한약, 면세점
	말레이시아	주석제품, 바틱제품, 나비표본, 라텍스 제품, 은제품 등
	인도네시아	바틱제품, 목공예품, 수공예품, 은세공품 등
	필리핀	목공예품, 조개 세공품, 진주, 코코넛 등
	대만	상아제품, 산호, 차, 옥공예품, 대리석, 과자(펑리수) 등
	베트남	목각류, 보석, 차, 커피 등
중국		한약, 차, 술, 옥공예품, 상아세공, 벼루, 먹, 붓, 도장 등
일본		전자제품, 양식진주, 도자기제품, 칠기, 자기 등
남태평양	호주	오팔, 무스탕, 로열젤리, 양털제품, 꿀, 스쿠알렌, 건강식품 등
	뉴질랜드	녹용, 양털제품, 로열젤리, 상어, 마오리 공예품, 건강식품 등
	피지	진주, 코코넛 등
	괌	세계 유명상품 면세품 등
	사이판	목각제품, 산호조개, 세계 유명상품 면세품 등
미주, 캐나다 지역	미국	스포츠용품, 청바지 등 의류 및 잡화, 아울렛 등
	캐나다	건강식품, 녹용, 육포 등
	브라질	보석, 커피, 악어가죽 등
	칠레	등제품, 목공예품 등
	하와이	알로하셔츠, 초콜릿, 향수, 흑산호, 조개껍질, 액세서리 등
	페루	모피제품, 인디오 수공예품 등
	알래스카	에스키모 장화, 고래뼈로 만든 제품
	멕시코	술, 민예품, 은제품 등

유럽 지역	영국	버버리, 자기류, 캐시미어, 위스키 등
	프랑스	향수, 화장품, 와인, 패션의류, 브랜드 상품 등
	스위스	시계, 칼, 치즈, 등산용품, 자수제품, 초콜릿 등
	이탈리아	가죽, 미쏘니 브랜드 제품, 선글라스, 구두, 유리, 브랜드 상품 등
	독일	카메라, 칼, 밥솥, 맥주, 식기제품 등
	스페인	가죽제품, 레이스 제품, 도자기, 금속공예품 등
	포르투갈	코르크 제품, 포도주 등
	폴란드	도자기류, 호발, 크리스털 제품 등
	헝가리	의류, 민속의상, 목각 등
	오스트리아	시계, 명품가방, 크리스털, 가이거 등
	체코	도자기류, 크리스털, 호박, 자수제품 등
	덴마크	은제품, 음향기기, 호박, 도자기 등
	핀란드	모피, 도자기, 직물, 유리제품 등
	노르웨이	스웨터, 스쿠알렌 등 건강식품, 모피류 등
	불가리아	장미 핸드크림, 화장품 등
	터키	향료, 차, 민속 공예품, 면직류, 양탄자 등

(4) 선택관광 업무[28]

① 선택관광(Option tour)은 일정이 끝난 자유시간 혹은 휴식시간, 야간시간에 이루어지는 것으로 일정 내에 포함되지 않아 여행객들이 별도의 비용을 지출하고 선택하는 관광활동이다.

② 현지관광 도중 여행객들이 즐길 만하고 그 지역 방문 시에만 해볼 수 있는 독특한 옵션선택을 권유한다.

③ 정해진 일정이 끝난 후 그 나라의 독특한 문화체험이나 그 나라에 오면 세계적인 유명한 쇼, 관광활동 등에 대한 선택관광은 비용은 비싸지만 매우 흥미있고 만족스러운 관광이 될 수 있다.

28 장양례(2006), 전게서, pp.135-140.

④ 선택관광은 국가와 지역에 따라 다양하게 구성되어 있으며, 잘 알려져 있는 것부터 인지도가 높지는 않으나 만족도가 높은 것에 이르기까지 다양하게 있으므로 현지 관광가이드를 통해 구체적인 선택관광에 대해 설명한다.

⑤ 여러 가지 선택관광이 있을 때 가급적 의견통일을 유도하는 것이 좋지만, 여행객들의 희망이나 행동이 분산되는 경우 현지 관광안내원과 국외여행인솔자가 나누어서 팀을 인솔하는 것도 좋다.

⑥ 선택관광은 방문 나라별로 1~2개 정도가 적절하며 선택관광이 너무 많아도, 강요해서도 안 된다.

⑦ 인센티브의 경우 리더에게 사전에 선택관광에 대한 정보를 주고 설명하여 선택할 수 있도록 위임한다.

선택관광 시 유의사항

1. 선택관광은 반드시 여행객의 자발적인 선택에 의해 이루어져야 한다.
2. 강요하는 선택관광이 진행되어서는 안 된다. 현지 관광가이드나 국외여행인솔자가 본인의 수입과 직결되므로 이를 강요하여 고객이 만족하지 못했을 경우 한국에 돌아와서 컴플레인을 제기할 수 있기 때문이다.
3. 선택관광이 야간에 이루어지는 경우는 다음날 일정에 지장을 줄 수 있으므로 다음날 일정을 살펴 무리하게 진행하지 않도록 한다.
4. 가급적 일행이 다 참가할 수 있도록 해야 한다. 만약 쇼를 보러 가는데 일부 몇 명만 가는 경우 쇼를 관람하는 동안 숙소에 가지 못하고 버스에서 대기하는 여행객들이 불만을 제기할 수 있다.
5. 선택관광에 소요되는 경비는 개인이 부담하는 것이 원칙이므로 현지 관광가이드가 별도로 비용을 걷는다. 이때 국외여행인솔자가 나서서 돈을 걷지 않도록 하는데, 이는 필요없는 오해의 소지를 방지하는 데 목적이 있다.
6. 현지 관광가이드와 국외여행인솔자가 일정에 없는 선택관광을 하게 되는 경우 늦은 밤 시간까지 차량과 안내서비스를 하기 때문에 이에 따른 합당한 비용이 청구되기 때문에 선택관광이 생각보다 저렴하지 않다는 것에 대해 사전에 양해를 구한다.
7. 선택관광이 끝난 후 커미션은 현지 관광가이드와 이미 협약되어 있는 계약조건에 따라 수수료를 나누며, 본 수수료는 출장에서 돌아온 후 출장보고서에 작성하며, 회사와 계약된 조건에 따라 수수료를 나눈다.

표 5-5 세계 각국의 선택관광 안내

지역	국가	선택관광
동남아시아	태국	알카자쇼, 전통마사지, 코끼리 트레킹, 미니시암, 악어농장, 수상스포츠, 바이욕 뷔페 등
	싱가포르	나이트 사파리 투어, 해양수족관, 디너크루즈, 나이트투어, 당성, 바탐섬, 리버보트 등
	홍콩	하버 크루즈 승선, 몽골야시장, 피크트램, 중국 심천관광, 마카오투어, 나이트 시티투어 등
	대만	대만 야시장 관광, 소인국, 발마사지, 101타워 전망대 등
	필리핀	어메이징 쇼, 히든밸리, 푸닝온천, 마사지, 해양스포츠, 선셋크루즈, 낚시 등
	인도네시아	선셋디너 크루즈, 케착댄스 등
중국		발마사지, 전신마사지, 인력거 투어, 서커스 등
남태평양	호주	시드니만 디너크루즈, 블루마운틴 헬기투어, 돌핀크루즈 등
	뉴질랜드	번지점프, 헬기관광 등
	괌	해양스포츠 등
	사이판	해양스포츠 등
미주	미국	라스베이거스쇼, 베이크루즈, 폴리네시안 매직 디너쇼, 폴리네시안 민속촌 디너쇼, 경비행기, 제트보트, 그랜드캐니언 경비행기 등
	캐나다	나이아가라폭포 투어
유럽	프랑스	리도쇼, 물랭루즈 쇼, 에펠탑+센강(바또무슈) 야간투어
	영국	레이몬드 쇼
	이탈리아	곤돌라, 벤츠관광
	스페인	플라밍고, 투우, 야간투어
	오스트리아	타롤 쇼, 비엔나 음악회, 유람선+케이블카
	터키	벨리댄스
	스위스	카인들리 쇼
	모스크바	서커스
	터키	밸리댄스, 야경투어, 열기구 투어, 유람선
	그리스	아테네 야간투어

	슬로베니아	블레드섬
	크로아티아	성벽투어, 두브로브리크 유람선

제 2 절 지역별 투어행사 진행방법

1 유럽지역 투어

1) 유럽지역 투어의 특성

(1) 유럽지역의 구분 : 여행사가 판매하는 상품기준은 서유럽 · 동유럽 · 북유럽 · 지중해 등의 4개 지역으로 구분할 수 있음

(2) 서유럽 : 영국 · 프랑스 · 스위스 · 독일 · 오스트리아 · 스페인 · 포르투갈 · 이탈리아 등

동유럽 : 헝가리 · 체코 · 슬로바키아 · 폴란드 · 유고슬라비아 등

북유럽 : 러시아연방과 핀란드 · 스웨덴 · 노르웨이 · 덴마크 등

지중해 : 그리스 · 터키 · 이집트 등의 국가

2) 유럽지역 여행 업무 시 유의사항

유럽지역 여행 업무 시 유의사항
1. 전체 유럽지역 중에서 대표적인 서유럽지역의 진행방법을 그 표본으로 삼으면 나머지 유럽상품의 진행방법은 유사함 2. L.D.C 코치 : 코치(Coach)란 우리나라의 관광버스를 말함. 유럽·미주 남태평양 등 서구지역에서는 관광버스를 코치라고 부름. 유럽은 여러 유럽국가가 대륙에 국경을 서로 접하고 있다는 것이 지역적 특성으로 거리상으로 보아 항공여행을 하기보다는 육상으로 버스여행을 하는 것이 효율적임 3. 서유럽지역의 관광일정은 위에서 남쪽으로 여러 나라를 경유하거나 이태리 등 남쪽에서 북쪽으로 거슬러 올라가면서 관광 일정이 짜여 있는 게 통상적임

4. 국가 간, 도시 간 이동은 현지안내원 없이 국외여행인솔자가 운전자와 함께 진행해야 하기 때문에 동남아나 미주지역처럼 '전 일정 동행 가이드 서비스(Through Guide Service)가 제공되지 않으므로 국외여행인솔자의 기량과 경험이 많이 필요한 지역 중 하나임
5. 유럽지역의 경우 대체로 그 여행사에서 가장 경험이 많거나 외국어 실력이 뛰어난 국외여행인솔자들이 배정된다. 그만큼 유럽지역은 국외여행인솔자의 역량이 가장 필요한 지역임
6. 현지 관광안내원은 도시별로 미팅 포인트와 시간이 정해져 있어 국가 간 및 도시 간 이동의 소요시간은 국외여행인솔자의 정확한 판단하에 출발과 도착시간을 예상하여 진행해야만 정해진 장소와 시간 안에 미팅이 이루어져 전체 관광일정이 무리 없이 진행될 수 있음
7. 지연도착으로 인한 미팅 미스 및 시간 손실로 인한 관광일정의 부실한 진행으로 이어질 수밖에 없으므로 많은 경험과 이 지역에 대한 다양한 정보를 숙지하고 있어야 전체적으로 원활한 진행이 될 수 있음. 몇 번의 경험으로 완전한 습득을 할 수는 없으나, 꾸준한 정보 수집의 노력과 연구는 시간을 단축시킬 수 있으며, 특히 출장 시 정보를 습득하려 하고, 전체 일정지역을 유심히 관찰하고 기억하려는 노력은 상당히 중요한 요소가 됨

3) 유럽투어 행사진행업무

■ 서유럽 4개국(이탈리아, 스위스, 독일, 프랑스) 8박 9일 – 대한항공

【제1일차 업무】

지역	교통편	시간	일정
인천		13:00	인천국제공항 제2청사 3층 출국장 G카운터 앞 집결 탑승 수속
이탈리아 로마	KE 931	15:10 19:35	인천국제공항 출발(약 12시간 30분 소요) 로마(레오나르도 다빈치) 공항 도착
	전용버스	22:00	입국심사 후 수하물 수취 입국완료 후 현지가이드 미팅 호텔로 이동하여 휴식
식사			**중식** : 기내식 / **석식** : 기내식
호텔			이탈리아(로마) 호텔

- 12:30 국외여행인솔자는 출발 2시간 30분 전, 즉 여행객을 만나는 시간보다 30분 전에 공항 미팅장소에 나와 행사 깃발과 보딩판을 설치하고 여행객들을 기다림
- 13:00 인천국제공항에서 대한항공 931편 15:10에 인천-이탈리아 로마 레오나르도 다비치 공항의 유럽으로 떠나는 일정이다. 인천공항만남의 장소는 제2청사 3층 출국장 G카운터 앞에서 집결함
- 13:10 여행객들이 하나둘씩 도착하면 여권을 회수하고, 위탁수하물표, 최종일정표, 배지, 여권커버 등이 든 센딩백을 나누어주고, 위탁수하물마다 여행사의 짐표(Baggage Claim Tag)를 부착함
- 13:30 도착한 여행객들에게 해당 항공사 카운터에서 비행기 티켓을 보딩패스로 받은 후 짐을 부칠 수 있도록 안내함
- 13:40 수속을 마친 고객들에게 국외여행인솔자를 소개하고 보딩패스, 여권, 귀중품을 챙긴 후 세관통과에 대한 안내를 함. 이때 국외여행인솔자 자신을 모든 여행자들에게 소개할 수 있는 적절한 시간이 되므로 자신의 소개인사와 관광여행에 참여해 준 고객에게 감사의 말을 전함. 여권 확인과 탑승권의 좌석번호, 게이트 번호, 출발시간을 안내하고 간단한 출국절차에 관해 설명하고 출국장으로 이동함. 세관 통과 후 회사 담당OP에게 보고
- 14:30 항공기에 탑승하기 위해 해당 게이트 앞에서 대기하면서 여행객들이 전부 대기하고 있는지 체크. 대한항공 탑승. 인천에서 로마 다빈치 국제공항까지 비행소요시간은 12시간 30분. 참고로 한국과 이탈리아의 시차는 8시간임. 유럽의 경우 여름에는 일광절약 시간제(summer time)를 실시하므로 7시간이 느림

이태리 공항

1. 이태리 공항명 : 레오나르도 다빈치 국제공항(Leonardo Da Vinci)으로 천재예술가 레오나르도 다빈치의 이름을 따서 지음
2. 인천~로마까지 12시간 30분 소요
3. 이탈리아 레오나르도 다빈치(Leonardo Da Vinci)는 로마 시내로부터 서남쪽으로 28km 떨어져 있음. 항공기 도착 후 입국심사를 받게 되는데, 매우 간소하게 진행됨
   다만, 해당 공항에 비행기 짐이 도착하지 않는 경우가 많아 만약 짐이 도착하지 않을 경우 이에 대한 대책을 신속하게 준비해야 함

그림 5-2 레오나르도 다빈치 공항

- 19:35 공항에 도착하면 간단하게 출입국수속을 밟고 짐 찾는 곳(Baggage Claim area)에 가서 모든 짐을 찾아 한꺼번에 세관통과하고 난 후 밖으로 나가면 됨
- 19:50 잠시 여행객들에게 화장실 갈 시간을 주고 국외여행인솔자는 대기하고 있는 기사에게 전화하여 대기장소 및 버스편명을 확인함. 여행일정 진행 시 바우처를 사용하는 경우에는 최초의 기착지에서

이를 수령하는 것이 보통이며, 체크인 호텔에 이미 배달되어 호텔 프런트에서 전달받게 됨

여행객들이 다 모이면 버스에 수하물의 완전탑재 여부를 확인하고, 국외여행인솔자는 여행객들에게 마이크를 잡고 이동하면서 장시간 비행하는 피로감에 대한 수고 인사를 한 후 호텔까지 소요시간을 알려주고 휴식

- 21:00 호텔에 도착. 식사는 기내식으로 대체하므로 호텔 투숙만 하면 됨. 호텔 도착 후에는 분실한 것이 없는지 고객들에게 주의시키고 휴대 수하물만 가지고 호텔 로비로 안내

  무거운 짐은 호텔의 포터를 이용하여 고객들의 방으로 배달시키면 됨. 이탈리아 호텔은 숙박객들의 모든 여권번호가 적혀 있는 리스트가 필요하며, 국외여행인솔자의 여권을 맡기는 것이 일반적임(카드 Deposit을 하는 호텔도 있어 체크아웃 시 잊지 않도록 함)
- 21:30 호텔 측과 상의하여 객실배정을 받고 다음날 모닝콜과 조식시간을 호텔 측에 알려주고 여행객들에게 돌아와 객실 키를 나누어주고, 호텔이용법 · 모닝콜 · 조식시간 · 출발시간을 알려주고 각자 객실로 해산한다. 이 일정의 경우 로마에서 2박을 하므로 수하물은 그대로 두고 다음날 일정에 필요한 것만 지참하고 출발 준비를 하도록 주지시킨다. 국외여행인솔자는 해산 후 각 객실을 돌아보고 객실의 이상 유무를 확인하고 고객들의 불편사항을 해결해 줌
- 22:00 종료 후 국외여행인솔자 자신의 객실로 돌아와 그날의 행사보고서를 작성하고, 다음날 일정에 대한 점검과 복장준비 등을 한 후 휴식

【제2일차 업무】

지역	교통편	시간	일정
로마	전용버스	07:00 08:00 09:00 18:30 20:00	모닝콜 조식시간 호텔 출발시간 바티칸 시국(시스티마 성당, 베드로 대성당) 점심시간 대전차 경기장, 진실의 입, 콜로세움, 카타콤베 저녁시간 호텔로 귀환 후 휴식
식사			**조식** : 호텔식 / **중식** : 현지식 / **석식** : 현지식
호텔			이탈리아(로마) 호텔

- 7:00 모닝콜
- 7:30 여행객보다 30분 전 식사장에 내려와 해당 식당 위치 및 음식 확인
- 8:00 1층 로비에서 여행객들에게 식당안내 및 내려오지 않은 고객에게 전화. 출발시간 안내
- 8:20 식당에서 국외여행인솔자 식사 및 현지가이드 미팅. 당일 일정에 대한 논의. 식사를 마친 후 버스 대기상태 확인
- 8:50 호텔 로비에서 버스로 여행객들과 출발
- 9:00 버스 탑승. 귀중품과 여권 확인. 현지가이드 소개 및 간단한 일정 소개를 마치고 현지가이드에게 마이크를 넘김
- 9:10 현지가이드의 본인 소개인사 및 당일 이탈리아 일정에 대한 소개
  이탈리아에 대한 전반적 소개, 방문 주요 관광지에 대한 소개
  이탈리아 시내투어 : 바티칸 대성당 및 베드로 대성당, 시스티나 대성당

이탈리아 국가 개요

- **수도** : 로마
- **인구** : 약 61,680,122명
- **면적** : 301,340km²(한반도의 1.5배)
- **주요 언어** : 이탈리아어
- **종교** : 가톨릭 98%
- **1유로** = 1,330.79
- **기후** : 4계절, 지중해성 기후로 우리나라보다 약간 더움. 북부지역은 대륙성 기후를 나타냄
- **시차와 비행시간**
  - 한국보다 7시간 정도 늦음
  - 비행시간은 약 12시간 15분 정도임

바티칸 시국과 성 베드로 대성당

- 세계에서 가장 작은 나라로 꼽히는 곳은 로마에 있는 바티칸 시국임
- 바티칸 시국은 전체 면적이 0.44km²이고 인구가 1,000여 명 정도밖에 되지 않는 조그마한 나라임
- 전 세계 어느 나라보다도 막강한 영향력을 갖고 있음. 바티칸 시국은 인류의 정신세계에 큰 영향을 미친 가톨릭교의 중심지임
- 동시에 르네상스의 예술혼이 살아 있어 문화·예술의 발전에 크게 기여하는 나라임

- 성 베드로 대성당은 로마의 주요 4대 성전 중 하나로 바티칸 시국에서 가장 중요한 건축물임
- 대성당의 돔은 로마식 지평선의 특징을 갖춤
- 최대 6만 명 이상의 사람을 수용할 수 있는 대성당 내부에는 500개에 달하는 기둥과 400개가 넘는 조각상과 44개의 제대와 10개의 돔이 있음
- 기독교 세계의 성지 가운데 하나인 이곳은 성 베드로가 묻힌 곳임

- 미켈란젤로의 <천지 창조>의 그림이 있는 방이 가장 유명함
- 넓이가 800m²에 달하는 아홉 점의 그림이 그려진 반원통형의 둥근 천장은 미켈란젤로의 이력이 절정에 도달했음을 나타내줌
- 미켈란젤로는 교황 율리오 2세의 명을 받아 프레스코화를 그리게 되었으며, 작품은 거의 그 혼자만의 힘으로 완성하였고 세계 걸작으로 뽑힘

- 12:00 점심식사(스파게티)
- 13:00 이탈리아 시내투어: 대전차경기장, 진실의 입, 콜로세움, 카타콤베

진실의 입, 콜로세움, 카타콤베

- 얼굴 앞면을 둥글게 새긴 대리석 가면으로, 지름은 1.5m 정도임
- 기원전 4세기쯤에 만들어진 것으로 추정되지만, 정확한 기원은 알려져 있지 않음
- 강의 신 홀르비오의 얼굴을 조각한 것임
- 중세 때부터 정치적으로 이용되어, 사람을 심문할 때 심문받는 사람의 손을 입안에 넣고 진실을 말하지 않으면 손이 잘릴 것을 서약하게 한 데서 '진실의 입'이라는 이름이 붙게 되었음

- 검투사들의 대결과 호화로운 구경거리가 펼쳐지던 거대한 로마의 원형 경기장 로마의 콜로세움
- 70년경 베스파시아누스 황제에 의해 건설이 시작되었고 80년에 건축이 끝나 100일 축제기간 동안 그의 아들인 티투스 황제가 개막식을 올림
- 플라비아누스 원형극장이라는 이름으로 알려졌으며, 이곳에서 열리는 검투사 경기를 보러 오는 5만 명의 관객을 수용함

- 초기 그리스도교인들이 신앙을 지키기 위하여 숨어 지내던 지하 묘지 카타콤베와 만남. 카타콤베가 그리스도교인들의 피신처이자 교회이고 무덤이었음
- 수세기 동안 순례의 대상이 된 성지로 숭앙받았지만, 그렇다고 이것이 그들만의 것은 아님
- 유대인들이며 이교도들도 카타콤베 형태의 묘지를 가지고 있음. 로마 주변에 있는 60여 곳의 카타콤베 중에는 그리스도와 깊은 관계를 지닌 게 있음

【제3일차 업무】

지역	교통편	시간	일정
로마	전용버스 (코치)	07:00 08:00 09:00	모닝콜 조식시간 호텔 출발시간 로마에서 플로렌스로 이동(약 4시간 30분 소요)
플로렌스		13:00 18:30 20:00	점심시간 플로렌스 시내관광 저녁시간 호텔로 귀환 후 휴식
식사			**조식** : 호텔식 / **중식** : 현지식 / **석식** : 현지식
호텔			이탈리아(플로렌스) 호텔

- 7:00 모닝콜
- 7:40 호텔에서 조식식사
- 8:20 호텔 Check-out 및 정산, Baggage Down 짐 포터서비스 이용
  정산할 경우 시간적으로 여유가 없을 때는 청구된 모든 객실에 대해 국외여행인솔자 자신이 해당하는 금액을 수거하여 호텔에 한꺼번에 납부하고 영수증을 수취한 후 이를 고객들에게 나누어줌. 만약 정산을 완료하지 않고 호텔에서 떠나게 되면 귀국 시 미결제된 정산분에

대한 청구가 요청되는 경우가 있으므로 여행객들에게 방별로 영수증을 뽑아서 선결제한 후 버스에서 정산함

• 8:30 호텔에서 출발. 인원 체크. 귀중품 체크

호텔에서의 정산이 완료되면 고객들을 버스에 탑승하도록 함. 이때 장거리 코치여행이 시작되므로 여행객들의 짐을 잘 체크하라고 당부해야 함

최종 짐의 개수를 확인. 로마에서 플로렌스까지 이동거리는 고속도로 사용기준으로 약 300km로 소요시간은 4시간 30분임.

플로렌스에서 점심식사 시간이 12시에 예약되어 있다면 출발시간과 휴식시간까지 포함하여 호텔에서 오전 8시나 최소한 8시 30분에는 출발해야 플로렌스에 약속된 시간대로 도착하여 원활한 일정을 진행할 수 있음. 이에 대한 판단은 국외여행인솔자가 하고 여행객들에게 협조를 구함

장거리 여행이므로 이때 로마의 역사, 문화, 경제, 건축, 음악, 음식에 대한 이야기를 준비해서 버스 안에서 설명하면 전문적인 역량을 인정받고 여행객들의 만족도도 높일 수 있음

> **Tip** 계속 설명만 하면 여행객들이 지치거나 지루해질 수 있기 때문에 관련 DVD(로마의 휴일, 글레디에이터, 대부 등)나 관련 음악(칸초네) CD를 틀어주는 방법도 좋음

• 13:30 휴게소에서 잠시 휴식. 유럽고속도로를 운행하는 관광버스의 운행속도는 통상 시속 100km를 넘지 못하게 법으로 규정해 놓고 있는 타코미터 제도가 있어 2시간마다 15분 정도의 휴식시간을 제공함

따라서 전체적인 일정의 시간배정이 어떻게 되어 있는가를 확인하고, 또한 현지사정을 고려하여 출발 및 휴식 시간을 기사와 상이하여 정하는 것이 좋음

타코미터란?

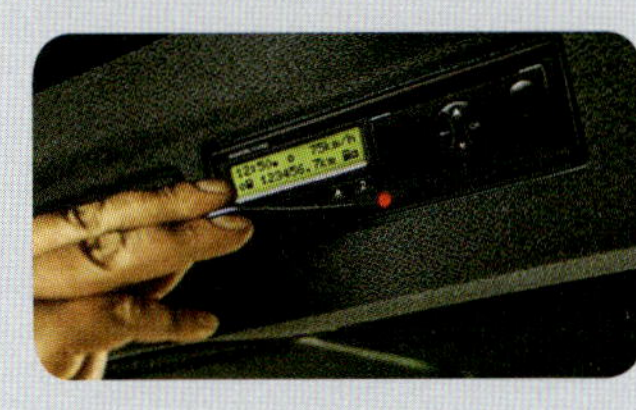

- 유럽은 버스기사 휴식시간에 대해 매우 엄격한 법규를 가지고 있음
- 일일 운행시간에 대한 제한은 물론이고 운행 중 휴식시간, 주당 휴무일까지 버스 안에 설치되어 있는 타코그래프로 모두 기록하여 관리함
- 조금이라도 위반사항이 있을 시 무거운 패널티가 주어짐
- 예를 들어 약 이동시간이 4~5시간이라고 하면 중간에 반드시 휴식시간을 가져야 한다. 그러나 순수 이동시간이 4~5시간인데, 도로 교통상황이 안 좋을 경우 한번 더 쉬어야 하는 경우가 생김
- 목적지까지 얼마 남지 않은 상황이라도 타코그래프가 휴식을 표시하면 무조건 쉬어야 함
- 타코미터가 야속한 상황일지라도 이런 엄격한 법규로 인하여 졸음운전을 막고 버스에 탑승한 사람들의 안전을 지킬 수 있음

- 13:00 플로렌스 도착. 현지가이드와 미팅 포인트에서 만남
  미팅장소 : 미켈란젤로 언덕
  미팅 후 점심 : 중국식 혹은 스파게티 현지식 식사 후 관광지 이동
  주요 관광지는 모두 걸어서 이동하므로 편한 복장, 물 준비 필수
- 15:00 플로렌스 시내관광 : 두오모성당, 단테 생가, 베키오 궁
- 17:00 플로렌스 쇼핑숍 : 가죽가게 방문
- 18:30 저녁식사 후 휴식 : 중국식 혹은 현지식. 밀라노로 다음날 이동

두오모 성당, 단테 생가, 베키오 궁

- 1296년에 공사가 시작돼 170여 년 만에 완성했고 바사리, 미켈란젤로의 작품이 담겨 있다는 사전적인 의미는 잠시 잊어도 좋음
- 돔이나 지오토종탑 꼭대기로 연결되는 수백 개의 계단을 오르면 도심의 지붕과 골목이 만들어내는 붉은 궤적이 가슴을 파고듦
- 두오모는 에쿠니 가오리의 소설 『냉정과 열정 사이』에서 10년간 헤어졌던 연인의 약속의 공간으로 그려지기도 해서 더 유명해짐

- 유네스코 세계문화유산으로 지정된 피렌체의 역사지구는 사방 1km밖에 안 되는 좁은 구역
- 이탈리아 중세를 대표하는 시인 단테(1265~1321)가 태어난 집으로 보존이 잘 되어 있어 관광객에게 인기가 많음
- 단테 알리기에리 거리(Via. Dante Alighieri)에 있으며, 내부에는 작은 박물관이 있음
- 13세기 당시 모습 그대로 보존되어 있음

- 베키오 궁전(Palazzo Vecchio)은 이탈리아 피렌체에 있음
- 시뇨리아 광장에서 바로 보이며, 13세기에 지어졌음. 본래 피렌체 공화정의 중심지였으며, 베키오 궁전의 오랜 역사만큼 다양한 이름으로 불렸음
- 현재 '베키오 궁전'이라는 이름은 메디치가에서 아르노강 건너편에 있는 피티궁으로 옮기며 만들어짐

【제4일차 업무】

지역	교통편	시간	일정
플로렌스	전용버스	06:00	모닝콜
		07:00	조식시간
		08:00	호텔 출발시간
			플로렌스에서 밀라노로 이동(약 4시간 30분 소요)
밀라노		12:00	점심시간
			라 스칼라 극장, 스포르체스코성, 두오모 관광
		18:30	저녁시간
		20:00	호텔로 귀환 후 휴식
식사			**조식** : 호텔식 / **중식** : 현지식 / **석식** : 현지식
호텔			이탈리아(밀라노) 호텔

- 6:00 모닝콜. 밀라노로 장거리 여행을 가므로 최대한 일찍 모닝콜
- 7:00 식사시간. 장거리 이동이므로 호텔에서 간단한 음료를 준비할 수 있도록 안내. 유럽은 물이 석회수라서 여행객들은 식수를 구매해야 함
- 7:30 호텔 Check-out 정산 및 프런트 벨멘에게 짐 수거 요청
- 8:00 호텔 출발. 플로렌스에서 이탈리아의 북부 도시인 밀라노로 장거리 이동을 하는 일정으로 플로렌스에서 밀라노까지의 이동거리는 고속도로 이용기준 시 325km 정도이나 도로사정을 감안하면 소요시간은 약 4시간 30분 정도로 오전 8시에 출발하는 것이 좋음

> Tip 이른 아침 출발이므로 2시간 정도 휴게소까지 여행객들이 휴식할 수 있도록 하는 것이 좋음. 밀라노는 패션의 도시이므로 휴게소에서부터 밀라노까지 이동 중 밀라노 패션 역사와 폼페이, 베니스, 카프리섬, 피사의 사탑, 로미오와 줄리엣 영화 촬영지 등의 소개도 좋음

- 12:00 밀라노에 도착하여 스포르체스코성에서 현지가이드와 미팅
- 12:00 점심식사: 중국식, 혹은 한국식이나 현지식
- 13:00 밀라노 시내관광 : 라 스칼라 극장, 스포르체스코성, 두오모 성당

세계 3대 오페라극장

• 밀라노 라 스칼라 극장

1778년에 개관한 이탈리아의 유서 깊은 오페라 극장. 2차 세계대전 중인 1943년에 폭격으로 부서졌다가 전쟁이 끝난 직후 3천 석 규모의 대극장으로 재개관함

• 파리 오페라 극장

나폴레옹 3세의 통치기간 동안 오페라 가르니에는 새로 지어진 부분 중에서도 가장 뛰어난 건물 중 하나임. 젊고 상대적으로 경험이 많지 않은 건축가였던 샤를 가르니에가 다이아몬드 모양의 설계로 르네상스와 네오-바로크적 요소를 뒤섞어 지음. 한 전문가의 표현을 빌리자면 '거대한 웨딩 케이크'와 같은 건물을 만들어냄

• 빈 오페라 극장

슈타츠오퍼(국립 오페라 하우스)의 건축은 1863년 시작되어 1869년에 끝났음

이 극장은 빈의 중심지역을 둥글게 둘러싸고 새로이 조성된 새로운 대로변에 지어졌음. 현재 이 건물은 링슈트라세에 위치한 많은 아름답고 정교한 건물 중 하나임

스포르체스코성, 두오모

- 15세기 중엽 밀라노 대공 프란체스코 스포르체스코가 세웠음
- 브라만테, 다 빈치 등이 건축에 관여했으며, 근대 성체의 전형이라고 일컬어졌으나 제2차 세계대전 중 폭격으로 파괴되었고 현재의 건물은 그 후 개축한 것임
- 성 안에는 고미술박물관(Museo d'Arte Antica)이 있음
- 기원전의 고미술품으로부터 고대 로마, 중세, 르네상스 시대까지의 작품이 진열되어 있는데 최고 걸작은 미켈란젤로의 <론다니니의 피에타>라는 미완의 대리석상임

- 축구 경기장의 1.5배 넓이로 약 11,706m^{2}에 달함
- 바티칸의 성 베드로 대성당과 스페인의 세비야 대성당 다음으로 가톨릭 대성당으로는 세계에서 세 번째로 큼
- 다섯 개의 아일이 입구에서 계단까지 이어지고, 거대한 석조기둥이 네이브를 지배하는 실내는 4만 명의 방문객을 수용할 수 있음

【제5일차 업무】

지역	교통편	시간	일정
밀라노	전용버스	06:00	모닝콜
		07:00	조식시간
		08:00	호텔 출발시간
			밀라노에서 스위스(루체른)로 이동(약 5시간)
루체른			점심시간
			필라투스 등정
			루체른 시내관광
		18:30	저녁시간
		20:00	호텔로 귀환 후 휴식
식사			**조식** : 호텔식 / **중식** : 현지식 / **석식** : 현지식
호텔			스위스(루체른) 호텔

- 6:00 스위스 루체른으로 장거리 여행을 가므로 최대한 일찍 모닝콜

• 7:00 식사시간. 장거리 이동. 스위스 장거리 이동의 경우 산악지역이어서 다소 위험한 지역이 있으므로 안전운행에 신경을 써야 함

스위스 국가 개요

- **수도** : 베른
- **인구** : 약 8,062만 명
- **면적** : 41,277km²
- **주요 언어** : 독일어
- **종교** : 기독교, 천주교, 유대교
- **1프랑** = 1,193원
- **기후** : 여름에는 30도를 넘는 더위, 겨울에는 매서운 추위가 엄습
- **시차와 비행시간**
  - 한국보다 8시간 정도 늦음
  - 비행시간은 약 12시간

• 8:00 호텔 출발. 밀라노에서 스위스 루체른까지 장거리 일정으로 285km이나 소요시간은 휴식시간을 포함하여 5시간 이상 걸림
이러한 이유는 알프스산맥지대를 통해 건설된 고속도로를 이용해야 하기 때문에 도로사정상 정상적인 속도로 이동하는 것이 불가능함

• 10:00 휴게소에서 휴식시간

• 11:00 스위스 국경 통과. 스위스는 유럽연합에 가입하지 않은 국가로 이탈리아에서 스위스 입국 시에는 여권검사 등 유럽연합의 회원국 간 국경통과 때와는 다소 다른 분위기임
관광버스로 이동하는 여행객은 여권 제시로 모든 국경통과 절차가 끝나기 때문에 어려움이 없음

스위스 국경 통과하는 방법

• **도가나 통과**

- 이탈리아에서 스위스로 들어가는 국경에서 꼭 이런 곳을 통과하게 되는데 이를 도가나라고 함
- 검문소 개념이라 생각하면 됨
- 스위스는 EU국가가 아니기 때문에 스위스와 국경이 닿아 있는 EU국가들은 다 이 도가나가 있음
- 밀라노-스위스 국경을 지나가게 되면 세관직원이 신고할 물품을 물어봄
- 신고할 물품을 여기서 신고하고 도장을 받으면 되며, 여행객들은 버스에 앉아 있으면 됨

• 12:30 루체른 도착

• 12:40 점심식사: 스위스 퐁뒤

• 13:30 스위스 알프스산맥 영봉 관광: 필라투스 등정. 스위스 최대의 관광목적은 알프스산맥의 영봉을 오르는 것이라고 할 수도 있음

스위스의 산들은 2/3가 알프스에 속해 있으며, 또한 알프스의 1/5이 스위스영토 내에 있음. 해발고도 2,000미터의 높은 산악지역에 가기 때문에 복장을 철저하게 준비해야 함

스위스에서는 현지가이드가 없기 때문에 알프스산 등정부터 식사까지 시간을 잘 맞출 수 있도록 해야 함

그림 5-3 루체른에서 필라투스 관광

스위스 알프스산 이야기

- 필라투스
  - 해발고도 2,013m로 특히 톱니바퀴 열차가 유명
  - 알프스의 전경을 한눈에 볼 수 있는 산으로 유명
  - 루체른 도시에서 볼 수 있는 알프스산 중에 하나

- 티틀리스
  - 빙하와 만년설로 유명한 스위스의 티틀리스산을 만나볼 수 있음
  - 티틀리스에서는 1년 내내 스노스포츠를 즐길 수 있음

- **융프라우**
  - 아름다운 설경으로 잘 알려진 알프스산맥의 고봉 융프라우(4,158m)
  - 융프라우의 하이라이트는 융프라우와 묀히 두 봉우리 사이에 위치한 융프라우요흐 전망대로, 명물 톱니바퀴 열차로 오를 수 있음
    열차가 운행하는 융프라우요흐 전망대는 유럽에서 가장 높은 철도역으로 유명

- **몽블랑**
  - 몽블랑은 프랑스와 이탈리아의 국경에 따라 펼쳐진 알프스 최고 높이의 봉우리를 가지고 있으며, 4,807m임
  - 몽블랑은 봉우리가 가장 높다는 뜻을 가지고 있으며, 융프라우는 여러 산맥의 평균이 높다는 뜻임

- 16:30 루체른 시내관광 : 카펠교, 빈사의 사자상 등 관광

카펠교와 빈사의 사자상

- **카펠교**
  - 1333년 로이스강에 놓인 다리로, 유럽에서 가장 오래되고 가장 긴 나무다리로 길이가 200m에 이른다. 우아한 형태로 루체른의 상징이 됨
  - 위를 덮고 있는 지붕의 들보에는 스위스 역사상 중요한 사건이나 루체른 수호성인의 생애를 표현한 삼각형 판화 그림이 걸려 있음
  - 다리 중간에 있는 팔각형 석조의 바서두름(물의 탑)은 등대를 겸한 루체른 방위 탑으로, 위급할 때에는 시민에게 경종을 울려 알리는 종각과 감옥소 또는 공문서의 보관소 등으로 쓰였는데 지금은 기념품을 파는 상점이 있음

• **빈사의 사자상**
- 빈사의 사자상은 스위스 루체른시에 있는 것으로 스위스 용병을 상징하는 것임
- 가난했던 스위스의 아픈 역사를 느끼게 하는 조각상
- 후손들을 위해 끝까지 신의를 지켰던 스위스 용병들의 혼이 느껴지는 곳

• 17:30 루체른 롤렉스숍 쇼핑센터

롤렉스숍

• **롤렉스숍**
- 스위스를 방문하는 여행객이라면 한번쯤 누구나 방문하는 롤렉스숍으로 다양한 시계를 판매하고 있음
- 특히 고가의 롤렉스, 오메가 등의 명품시계뿐만 아니라 뻐꾸기시계의 원조답게 관련 시계들도 판매하고 있음
- 여행객이 롤렉스 시계를 구매하였다면 국외여행인솔자는 본인의 여행사 명함과 여권을 사무실에 등록해야 해당 수수료를 받을 수 있음
- 여행객의 VAT는 그 자리에서 할인해 주므로 국경 통과 시 반드시 도장을 받아서 처리해야 함

• 19:00 한국식당으로 이동 후 저녁식사/호텔 투숙

【제6일차 업무】

지역	교통편	시간	일정
루체른	전용버스	06:00	모닝콜
		07:00	조식시간
		08:00	호텔 출발시간
			스위스(루체른)에서 독일(하이델베르크)로 이동(약 4시간 30분 소요)
하이델베르크			점심시간
			하이델베르크 고성과 넥카강 등 시내관광
			프랑크푸르트로 이동(약 1시간 소요)
		18:30	저녁시간
		20:00	호텔로 귀환 후 휴식
식사			**조식** : 호텔식 / **중식** : 현지식 / **석식** : 현지식
호텔			독일(프랑크푸르트) 호텔

- 6:00 독일 하이델베르크로 장거리 여행을 가므로 최대한 일찍 모닝콜
- 7:00 식사시간. 장거리 이동
- 8:00 호텔 출발. 루체른을 떠나 독일로 이동하여 하이델베르크 및 프랑크푸르트로 이동하는 일정임. 루체른에서 하이델베르크까지 345km로서 독일의 티티세를 경유하여 흑림지대(黑林地帶)인 프라이브르크(Freiburg)를 지난 산악지대를 지나 통과하는 일정으로 소요시간은 5시간 이상 예상

독일 국가 개요

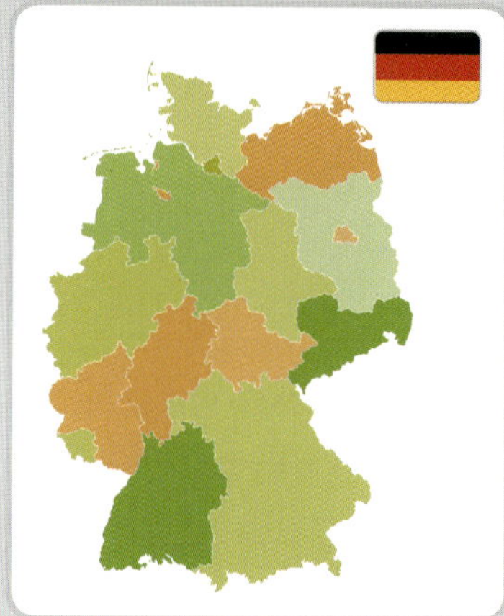

- **수도** : 베를린
- **인구** : 약 8,378만 명
- **면적** : 357,386km²(한반도의 약 1.6배)
- **주요 언어** : 독일어
- **종교** : 개신교, 가톨릭교, 이슬람교
- **환율** = 유로화
- **기후** : 서유럽의 해양성 기후와 동유럽의 대륙성 기후의 중간형
- **시차와 비행시간**
  - 한국보다 8시간 정도 늦음
  - 비행시간은 약 11시간 걸림

- 12:30 하이델베르크 도착
- 12:40 점심식사 : 독일 감자와 스테이크 혹은 한식
- 13:40 하이델베르크 시내관광 : 하이델베르크 고성 및 거대 와인통 관광, 황태자의 첫사랑의 스토리가 있는 레드옥션 관광, 넥카강 등

하이델베르크와 넥카강

- **하이델베르크**
  - 1952년 이후로 유럽 주둔 미국 총사령부가 자리 잡고 있음
  - 16세기와 17세기 초에 건설되었다가 17세기 말 프랑스군에 의해 파괴된 고성으로도 유명함
  - 성 지하에는 하이델베르크 툰(Heidelberg Tun)이라는 약 5만 8,080갤런 규모의 거대한 술통이 있어 더 유명함
  - 1701~1703년 건립된 시청사와 이 도시를 조망할 수 있는 '철학자의 길(Philosophenweg)'이라 불리는 오솔길 등이 있음

- **하이델베르크 고성 황태자의 첫사랑 주막**
  - 대학에서 고성으로 올라가는 골목에는 예술애호가인 보아제(Biosseree)가 지은 건물에 문을 열었던 학사주점이 지금도 몇 개 운영되고 있음
  - 학생들이 즐겨 찾았던 주점 중 가장 유명한 주점은 1893년에 개점한 붉은 황소 머리를 상표로 하는 레드 옥션(Red Oxen)임
  - 이곳은 1899년 가상의 국가 칼스버그의 황태자 하인리히가 하이델베르크대학으로 유학 와서 하숙집 하녀와 사랑하게 된다는 영화 황태자의 첫사랑이 5막짜리 뮤지컬 영화로 제작되어서 유명해짐

- 16:00 프랑크푸르트로 이동. 이동거리는 95km로 1시간 정도 소요됨
- 17:00 프랑크푸르트 도착 후 쇼핑센터 방문: 잡화점 방문
  석식 : 한식을 먹고 난 후 호텔에 투숙

독일의 프랑크푸르트

- 금융과 상업의 도시로 독일 최대공항이 있고, 현대적인 건물들이 많은 도시
- **뢰머광장** : 광장에 위치한 시청사인 뢰머는 도시의 생성과 동시에 지어졌으며, 프랑크푸르트의 역사와 전통을 자랑하는 곳

【제7일차 업무】

지역	교통편	시간	일정
프랑크 푸르트 파리	전용버스	06:00 07:00 08:00 18:00	모닝콜 조식시간 호텔 출발시간 독일(프랑크푸르트)에서 프랑스(파리)로 이동(약 7시간 소요) 점심시간 파리도착 후 저녁시간 호텔로 귀환 후 휴식
식사			**조식** : 호텔식 / **중식** : 현지식 / **석식** : 현지식
호텔			독일(프랑크푸르트) 호텔

- 6:00 프랑크푸르트 시내관광 후 프랑스 파리로 이동으로 일찍 모닝콜
- 7:00 식사시간. 장거리 이동
- 8:00 호텔 출발. 프랑크푸르트 시내관광 : 뢰머광장 및 괴테생가 등

뢰머광장과 괴테생가

- **뢰머광장**
  - 프랑크푸르트암마인의 구시가지 중앙에 위치한 광장
  - '뢰머(로마인)'라는 이름을 가지게 된 것은 고대 로마인들이 이곳에 정착하면서부터인데 15~18세기의 건물들이 몰려 있음
  - 광장 주변에는 구시청사와 오스트차일레가 있다. 구시청사는 신성로마제국 황제가 대관식이 끝난 후에 화려한 축하연을 베풀었던 유서깊은 곳으로 프랑크푸르트 최초의 박람회가 열린 곳이기도 함

• 괴테생가

- 괴테는 1749년 8월 28일 12시 정각에 이곳에서 태어나 여동생 코넬리아와 함께 성장했음
- 괴테에 대한 독일인들의 관심과 애정을 나타내듯 아름답게 꾸며져 있음
- 제2차 세계대전 당시 폭격을 피해 괴테의 유품들을 미리 다른 곳으로 옮겨두었고, 폭격에 의해 파괴된 건물은 4년에 걸쳐 복구시켜 오늘날과 같은 모습으로 관리하고 있음

• 10:00 프랑크푸르트 출발 파리로 이동: 프랑크푸르트에서 파리까지 이동거리는 585km로 상당히 장거리에 속하며, 전체일정 중에서 국외여행인솔자의 역할이 가장 부각될 수 있는 일정임

> Tip 이른 아침에 일어나 관광지를 둘러보고 바로 파리로 출발하는 일정으로 여독이 많이 쌓이는 일정임
> 가능한 2시간 정도 버스에서 휴식을 취할 수 있도록 하고 점심시간이 되면 여행객에게 여행일정에 대한 내용을 전개함
>
> Tip 파리 국경을 넘게 되면 프랑스 관련한 역사에 얽힌 향수와 코르셋 이야기, 역사 속에 얽힌 인물(잔다르크, 나폴레옹, 루이 14세 등) 베르사유 궁전 및 프랑스 역사, 문화, 경제, 음악, 예술 이야기(샤넬 스토리 등), 음식에 대한 스토리를 전개하면 됨
> 프랑스에서 가지 못하는 인근 관광지에 대해서도 소개하면 좋음(리스 영화제 & 작은 왕국 모나코 등)
> 가능한 2시간 정도 버스에서 휴식을 취할 수 있도록 하고 점심시간이 되면 여행객에게 여행일정에 대한 내용을 전개함

• 12:00 중간 경유지에서 점심식사 : 한식 또는 현지식

• 13:00 파리로 출발

• 15:00 파리시내에 도착해서 현지가이드 미팅

• 15:10 현지가이드 소개 및 일정 조율. 루브르박물관 등 입장으로 인한 사

전 조율 필요

• 16:30 파리 시내관광 : 개선문, 콩코드광장, 샹젤리제 거리 등

프랑스 국가 개요

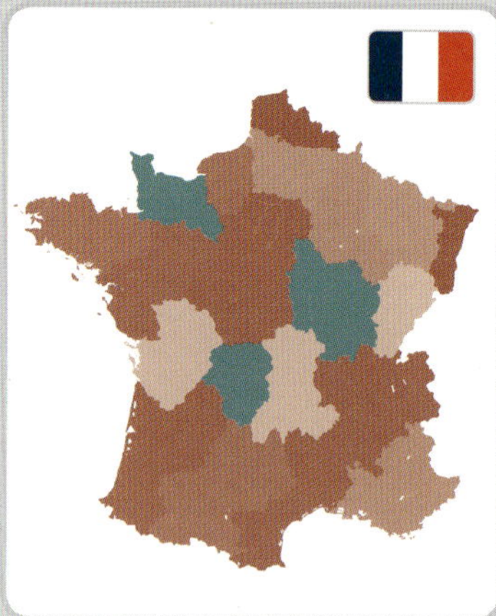

• **수도** : 파리
• **인구** : 약 6,626만 명
• **면적** : 640,679km²(한반도의 약 2.5배)
• **주요 언어** : 불어
• **종교** : 가톨릭교, 이슬람교, 기독교, 유대교
• **1유로** = 1335.45원
• **기후** : 우리나라의 4계절과 비슷하다.
가을에 비가 많이 온다.
지역 간 기온 차가 크다.
• **시차와 비행시간**
- 한국보다 8시간 정도 늦다.
- 비행시간은 약 12시간 정도이다.
• 공항이 매우 복잡하다.(샤를드골 공항)

• 17:00 파리 쇼핑 : 쁘렝땅 백화점 혹은 라파엘르 백화점 방문
쇼핑시간은 프랑스 백화점에서 이루어지기 때문에 시간을 넉넉하게 주는 게 좋음. 프랑스는 외국어도 영어가 잘 통하지 않고 백화점의 면적도 넓어서 약 2시간 쇼핑시간을 주어도 넉넉하지 않은 경우도 많음. 쇼핑하지 않는 여행객일지라도 구경거리가 많음

• 19:00 식당으로 이동 : 한식당. 이때 이동 중에 파리의 에펠탑과 유람선 혹은 세계 3대 쇼인 리더쇼와 물랑루즈 쇼에 대해 소개하고 선택관광을 유도할 수 있음
다른 지역에서는 야간관광이 어려워 선택관광이 이루어지지 않은 점을 고려하여 파리에서는 마지막 기착지이므로 관련 선택관광을 권유

에펠탑의 경우는 일반 패키지 관광의 경우 에펠탑을 멀리서 사진만 찍는 경우가 많음

유람선은 밤에 파리의 야경을 한눈에 볼 수 있어 매우 환상적이고 매력적인 투어이며, 개별적으로 택시나 전철을 이용하여 관광하면 위험할 수 있으므로 선택관광을 할 경우 현지가이드의 설명과 대형버스의 안락함을 제공함을 설명하고 안내함

개선문, 콩코드광장, 샹젤리제 거리

- **개선문**
  - 파리 시내 북서부, 샤를드골 광장 중앙에 있는 개선문은 에펠탑과 함께 파리를 상징하는 대표적인 명소
  - 개선문이 있는 광장은 방사형으로 뻗은 12개의 도로가 마치 별과 같은 모양을 이루고 있다고 해서 이전에는 에투알(Etoile, 별) 광장이라도 불림
  - 프랑스를 구한 장군이자 초대 대통령의 이름을 따서 1970년에 샤를드골 광장으로 개칭됨

- **콩코드광장**
  - 파리 한복판에 위치한 유서 깊은 광장. 센강 오른쪽 기슭의 샹젤리제 거리와 튈르리 정원 사이에 펼쳐져 있음
  - 역사뿐 아니라 위치, 규모 면에서 파리 시내의 수많은 광장들 중에서 가장 뛰어남
  - 광장은 사방이 시원하게 트여 있어 파리 시내 주요 볼거리를 한자리에서 감상할 수 있음

- **샹젤리제 거리**
  - 샹젤리제 거리는 나폴레옹의 조카 루이 나폴레옹 치세하에 비로소 사회·상업적인 활동의 중심지가 되었음
  - 나폴레옹 3세는 에투알 광장의 공사를 완공하였다. 오늘날 파리 8구는 파리에서 가장 매혹적인 지역임
  - 에르메스(Hermès), 루이비통(Louis Vuitton), 샤넬(Chanel) 등 고급 의상실과 부티크 등이 즐비

세계 3대 쇼인 리도쇼와 물랑루즈 쇼는 가격이 비싸긴 하지만 프랑스 파리에서만 볼 수 있는 쇼이므로 이에 대한 설명을 충분히 하여 여행객이 선택할 수 있도록 함

세계 3대 쇼

- **프랑스의 리도쇼**
  - 1946년 샹젤리제 거리에서 시작하여 약 70년의 역사를 가지고 있는 리도쇼는 세계 3대 쇼 중 하나임
  - 아름다운 무희들이 나와 춤과 노래를 하는데 상당히 수준 있는 쇼로 여행객들에게 호평받는 쇼임
  - 드레스코드는 세미정장으로 준비해야 함

- **프랑스의 물랑루즈**
  - 쇼파리의 카바레는 1889년 처음으로 문을 열었으며, 그 후 샴페인 파티와 유명한 프렌치 캉캉 댄스로 이름을 알려서 유명해짐
  - 이 독특한 빨간 풍차 하우스는 많은 비밀을 담고 있는데, 몽마르트르의 기슭에 있는 물랑루즈는 파리의 아이콘으로 자리 잡았음

- **미국의 쥬블리쇼**
  - 쥬블리쇼는 라스베이거스에서 열리는 성인쇼로 프랑스의 리도쇼, 물랑루즈쇼와 함께 세계 3대 쇼로 이름을 알렸으나 2016년에 마지막 공연을 마치고 문을 닫음

파리 시내 근처 가볼 만한 관광지 추천, 베르사유 궁전

- **베르사유 궁전**
  - 파리에서 남서쪽으로 22km가량 떨어진 베르사유 시에 있는 프랑스 부르봉 왕조가 건설한 궁전. 바로크 건축의 걸작으로, 태양왕 루이 14세의 강력한 권력을 상징하는 거대한 건축물임
  - 건설에는 무려 25,000~36,000명의 인부가 매년 동원되었으며, 궁전 건물의 면적보다 더 넓은 정원이 유명하며, 별궁으로 대트리아농 궁과 소트리아농 궁이 있음
  - 루이 14세, 루이 15세, 루이 16세와 왕실 가족들이 거주했음
  - 방대한 정원, 헤라클레스의 방, 거울의 방, 메흐큐흐의 방 등 특히 걸작품들이 모여 있음

에펠탑 전망대와 센강 유람선(바또무슈) 선택관광

- **에펠탑 전망대 : 2층**
  - 프랑스 파리를 보려면 야경을 봐야 프랑스의 맛과 아름다움을 보는 거라고 할 수 있음
  - 직접 표를 끊어 2층까지 올라가 파리 시내를 전망할 수 있음
  - 석양이 지는 파리의 저녁 모습은 물론 파리의 전경을 한눈에 볼 수 있음

- **센강 유람선(바또무슈)**
  - 프랑스 파리를 걷지 않고 배를 이용해서 편리하게 파리 시내를 구경할 수 있는 선택관광
  - 에펠탑부터 시작해서 돌아오는 지점까지 퐁네프다리, 미니 자유의 여신상까지 관람할 수 있는 코스로 센강 야경의 모습으로 아름다운 파리시내를 관광할 수 있는 선택관광임

【제8일차 업무】

지역	교통편	시간	일정
파리	전용버스	07:00 08:00 09:00 17:00	모닝콜 조식시간 호텔 출발시간 파리시내관광 점심시간 파리시내관광 저녁시간
	KE 902	21:00	파리 샤를드골 공항으로 이동 탑승수속 파리 출발(약 10시간 55분 소요)
식사			**조식** : 호텔식 / **중식** : 현지식 / **석식** : 현지식
기내숙박			

- 7:00 파리 시내관광으로 모닝콜을 천천히 진행
- 8:00 식사시간
- 8:50 호텔 Check-out 및 짐 수거
- 9:00 호텔 출발. 파리 시내관광: 파리에서 전일 시내관광을 하고, 파리 샤를드골 공항으로 이동하여 귀국편 항공기를 탑승하는 일정이므로 모든 짐을 정리해서 아침에 들고 나옴
  호텔에서 더 이상은 투숙하지 않기 때문에 다른 날과 마찬가지로 고객들의 소지품에 대한 준비를 각별히 신경써야 함
  행사 중에도 고객들이 분실한 소지품이 없는지 확인 후에 행사진행
- 9:10 파리 시내관광: 노트르담 사원, 에펠탑, 몽마르트르 언덕과 성심성당, 루브르 박물관 등을 관광

유럽 3대 박물관 : 루브르 박물관 & 대영박물관 & 바티칸 박물관

- **프랑스 루브르 박물관**
  - 처음 지었을 당시는 작은 요새였다가 왕궁으로 재건축되었다가 궁전의 일부가 중앙미술관으로 이용되면서 오늘날 30만 점의 작품을 소장한 박물관
  - 3대 작품 : 밀로의 비너스, 니케의 승리의 여신, 레오나르도 다빈치의 모나리자

- **영국 대영박물관**
  - 방대한 양의 희귀하고 가치가 높은 800만 점의 유물을 소장한 국립박물관으로 무료 입장임
  - 유명 작품 : 이집트 유물관, 그리스 신전, 로제타스톤이며, 로제타스톤은 이집트 상형문자를 푸는 발음기호로 이집트문화를 해석하는 근거자료가 됨

- **이태리 바티칸 박물관**
  - 바티칸의 산피에트로 대성당에 인접한 교황궁 내에 있는 박물관이다. 역대 로마교황이 수집한 방대한 미술품과 고문서 자료들이 있으며, 미켈란젤로, 라파엘로 등의 대화가에 의한 내부 벽화와 장식이 유명함

노트르담 사원, 몽마르트르 언덕 & 성심성당, 에펠탑

• **노트르담 사원**

- 1831년의 소설『노트르담의 꼽추』로 유명해진 성당이며, 노르트담 성당은 현재 복원 중임
- 프랑스에서 첫째가는 기독교 숭배의 장이자, 국가 수장의 장례식 같은 행사가 열리는 곳임

• **몽마르트르 언덕과 성심성당**

- 활기 넘치는 자유분방한 생활에 들떠 있는 몽마르트르 언덕에 예술가와 문인들이 모여든 것은 19세기 이후임
- 비교적 빨리 이곳에 온 사람으로는 베를리오즈, 네르발, 뮈르제, 그리고 하이네가 있으며 수많은 예술가들로 북적거리는 곳이며, 그 옆에 성심성당도 많은 여행객이 사랑하는 장소로 유명함

• **에펠탑**

- 1889년 프랑스혁명 100돌 기념 '파리 만국박람회(EXPO)' 때 세워진 높이 약 320m의 격자형 철탑으로, 탑의 이름은 이 탑을 세운 프랑스 건축가인 에펠(Alexandre Gustave Eiffel, 1832~1923)의 이름에서 유래함
- 프랑스의 유명 건축가인 귀스타브 에펠은 뉴욕 자유의 여신상의 골격을 설계한 바 있음

• 18:00 저녁식사 후 샤를드골 공항으로 이동. 해당 항공사가 속해 있는 공항으로 이동해서 탑승수속

※1터미널 : 아시아나항공

2터미널 : 대한항공, 에어프랑스 등

3터미널 : 저가항공 등

탑승수속 후에는 국외여행인솔자의 유도하에 출국수속

그림 5-4 프랑스 샤를드골 공항

【제9일차 업무】

지역	교통편	시간	일정
인천		15:55	인천국제공항 제2터미널 도착 입국수속 후 수하물 찾는 곳으로 이동 고객과의 인사
식사			**조식** : 기내식 / **중식** : 기내식

- 16:00 인천국제공항 제2터미널 도착

  입국장 유도 → 입국절차 → 위탁수하물 찾음

  최종인사 : 위탁수하물 찾고 난 후 일정에 대한 감사인사 후 해산

2 동남아지역 투어

1) 동남아지역 투어 특성

(1) 동남아지역의 구분

여행사가 판매하는 상품의 기준은 태국 · 싱가포르 · 대만 · 필리핀 · 베트남 · 말레이시아 · 인도네시아 · 캄보디아 등임

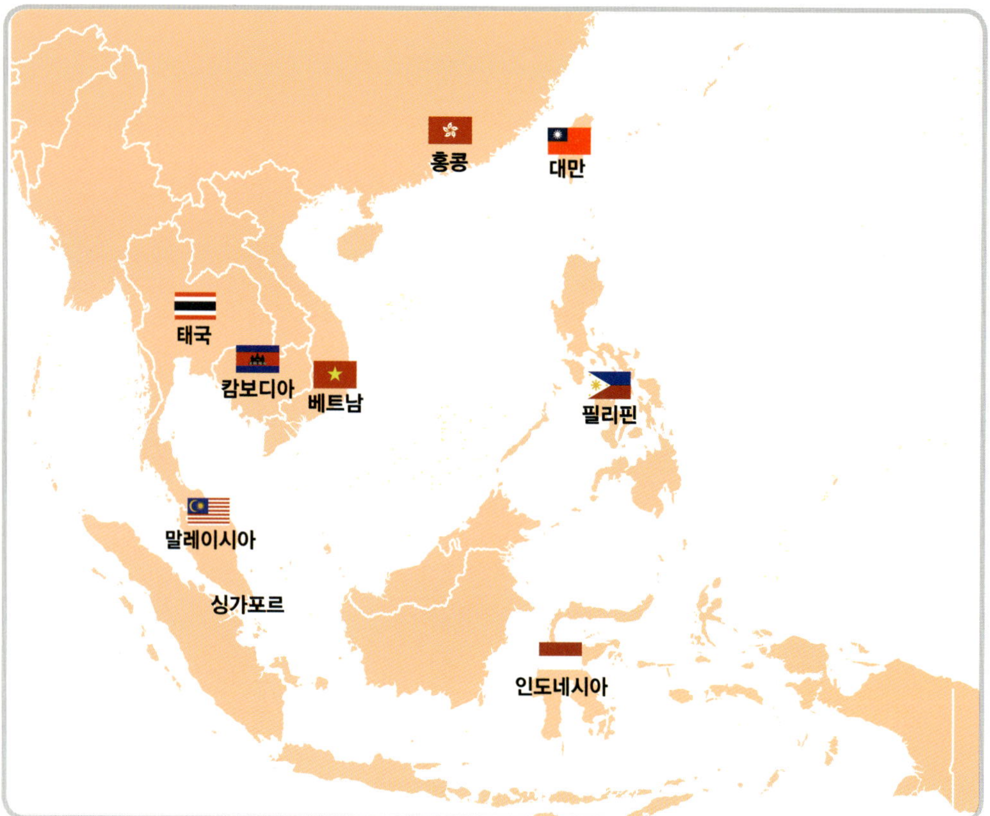

2) 동남아지역 여행 업무 시 주의사항

동남아지역 여행 업무 시 유의사항

1. 동남아지역 패키지 출장은 최근 들어 국외여행인솔자가 거의 동행하지 않는 지역으로 변화됨
2. 인센티브성 출장은 국외여행인솔자나 직원이 동행할 수 있음
3. 동남아지역의 구분은 태국, 싱가포르, 대만, 필리핀, 베트남, 말레이시아, 인도네시아, 캄보디아 등의 지역이 주로 해당됨
4. 동남아지역은 거리가 가깝고 여행비용과 현지 물가가 다른 지역에 비해 저렴한 편인 것이 장점
5. 이동거리가 짧고 정서적으로도 교감되는 부분이 많아 인솔자의 인솔이 수월한 편임
6. 현지가이드의 업무가 많은 반면 국외여행인솔자의 업무는 상대적으로 적어 수월한 편임
7. 열대지방에 속하는 지역이 많아 날씨와 관련되어 옷차림이나 준비물에 대한 사전준비가 필요함
8. 여러 나라를 방문하는 경우 각 나라별 통화를 환전하는 것보다 달러로 바꾸는 게 편리함

3) 동남아지역의 국가별 특성

(1) 태국

태국 국가 개요

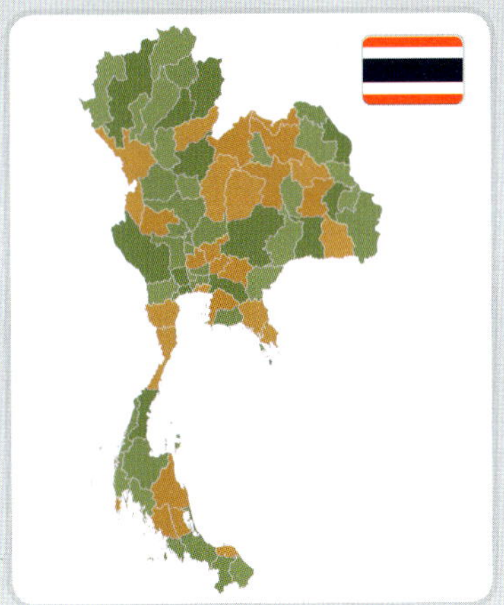

- **수도** : 방콕(Bangkok)
- **인구** : 약 6,918만 명
- **면적** : 51,4만km²(한반도의 약 2.3배)
- **주요 언어** : 타이어(공용어)
- **종교** : 불교, 이슬람교
- **주요 여행도시** : 방콕, 푸껫, 치앙마이
- **기후** : 고온다습한 아열대성(연평균기온 27.6%, 연평균습도 79%)
- **환율** : 1바트(THB) = 37.85(2020년 기준)

① 태국 여행 시 주의사항

- 태국 사람은 머리를 신성하게 여기므로 머리 위로 물건을 건네거나 어린이의 머리를 쓰다듬지 않는 것이 좋다.
- 왼손을 사용하는 것은 부정한 일이라고 생각하며, 화장실에서 사용하는 것으로 여겨 왼손 사용에 주의해야 한다.
- 태국 국왕은 신성시되는 존재이기 때문에 비난은 절대적인 금기사항이다.
- 사찰을 방문했을 때 불상에 손을 대면 안 된다.
- 여성은 승려에게 가까이 갈 수도 없으며, 악수를 해서도 안 된다.
- 발바닥은 몸의 가장 낮은 부분이므로 다른 사람을 향하게 해서는 안 된다.
- 남녀가 사람들 앞에서 접촉한다거나 애정을 표시하는 일은 하지 않는다.
- 자국민 보호가 강하기 때문에 태국 사람과의 언쟁이나 공공장소에서의 면박은 삼가는 것이 좋다.
- 전통적인 인사방법은 기도할 때처럼 양손을 가슴에 모으고 다리를 약간 구부려 인사하는 것이 좋으며, 손을 높이 할수록 존경심의 깊이를 나타낸다.
- 집이나 사원에 들어갈 때 신발을 벗고 들어가는 것이 예의이다.

② 태국 주요 방문 관광지

관광지	내용	사진
왓 프라깨오 (Wat Phra Kaeo) 에메랄드 사원	- 태국 왕궁과 연결된 사원으로, 에메랄드 보석으로 치장했다고 해서 불려진 이름 - 1천9백 개의 사원 중 최고로 꼽히는 곳이며, 태국인들이 국보 1호로 꼽는 높이 75cm, 폭 45cm의 신비스러운 에메랄드 불상이 있음 - 계절이 바뀔 때마다 태국의 국왕이 직접 불상의 옷을 갈아입히는 의식을 거행함	

왓 아룬 : 새벽의 절	– 아유타야 왕조 때 만들어졌으며, 처음에는 현재 태국의 국보 1호인 에메랄드 불상을 라오스에서 가져와 이 절에 모심 – 이후 방콕의 라마 2세가 새벽사원에 이 위대한 탑을 세울 것을 생각하였고, 새벽사원에 있는 이 탑은 힌두-불교 우주론의 신화적인 수미산을 상징하고 있음 – 새벽에 떠오르는 햇빛을 받아 빛나는 왓 아룬의 74개나 되는 프랑(탑)은 장관을 이루며, 해질 무렵 석양에 물드는 모습도 매우 아름다움	
수상시장	– 왓 아룬을 따라 황톳빛 강 곳곳에 나무로 지어진 주택들과 배를 타고 물건을 파는 곳으로 태국인들의 생활상을 접할 수 있음 – 먹을 것, 공예품 등의 구입이 가능하며, 새벽녘~오전 10시면 끝나므로 서둘러 가야 함	
파타야 해변	– 1961년에 베트남전쟁의 휴가병들을 위한 휴양지로 개발되면서 휴양지로 발전 – 고급호텔과 방갈로, 레스토랑 등과 함께 해수욕장, 해양스포츠, 쇼핑도 즐기는 곳	
농눅빌리지	– 약 202만 평 규모에 민속공연과 코끼리쇼가 열리며 코끼리쇼가 유명함 – 아시아에서도 성공적인 테마파크로 꼽히는 깜퐁 탄사차(Kampon Tansacha)의 늙은 노모의 관심에서부터 비롯되어 현재는 20년 동안 개발되어 150에이커에 이르는 정원에 1,000종 이상의 수집품들이 전시됨	
미니시암	– 세상 속의 또 다른 세상, 미니시암은 태국의 옛이름으로 작게 만든 모형 집합소 – 우리나라 남대문, 에펠탑, 자유의 여신상, 콜로세움, 시드니 오페라하우스, 피사의 사탑, 타워브리지, 노트르담 성당, 이집트 파라오 등이 있음	 

산호섬	– 파타야에서 산호섬까지 유람선으로 45분, 쾌속선으로 25분 거리임 – 스노클링, 스쿠버 다이빙, 윈드서핑, 수상스키, 패러세일링 등 각종 해양 스포츠를 즐길 수 있음. 안전사고 주의 필요	
알카자 쇼	– 게이, 트랜스젠더의 쇼로 무대의 규모가 화려하며 공연시간은 1시간 정도임 – 다양한 노래와 춤뿐만 아니라 코믹한 공연으로 여행일정표에 포함되거나 미포함 시 선택관광임	

(2) 싱가포르

싱가포르 국가 개요

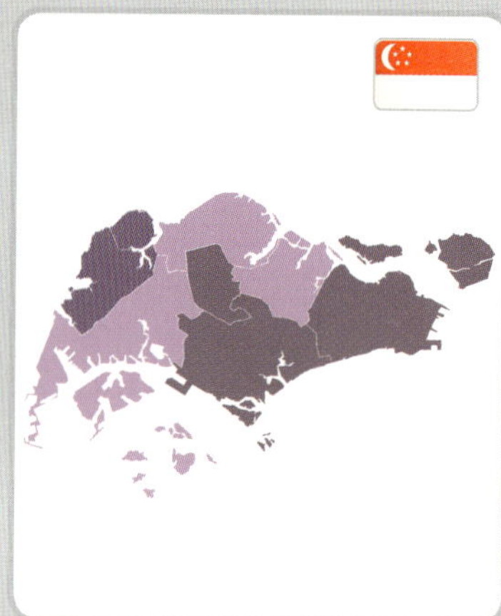

- **수도** : 싱가포르(Singapore)
- **인구** : 약 564만 명(2018년)
- **면적** : 718km²(서울 1.2배)
- **주요 언어** : 영어(통용어), 표준중국어, 말레이어, 타밀어
- **종교** : 불교(33%), 이슬람교(18%) 등
- **기후** : 열대기후
- **환율** : 1달러(SGD) = 864원
- **종족구성** : 중국인(76.8%), 말레이인(13.9%), 인도인(7.9%)
- **시차** : –1시간
- **소요시간** : 약 6시간~6시간 30분 정도 소요

① 싱가포르 여행 시 주의사항

- 껌 판매 및 씹는 것 금지 : 싱가포르에서는 껌을 수입하는 것, 판매하는 것, 씹거나 길거리에 뱉는 행위까지 모두 불법임
- 담배는 지정된 장소에서만 가능 : 2016년 2월부터는 밖에서도 지정된

장소가 아니면 담배를 피울 수 없게 됨. 어길 시 벌금 200달러를 내며, 법원까지 가게 되면 최대 1,000달러 벌금

- 공공장소에서 쓰레기를 버리면 안 된다.
- 쓰레기 투척금지 : 쓰레기를 버리다가 적발되면 300달러의 벌금
- 밤 10시 이후 술 금지. 2015년 4월을 기점으로 싱가포르에서는 밤 10시 이후에 술을 판매하는 것도 마시는 것도 불법이다.
- 밤 10시 이후에 야외파티나 술자리 : 필요한 경우에는 정부의 허가를 받아야 하며, 적발 시 무려 1,000달러의 벌금과 징역 1년
- 무단횡단 : 횡단보도 50m 안에서 무단횡단을 하면 1,000달러의 벌금과 징역 3개월의 처벌. 두 번째 무단횡단으로 적발된다면 2,000달러의 벌금과 6개월의 징역을 벌로 받게 됨
- 내 집에서 옷 벗고 있는 것도 불법. 싱가포르에서는 자기 집에서 옷을 벗고 나체로 있는 것도 불법 : 적발 시 1,000달러 벌금
- 남성 동성애는 불법 : 최대 징역 2년, 여성은 상관없음
- 싱가포르의 공중화장실 : 경찰들이 수시로 변기를 체크. 변기 물을 내리지 않거나 노상 방뇨를 하다가 걸리면 150달러의 벌금을 내야 함
- 마약 불법소지 : 사형

② 싱가포르 주요 방문 관광지

관광지	내용	사진
센토사섬	– 싱가포르의 유명한 휴양지로 '평화와 고요함'을 뜻함 – 동양 최대의 해양수족관을 비롯하여 분수쇼를 볼 수 있는 분수, 예쁜 난꽃을 가꿔놓은 오키드 가든, 아시안 빌리지 등 다양한 볼거리가 가득	

머라이언 공원	- 싱가포르의 상징. 몸은 물고기고, 머리는 사자인 짐승으로 상상의 동물임 - 머라이언 공원은 마리나베이의 전망 포인트로도 유명. 마리나베이 샌즈 호텔에서 펼쳐지는 환상적인 레이저쇼와 스카이라인의 야경이 장관임	
주롱새 공원	- 약 600종, 8,000마리의 새들이 서식하는 세계 최대 규모의 새공원으로 펭귄, 홍학, 코뿔새, 앨버트로스, 펠리컨, 앵무새, 진홍잉꼬새, 찌르레기 등의 새들이 있음	
보타닉 가든	- 싱가포르 보타닉 가든은 1859년 개원 이래로 식물원의 변화과정을 보여주는 국립식물원임 - 우리나라 배용준, 권상우가 방문을 기념한 식수가 있음. 세계유산으로 등재됨	
나이트 사파리	- 1994년 5월 26일 정식으로 문을 염 - 아프리카의 사바나, 네팔의 협곡, 남아메리카의 팜파스, 미얀마의 정글 등 총 8개 구역으로 나뉘어 있으며, 100종 1,200여 마리의 동물들이 서식하고 있음	

(3) 필리핀

필리핀 국가 개요

- **수도** : 마닐라
- **인구** : 1억 700만 명(2018년)
- **면적** : 300,400km^2
- **주요 언어** : 영어, 타갈로그어
- **종교** : 가톨릭교(83%), 기독교(9%), 이슬람교(5%) 등
- **기후** : 고온 다습한 아열대성 기후 연평균 25도
- **환율** : 필리핀 1페소(PHP) = 24.25원(2020년 기준)
- **전압** : 220v 60Hz 마닐라와 세부의 호텔은 대부분 110v를 준비해 두는 게 좋음
- **시차** : 한국보다 1시간 늦음
- **소요시간** : 약 4시간~4시간 30분 소요

① 필리핀 여행 시 주의사항

- 시내, 주요 지역을 제외하고는 치안이 불안한 편임
- 특히 남부의 민다나오섬 전 지역과 팔라완, Sulu, Baslian, Princesa 자역 일부는 여행 경고지역 중 하나이다. 반드시 긴장을 늦추지 말고, 무엇보다 야간행동에 주의해야 함. 밖에 밤에 나갈 때는 여행객들이 반드시 국외여행인솔자에게 알리고 나갈 것을 안내함
- 필리핀 현지에서 불필요한 행동이나 무시하는 행동을 삼가고 현지인들과 마찰이 생기지 않도록 조심해야 함
- 섬나라인 만큼 페리 이용과 해양스포츠를 많이 즐기므로 반드시 안전사고에 유의해야 함. 꼭 안전요원과 강사, 현지가이드의 지시에 잘 따라야 함
- 열대지방인 필리핀에서 다양한 풍토병 및 모기와 기타 벌레에 의해 전염되는 말라리아 등을 조심해야 함. 항상 물은 끓여 먹거나 미네랄 워터를 마시고, 얼음을 넣지 않는 것이 좋음

② 필리핀 주요 방문 관광지

관광지	내용	사진
따가이따이	– 팍상한과 나란히 평가되는 마닐라 근교의 관광 중심지로 해발 700m이고 따알 화산(Taal Volcano)과 그 주위를 둘러싼 따알 호수(Taal Lake)가 절경임 – 조랑말을 탈 수 있으며, 식물원을 겸한 동물원이 있다. 마닐라에서 1시간–1시간 30분 거리에 있음	
팍상한 폭포	– 마닐라에서 남동쪽으로 100km 떨어져 있음 – 폭포 바로 뒤쪽에 있는 악마의 얼굴 모습을 한 악마동굴(Devil's Cave)에 들어가면 물줄기가 눈앞에 펼쳐짐. 필리핀의 주요 관광명소임	
리잘공원	– 마닐라 시내 중심에 위치한 공원으로 식민지 시대 스페인에 저항한 필리핀의 영웅 호세 리잘(Jose Rizal)이 이곳에서 처형되었으며 그의 기념비가 있음	
마닐라 대성당	– 필리핀 마닐라의 인트라무노스(성벽도시) 내 로마 광장에 있는 대주교좌성당. 가톨릭 포교의 중심지로서 에스파냐 식민지배시대인 1581년에 처음 건축되었으며 이후 여러 차례 재건되었음	
산티아고 요새	– 필리핀 마닐라에 있는 에스파냐의 초대 필리핀 총독인 레가스피(Miguel López de Legazpi)를 위해 지어진 방어 요새로 제2차 세계대전 당시 파괴되었던 많은 부분이 1950년대에 복구됨	

3 대양주지역 투어

1) 대양주지역 투어의 특성

(1) 대양주지역의 구분

여행사에서 판매하는 상품 기준은 호주 · 뉴질랜드 · 괌 · 사이판 · 피지 등임

2) 대양주지역의 국가별 특성

(1) 호주

호주 국가 개요

- **수도** : 캔버라
- **인구** : 2,594만 9,884명(세계 55위)
- **면적** : 768만km^2(한반도 35배)
- **주요 언어** : 영어(공용어), 원주민어(수백의 방언)
- **종교** : 기독교(67%), 무교(26%), 기타(7%)
- **기후** : 온화한 대륙성 기후
- **환율** : 호주달러 854.96원
- **시차** : 도시마다 다름
  캔버라, 멜버른, 시드니 – 2시간
  브리즈번 – 1시간
- **소요시간** : 인천 → 시드니까지 약 10시간 10분

(2) 뉴질랜드

뉴질랜드 국가 개요

- **수도** : 웰링턴
- **인구** : 482만 2,333명
- **면적** : 27만km^2
- **주요 언어** : 영어, 마오리어
- **종교** : 개신교(약 51%) 및 여러 종교 산재
- **화폐 단위** : NZD785.91
- **소요시간** : 약 11시간 20분 정도 소요
- **시차** : 4시간(9~4월 서머타임 시 3시간)

① 호주 · 뉴질랜드 여행 시 주의사항

- 호주 · 뉴질랜드 지역도 패키지상품은 보통 국외여행인솔자가 인솔하지 않는 것으로 운영됨
- 인센티브 팁 같은 경우는 인솔해서 가기 때문에 관련 지역에 대한 정보 준비가 필요함
- 호주 · 뉴질랜드는 섬지역으로 우리나라와 운전대는 물론이고 계절이 반대이기 때문에 관련 정보를 여행객에게 알려줘야 함
- 호주 · 뉴질랜드는 입국 전 관련 관광비자를 여행객이 따로 준비해야 하며 별도 비자비용을 지불해야 함
- 호주 · 뉴질랜드는 세관이 매우 엄격하기 때문에 입국허가 물품을 반드시 확인해서 가져갈 수 있도록 안내해야 함
- 호주는 우리나라 1층을 G층으로 부름
- 호주에는 술을 마트나 편의점에서 팔지 않으며, 허가받은 보틀숍, 리커

(Liguor)숍에서만 판매함

- 호주 입국 시 입국카드에 많은 질문이 있는데 상당히 유의해야 함. 호주는 골프화에 흙만 묻혀 와도 놀라는 곳이기 때문에 국외여행인솔자는 기내에서 관련 내용을 공지해서 과일, 동식물과 관련된 것을 확인해야 함. 라면, 햇반, 김 등을 가지고 갈 경우는 일단 Food란에 신고해야 함
- 호주에서는 다른 어느 곳보다도 규정을 잘 지켜야 하며, 걸리면 크게 처벌받는 시스템임. 공원, 역, 기차 안 등에서 술을 금지시킴

② 호주 · 뉴질랜드 투어 일정표 : 호주 · 뉴질랜드 7박 8일 일정

【1일차】

지역	교통편	시간	일정
인천	KE 123	17:30 19:45	인천국제공항 제2청사 3층 출국장 G카운터 앞 집결 탑승수속 인천국제공항 출발(약 9시간 45분 소요)
식사			**석식** : 기내식
			기내숙박

【2일차】

지역	교통편	시간	일정
브리즈번 골드코스트	전용버스	06:15 08:00 13:00 18:00	호주 브리즈번 도착 입국심사 후 수하물 수취 세관신고 입국심사 종료 후 현지가이드 미팅 골드코스트로 이동(약 1시간 소요) 시월드(수상스키쇼, 돌고래쇼, 놀이기구 탑승) 점심식사 해변에서 휴식시간 및 캐스케이드 가든 등 관람 저녁식사 호텔로 이동하여 휴식
식사			**조식** : 기내식 / **중식** : 현지식 / **석식** : 한식
호텔			골드코스트 호텔 숙박

【3일차】

지역	교통편	시간	일정
브리즈번	전용버스	05:00	공항으로 이동
시드니	QF 513	08:30	브리즈번 공항 출발(약 1시간 30분 소요)
		10:00	시드니공항 도착
			입국심사 후 현지가이드 미팅
블루마운틴	전용버스		블루마운틴 국립공원으로 이동
			블루마운틴 국립공원 도착
원더랜드		12:00	점심식사
시드니			원더랜드 와일드라이프 야생동물원
			시드니 귀환
			시드니 수족관
		18:00	저녁식사
			호텔로 이동하여 휴식
식사			**조식** : 간단식 / **중식** : 현지식 / **석식** : 현지식
호텔			시드니호텔 숙박

【4일차】

지역	교통편	시간	일정
시드니	전용버스	06:00	모닝콜
		07:00	호텔조식 후
		08:00	호텔 출발
			시드니 시내 전일 관광(유람선 탑승하여 중식)
			공항으로 이동
	NZ 105	15:30	시드니공항 출발(약 3시간 소요)
오클랜드		18:00	뉴질랜드 오클랜드 도착
		21:00	입국심사 및 수하물 수취
			세관신고
			입국심사 종료 후 현지가이드 미팅
			호텔로 이동하여 휴식
식사			**조식** : 호텔식 / **중식** : 선상식 / **석식** : 기내식
호텔			오클랜드 호텔 숙박

【5일차】

지역	교통편	시간	일정
오클랜드 타우포	전용버스	06:00 07:00 08:00	모닝콜 호텔조식 후 호텔 출발 타우포로 이동(약 4시간 30분 소요) 이동 중 중식 와이라케이지 지역발전소 전망대 폭포 관광 선택관광(번지점프) 저녁식사 호텔로 이동하여 휴식
식사			**조식** : 호텔식 / **중식** : 현지식 / **석식** : 현지식
호텔			타우포 호텔 숙박

【6일차】

지역	교통편	시간	일정
타우포 로토로아	전용버스	06:00 07:00 08:00	모닝콜 호텔조식 후 호텔 출발 로토로아로 이동(약 1시간 30분 소요) 와카레와레와 마오리민속마을 유황온천욕 저녁식사 및 마오민족쇼 감상(저녁 : 항이식) 호텔로 이동하여 휴식
식사			**조식** : 호텔식 / **중식** : 현지식 / **석식** : 항이식
호텔			로토로아 호텔 숙박

【7일차】

지역	교통편	시간	일정
로토로아	전용버스	07:00	호텔 출발 로토로아 관광 오클랜드 귀환(약 3시간 30분 소요)
오클랜드		18:30	저녁식사 후 공항으로 이동
	KE 129	21:30	오클랜드 공항 출발(약 11시간 10분 소요)
식사			**조식** : 호텔식 / **중식** : 현지식 / **석식** : 현지식
기내숙박			

【8일차】

지역	교통편	시간	일정
인천		12:35	인천국제공항 제2터미널 도착 입국심사 후 수하물 수취 세관신고 후 해산
식사			**조식** : 기내식 / **중식** : 기내식

③ 호주 · 뉴질랜드 비자 준비 정보

호주·뉴질랜드 비자 정보

- **호주 전자 관광허가 비자(ETA, Electronic Travel Authority Visa)**
  - 1년 동안 무제한 입국과 각 방문 시 최대 3개월 체류가 가능한 비자
  - ETA 신청은 무료이나 인터넷 신청에 한해 호주달러 20불 서비스 수수료가 부과됨
  - 1년 동안 무제한 입국과 각 방문 시 최대 3개월 체류가 가능한 비자로 이 비자는 호주 외의 다수 국가 및 지역 여권 소지자에 한해 발급이 가능함
- **뉴질랜드 관광비자(NZeTA : New Zealand Electronic Travel Authority, 뉴질랜드전자허가증)**
  - 뉴질랜드는 3개월의 기간 동안 방문 또는 관광의 목적으로 무비자로 입국할 수 있음
  - 뉴질랜드에서 3개월 이상을 체류할 경우 학업이나 취업목적이 아닌 순수방문에 한해 2회
  - 비용 : 모바일 앱으로 신청 시 : NZD$9(한화 약 7,000원)
웹사이트 신청 시 : NZD$12(한화 약 9,300원)
  - 관광세 : ILV(International Visitor Conservation & Tourism Levy) NZD$35(약 27,000원)

④ 호주 주요 방문 관광지

관광지	내용	사진
오페라하우스	- 20세기를 대표하는 현대 건축물로 조개껍데기형태의 우아한 외양이 특징임 - 호주를 대표하는 종합 극장으로 문화적 가치를 인정받아 2007년에는 세계문화유산으로 선정, 공연 횟수는 연간 3,000회에 달하며 방문객은 200만 명임	
갭팍	- 시드니 항만의 입구이자 바다로 뻗은 기암절벽의 절경이 아름다운 해안 공원으로 오랜 세월 침식과 퇴적으로 형성된 절벽 바위에 수많은 틈이 생겨 '갭(Gap)'이라는 이름으로 불림	
하버브리지	- 세계에서 가장 유명하고 인상적인 다리로 길이 503m, 너비 49m에 정점이 134m 높이로 솟아 있는 강철 아치교로 더운 날이면 강철이 팽창하여 높이는 최대 180mm까지 늘어남	
본다이 비치	- 비치는 시드니 시내에서 가장 가까운 해변으로 도심에서 멀지 않은 곳에 푸른 바다와 하얀 모래밭이 펼쳐져 있어 현지인과 관광객이 즐겨 찾는 해변으로 세계 3대 비치에 해당됨	
시드니 아쿠아리움	- 세계에서 손꼽히는 규모를 자랑하는 호주대표 아쿠아리움으로 호주에서 서식하는 다양한 물고기를 구경할 수 있음	

블루마운틴	- 호주 시드니에서 서쪽으로 약 60km 떨어진 곳에 위치한 산악 국립공원으로 유칼립투스나무로 뒤덮인 해발 1,100m의 사암고원임 - 특유의 푸른빛과 가파른 계곡과 폭포, 기암 등의 아름다움으로 유네스코 세계자연유산으로 등록됨	
페더데일 야생동물원	- 호주인들이 가장 사랑한다는 동물원 페더데일 야생동물원으로 민간인들이 운영하는 동물원임 - 캥거루와 코알라가 대표동물. 야생동물들이 있음	

세계 3대 미항 : 시드니 & 나폴리 & 리우데자네이루

• **호주 시드니**

- 호주 시드니 미항은 오페라하우스, 하버브리지 등의 호주 랜드마크들과 함께 아름다운 미항 중에 백미로 꼽히는 미항임
- 바다 쪽에서 바라보았을 때 항구가 아름답고 잔잔해야 미항으로 꼽히는데 시드니가 해당됨

• **이태리 나폴리**

- 지중해에 닿아 있는 항구도시로 영어로 네이플스라고 함. 나폴리의 산타루치아 항구가 미항으로 꼽히는 곳으로 과거 아름다운 항구는 노래로도 불려 유명해짐
- 근처에 베수비오 화산이 폭발한 폼페이가 있음

• **브라질 리우데자네이루**

- 리우는 남미 전체를 통틀어서도 가장 많은 외국인 방문객이 오는 도시로 유명
- 한 해 약 280만 명이 오고 있으며, 리우의 해변이 영향을 크게 미침
- 항구뿐만 아니라 예수상을 보기 위해 많은 관광객들이 찾아오는 미항 중 하나임

하버브리지 선상크루즈 투어

- 크루즈는 통상 1시간 반에서 2시간 정도 이루어지며, 선상에서 점심식사를 하게 되는 일정임
- 시드니 시내를 다 돌아보기에는 일정이 촉박하므로 하버브리지 크루즈를 타고 오페라하우스부터 미시즈 매쿼리스 포인트까지 관광하는 일정임
- 선상 안에서 식사뿐만 아니라 다양한 선상쇼까지 구경할 수 있어 일석이조의 효과를 주어 관광객들의 만족도가 높음

⑤ 뉴질랜드 주요 방문 관광지

관광지	내용	사진
마오리 민속촌	– 뉴질랜드 최초 토착민인 마오리들은 700년 동안 로토로아 지역에서 살아왔으며 마오리 민속촌에서 지금도 그들의 문화를 지키며 살고 있음 – 마오리족들의 문화와 생활상을 재미있는 쇼와 항이음식까지 체험해 볼 수 있는 민속촌임	
포후투 간헐천	– 뉴질랜드 마오리 마을의 복원광장인 민속촌과 로토로아에서 가장 큰 지열지대에 다양한 모양의 온천이 모여 있어 한 시간에 한번꼴로 물 분출 – 대략 2~ 30미터의 높로 물을 분출하는 간헐천은 입장료는 약 50불 정도임	
와이토모 반딧불이 동굴	– 세계적으로 이름난 와이토모 반딧불이 동굴에서 보트로 미끄러지듯 이동하면서 머리 위에서 수천 마리의 반딧불이가 마술 같은 빛을 뿜어내는 장관을 감상할 수 있는 뉴질랜드 대표 관광지	

아그리돔 팜투어	- 뉴질랜드 전통 농장을 체험할 수 있는 아그리돔 팜투어에서 양몰이쇼와 양털깎기쇼를 관람할 수 있는 동물농장	
폴리네시안 온천욕	- 뉴질랜드를 대표하는 간헐천이자 천연온천인 폴리네시안 온천욕은 가족들과 여행객들의 피로를 말끔하게 씻어줄 뉴질랜드 북섬의 대표 온천임 - 가족탕, 노천탕도 있어 여행객들에게 인기 최고	
호비튼	- 뉴질랜드 북섬에 위치해 있으며, 영화 반지의 제왕 촬영지로 호빗마을 세트장이 있음 - 와이카토 지역에 농장이 있음	
밀퍼드 사운드	- 퀸스타운에서 좁고 가파른 언덕길과 호수를 따라 300km쯤 달리다 보면 밀포드 사운드에 닿음 - 남반구의 피오르 중에서 가장 아름다운 지역으로 알려진 밀퍼드 사운드, 약 1만 2천 년 전 빙하에 의해 형성된 피오르 지형으로 유명함	
마운트 쿡	- 뉴질랜드의 최고봉으로 꼽히는 마운트 쿡은 세계 자연유산으로 꼽히는 곳 - 여기서 보는 후커호수와 타스만 호수는 빙하와 어우러져 이색적인 자연환경을 관람할 수 있는 기회가 되며, 헬기투어 등 선택관광을 할 수 있음	

번지점프를 하다 : 남섬 카우라우 번지점프 & 북섬 타우포 번지점프

- **남섬 카우라우 번지점프**
  - 1988년 세계 최초 문을 연 번지점프 지역임
  - 남섬 퀸스타운에서 23km 지점에 위치한 카우라우 번지점프는 43m에서 강 아래로 낙하하는 스릴 만점의 번지점프임

- **북섬 타우포 번지점프**
  - 영화 <번지점프를 하다>에 나온 북섬 번지점프로 타우포 호수 위에 설치되었음
  - 대한항공 CF에 등장했던 번지점프대로 잘 알려진 곳으로 별도의 선택관광임

마우리 민속쇼 & 항이음식

- **마우리 민속쇼**
  - 여성을 중심으로 하는 포이댄스, 막대기를 중심으로 하는 스틱댄스, 적을 물리치기 위해 위협하는 행위를 하는 하카댄스 등 마우리 원주민들만의 전통쇼를 현지에 가면 관람할 수 있음

- **항이음식**
  - 뉴질랜드의 전통음식은 지열을 이용해 고기와 야채를 익혀 먹는 요리임
  - 뉴질랜드 원주민인 마오리족의 전통 찜요리로, 온천과 간헐천이 많이 분포한 로토로아(Rotoroa) 지방에서 발달한 음식임

4 미주지역 투어

1) 미주지역 투어의 특성

(1) 미주지역의 구분

여행사가 판매하는 상품 기준은 미주 · 캐나다 등임

2) 미주지역의 국가별 특성

(1) 미국

미국 국가 개요

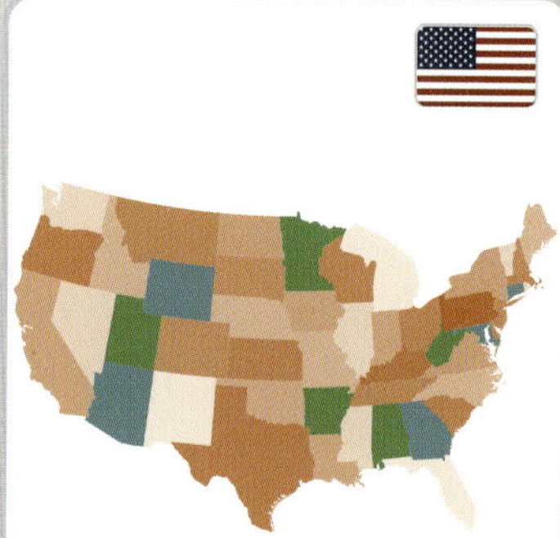

- **수도** : 워싱턴 D.C.
- **인구** : 약 316,668,567명(세계 3위)
- **면적** : 9,826,675km²(세계 3위)
- **언어** : 영어
- **종교** : 개신교, 로마가톨릭교, 모르몬교 외
- **민족** : 백인(83%), 흑인(12%)
- **통화** : USD 1203원(2020년 기준)
- **시차** : 동부(뉴욕)는 14시간, 중부(시카고)는 15시간, 중부(덴버)는 16시간, 서부(LA)는 17시간, 하와이는 19시간이 늦음

(2) 캐나다

캐나다 국가 개요

- **수도** : 오타와
- **인구** : 3,509만 9,836명
- **면적** : 997만 670km^2(세계 2위)
- **언어** : 영어, 프랑스어
- **종교** : 가톨릭, 개신교
- **화폐** : 캐나다달러 895.00
- **비행시간** : 밴쿠버까지 약 9시간 50분 소요
- **시차** : 밴쿠버 17시간(서머타임 시 16시간), 밴프 & 캘거리 16시간(서머타임 시 15시간)

① 미국 · 캐나다투어 여행 시 주의사항

- 한국 여행객의 선호도가 높은 미국/캐나다 여행지역은 국외여행인솔자의 인솔지역에 해당되므로 미주나 캐나다 지역에 대한 지식과 역량이 매우 중요한 지역에 해당됨
- 미주/캐나다 지역은 미서부와 미동부 지역으로 나누어서 상품이 판매되며, 미서부는 로스앤젤레스부터 라스베이거스, 샌프란시스코가 중심이라면 미동부는 뉴욕, 워싱턴 등을 주로 방문함
- 미주/캐나다 지역은 장거리 여행이 많아 체력적인 소모가 많은 지역에 해당되며, 안전이 중요한 지역 중 하나임
- 미국 지역은 여권이 6개월 이상 남아 있어야 하며, 출발 최소 72시간 전에 미국 ESTA(http://esta.cbp.dhs.gov)사이트에 접속해서 해당 관광비자를 받아야 미국을 방문할 수 있음
- 캐나다 지역은 Eta를 발급받아야 하며 비행기로 들어갈 때만 받으면 되고 육로는 필요없음

- 미국 지역은 ESTA 유효기간이 2년, 캐나다 지역 Eta는 5년임
- 미국/캐나다 식당에서 테이블에 앉아 식사하는 경우 15~20%, 뷔페식 레스토랑의 경우에는 10%의 팁을 지불하는 것이 예의임

② 미국 입국 & 세관통과 방법

미국의 입국신고서 / 세관신고서 작성방법

- APC란 : Automated Passport Control의 약자로, 미국 입국심사관을 만나기 전에 방문자가 스스로 입국신고와 세관신고 내용을 입력하는 기계로 최근 미국을 방문하는 관광객이 기계를 통해 입국신고를 하는 방법임
- 미국 시민권자, 영주권자, 캐나다 시민권자, B1/B2, D비자 소지자, ESTA(이스타) 신청을 한 방문객이 사용할 수 있음
- 한국어가 지원되며 기계에 여권을 스캔하고 얼굴 사진을 찍음. 그리고 입국심사와 세관신고 관련된 몇 가지 질문에 체크하면 된다. 지문을 찍으면 영수증 종이가 발급되고 영수증에는 본인 얼굴 사진과 항공기 번호 등이 찍혀 있는데 얼굴사진에 X표시나 O표시가 있기도 함. 이 종이를 가지고 입국심사관에게 가면 됨

③ 미국 · 캐나다 투어: 미국 · 캐나다 8박 10일 일정

【1일차】

지역	교통편	시간	일정
인천		17:00	인천국제공항 제1청사 3층 출국장 A카운터 앞 집결
	OZ 224		탑승수속 및 보안인터뷰
		20:25	인천국제공항 출발(약 13시간 55분 소요)
			===날짜 변경선 통과===
뉴욕		20:20	뉴욕 JFK 국제공항 도착
			입국수속 및 수하물 수취
			세관신고
			입국심사 후 현지가이드 미팅
			호텔로 이동하여 휴식

식사	기내식 2회 제공 / 간식 1회 제공
호텔	뉴욕 호텔

【2일차】

지역	교통편	시간	일정
뉴욕	전용차량	08:00 19:00	조식 후 호텔 출발 뉴욕 전일 시내관광 호텔로 이동하여 휴식
식사			**조식** : 호텔식 / **중식** : 현지식 / **석식** : 한식
호텔			뉴욕 호텔

【3일차】

지역	교통편	시간	일정
뉴욕 워싱턴	전용차량	08:00 19:00	조식 후 워싱턴으로 이동(약 4시간 30분 소요) 점심식사 후 워싱터 시내관광 호텔로 이동하여 휴식
식사			**조식** : 호텔식 / **중식** : 현지식 / **석식** : 현지식
호텔			워싱턴 호텔

【4일차】

지역	교통편	시간	일정
워싱턴 나이아가라	전용차량	08:00 20:00	조식 후 나이아가라로 이동(약 11시간 소요) 버지니아주 루레이동굴 경유 점심식사 후 이동 호텔로 이동하여 휴식
식사			**조식** : 호텔식 / **중식** : 현지식 / **석식** : 한식
호텔			나이아가라 호텔

【5일차】

지역	교통편	시간	일정
나이아가라	전용차량	08:00	조식 후
			나이아가라폭포 관광
			토론토, 킹스턴 경유하여 캐나다 오타와로 이동
오타와			저녁식사
		19:00	호텔로 이동하여 휴식
식사			**조식** : 호텔식 / **중식** : 현지식 / **석식** : 현지식
호텔			오타와 호텔

【6일차】

지역	교통편	시간	일정
오타와	전용차량	08:00	조식 후
			오타와 관광
			점심식사 후 몬트리올로 이동
몬트리올			몬트리올 관광
			저녁식사
		19:00	호텔로 이동하여 휴식
식사			**조식** : 호텔식 / **중식** : 현지식 / **석식** : 현지식
호텔			몬트리올 호텔

【7일차】

지역	교통편	시간	일정
몬트리올	전용차량	08:00	조식 후 퀘벡으로 이동
퀘벡			퀘벡 관광
국경			점심식사 후 미국 국경으로 이동
			입국심사
보스턴			보스턴으로 이동
			저녁식사
		19:00	호텔로 이동하여 휴식
식사			**조식** : 호텔식 / **중식** : 현지식 / **석식** : 현지식
호텔			보스턴 호텔

【8 / 9일차】

지역	교통편	시간	일정
보스턴 뉴욕	전용버스 OZ 221	07:00 19:30 22:40	조식 후 보스턴관광 점심식사 후 뉴욕으로 이동 저녁식사 후 공항으로 이동 뉴욕 공항 출발(약 14시간 25분 소요) ⇐날짜 변경선 통과⇒
식사			**조식** : 호텔식 / **중식** : 현지식 / **석식** : 현지식
기내숙박			

【10일차】

지역	교통편	시간	일정
인천		06:40	인천국제공항 제1터미널 도착 입국심사 후 수하물 수취 세관신고 해산
식사			기내식 2회 제공 / 간식 1회 제공

④ 미국 주요 방문 관광지

관광지		내용	사진
미서부	로스앤젤레스 할리우드 거리	– 바닥에 할리우드 스타들의 이름이 새겨진 것으로 유명한 Walk of the Fame거리로 로스앤젤레스에 위치함 – 주변에 로데오 거리와 비벌리힐스가 있음	
	디즈니랜드	– 1955년 만화영화 제작자 월트 디즈니가 로스앤젤레스 교외에 세운 대규모 오락시설임 – 개장 이후 총 입장자 수는 2억 명을 넘어섰으며 연간 입장자가 1,000만 명을 넘어섬	

	그랜드캐니언	- 콜로라도강에 의한 침식으로 깎인 그랜드캐니언은 깊이가 약 1,500m나 되는 세계에서 가장 경관이 뛰어난 협곡임 - 애리조나주에 있으며 그랜드 캐니언 국립공원(Grand Canyon National Park)을 가로지르며, 그랜드캐니언의 수평 단층은 20억 년 전 과거의 지질학 역사를 거슬러 올라감	
	라스베이거스	- 관광과 도박의 도시로 네바다주 최대의 도시 - 연중무휴의 독특한 사막휴양지로서, 고속도로 연도는 호화스런 호텔 · 음식점 · 공인도박장 등이 즐비하며, 야간에도 관광객으로 성황을 이루어 '불야성'이라는 별명이 붙을 정도로 대환락가	
	샌프란시스코	- 태평양 연안에서는 로스앤젤레스에 이은 제2의 대도시이다. 샌프란시스코만에 면한 천연의 양항으로, 골든게이트에서 남쪽 서안에 위치 - 금문교가 유명함	
미동부	뉴욕 맨해튼	- 미국 뉴욕주 뉴욕의 자치구 중 인구 밀도가 가장 높은 자치구. 미국의 중심가로 브로드웨이 뮤지컬 공연이 상시로 열리는 가장 부유한 군으로 유명 - 맨해튼은 뉴욕의 자치구 중에서 3번째로 인구가 많으며, 면적은 제일 작음	
	자유의 여신상	- 미국 뉴욕항으로 들어오는 허드슨강 입구의 리버티섬(Liberty Island)에 세워진 조각상으로, 프랑스가 미국 독립 100주년을 기념하여 선물함 - 여신상은 겉으로 보기에는 조각이지만 내부에 계단과 엘리베이터가 설치된 건축물임	
	엠파이어 스테이트 빌딩	- 건축계의 아이콘이자 20세기 공학이 이루어낸 업적. 40년 이상 세계에서 가장 높은 건물의 자리를 지켜 왔던 엠파이어 스테이트 빌딩은 미국의 국보급임 - 2001년 9월 11일 이후로 102층의 엠파이어 스테이트 빌딩은 뉴욕에서 가장 높은 건물이 됨	

	백악관	- 미국의 수도인 워싱턴에 위치한 백악관은 거의 200년 동안 미국 대통령의 관저이자 집무실로 사용됨 - 초대 대통령 조지 워싱턴을 제외한 존 애덤스부터 역대 미국 대통령이 모두 이곳에서 거주함	
	링컨 기념관	- 미국 제16대 대통령인 에이브러햄 링컨(Abraham Lincoln)의 공적을 기려 건축한 기념관으로 건축가 헨리 베이컨(Henry Bacon)의 설계로 1922년 5월 30일에 완성함 - 아테네의 파르테논 신전을 본뜬 건물로 36개의 도리아식 기둥으로, 링컨 대통령이 암살된 당시 북부연방 36개의 주(州)를 의미함	
	나이아가라 폭포	- 세계에서 가장 유명한 폭포인 나이아가라폭포는 높이가 55미터에 폭은 671미터에 달한다. 폭포는 고트섬에 의해 두 부분으로 나뉨 - 동쪽은 아메리칸 폭포이며 왼쪽은 캐나다의 호스슈 폭포에 해당됨	

⑤ 캐나다 주요 방문 관광지

관광지		내용	사진
밴쿠버	개스타운	- 개스타운은 밴쿠버의 발상지로 '존 데이튼(John Deighton)'이라는 술집 주인의 이름에서 따온 것임 - 길을 따라 걸으면 그의 동상과 15분에 한 번씩 증기를 내뿜는 명물시계가 유명	
퀘벡	샤토 프롱트낙 호텔	- 샤토 프롱트낙 호텔은 893년에 건립된 호텔로, 캐나다 국립 사적지로 지정된 유서 깊은 건축물이다. 호텔의 이름은 프랑스 식민시대의 총독이었던 프롱트낙 백작의 이름에서 따온 것임 - 퀘벡주 홍보사진의 90%가 이 호텔임	

<table>
<tr><td>퀘벡시티</td><td>– 시가는 상 · 하 2구로 나누며 상구(上區)는 해발고도 100m의 대지(臺地)에 있는데, 북아메리카에 남아 있는 유일한 성벽도시임
– 캐나다 안의 작은 프랑스라고 할 만큼 프랑스 문화와 역사가 존재하는 곳으로 드라마 도깨비 촬영지로 유명해진 곳임</td><td></td></tr>
<tr><td>밴프 국립공원</td><td>– 면적 6,640km^2. 로키산맥의 동쪽 비탈면에 있으며 1885년에 세워진 캐나다 최초의 자연공원임
– 대규모의 빙하와 호소(湖沼), 고산 목초지 · 온천 · 야생동물 등 관광자원이 풍부하며, 야영장 · 숙박시설 · 트레일러 주차장 등이 갖추어짐</td><td></td></tr>
<tr><td>레이크루이스</td><td>– 캐나다 로키산맥 지역인 밴프 국립공원에 있는 레이크루이스 호수의 아름다움은 백미 중에 백미
– 캐나다에서 가장 규모가 크고 가장 아름다운 호수로 꼽히는 레이크루이스 호수</td><td></td></tr>
</table>

복습 하기

01 국외여행인솔자의 역할이 점점 중요해지는 해당 나라는 어디인가? (　　)

① 미국지역　② 유럽지역

③ 동남아지역　④ 남태평양 지역

02 여행사가 판매하는 상품을 기준으로 4개의 유럽지역이 아닌 것은? (　　)

① 서유럽　② 북유럽

③ 지중해　④ 중유럽

03 유럽 투어진행방법에 대한 방법으로 틀린 것은? (　　)

① 현지가이드는 도시별로 미팅 포인트와 시간이 정해져 있어 국가 간 및 도시 간 이동 소요시간은 인솔자의 정확한 판단하에 결정한다.

② 국가 간 그리고 도시 간 이동은 현지가이드 없이 인솔자가 버스운전기사와 함께 진행해야 하는 경우가 많다.

③ 코치는 우리나라 관광버스 개념으로 LCD라고 불린다.

④ 현지에 늦게 도착해 호텔을 찾지 못하는 경우가 발생하면 택시기사에게 길을 물어 해당 호텔을 안내받을 수 있다.

정답 01 ② 02 ④ 03 ③

복습하기

04 **서유럽 4개국 행사진행 방법으로 맞는 것은? (　　)**

① 현지가이드는 공항출입이 가능한 나라가 없으므로 해당 미팅장소에서 현지가이드들을 미팅하면 된다.

② 여행 진행 시 바우처가 필요한 경우 최초의 기착지에서 수령하므로 현지가이드가 없는 경우 호텔 프런트에서 수령받으면 된다.

③ 호텔에서 1박 이상 체류하는 경우에도 서유럽은 소매치기가 많아 가능한 모든 짐을 챙겨서 버스에 가지고 다닐 수 있도록 전달한다.

④ 모든 지역 일정은 국외여행인솔자가 책임을 지므로 다양한 준비가 필요하다.

05 **이탈리아 로마 행사 시 해당 장소에서 옷차림을 주의해야 할 곳은? (　　)**

① 콜로세움　② 바티칸시국　③ 스페인 광장　④ 진실의 입

06 **전일 로마 관광 시에 행사진행 내용으로 적절하지 않은 것은? (　　)**

① 로마시내 관광은 시내에서 이루어지는 일정이므로 모닝콜 시간, 조식, 출발시간을 최대한 늦게 정해서 천천히 출발한다.

② 식사 이전에 해당 식당에 내려와 단체 좌석이 정해져 있는지와 식사 종류 등을 확인한다.

③ 식사를 마치고 9시 출발 전에 해당 버스 위치나 기사가 대기하고 있는지 확인한다.

정답 04 ② 05 ② 06 ④

④ 현지가이드는 식당이나 해당 미팅장소에서 만나 당일 일정을 논의한다.

Q07 도시와 도시 간 이동이 있는 경우 호텔 체크아웃 시 주의해야 할 사항이 맞는 것은? (   )

① 단체의 모든 객실의 청구서를 미리 받아 고객들이 집결하면 정산할 고객들에게 청구서를 배포하고 가능한 국외여행인솔자가 대표로 정산한다.

② 수하물 수취서비스를 이용하더라도 버스로 짐을 옮길 때, 반드시 본인의 짐이 적재되는지 확인해야 한다.

③ 호텔 체크아웃은 반드시 현지가이드가 있을 때 정산하고 체크아웃을 한다.

④ 호텔 체크아웃 서비스를 이용하지 않는 경우 객실부터 버스까지 짐관리를 국외여행인솔자가 대신 처리한다.

Q08 유럽 장거리 LDC 코치여행의 특징으로 <u>틀린</u> 것은? (   )

① 장거리 버스 이동의 경우 장거리가 시작되는 시점에서 기사, 버스 등이 변경되는 경우가 많다.

② 확정서에 장거리 코치 사용 시점이 명시되어 있으므로 참고해서 재차 확인한다.

③ 장거리 코치 기사와 만나면 인솔자 본인을 소개하고 원활한 행상 진행에 필요한 사항을 적절히 논의한다.

④ 고객들에게도 기사의 이름과 나이 등을 알려주어 즐거운 행사진행이 되도록 한다.

정답 07 ② 08 ④

복습하기

09 로마에서 플로렌스 이동 시(4시간 30분) 주의사항으로 틀린 것은? (　　)

① 점심시간이 12시 예약이라면 호텔에서의 출발시간을 약 8시로 조정하고 조식 및 모닝콜 시간도 앞당겨 진행한다.

② 2시간 이동 후 15~30분 정도의 휴식시간을 취해야 한다.

③ 유럽 고속도로를 운행하는 관광버스의 운행속도는 시속 110km를 넘지 못하게 법으로 규정해 놓고 있다.

④ 일정의 시간 배정 확인과 현지사정을 고려하여 출발 및 휴식시간을 기사와 상의하여 정하는 것이 좋다.

10 다음 사진의 이름과 용도에 대해 적으시오.

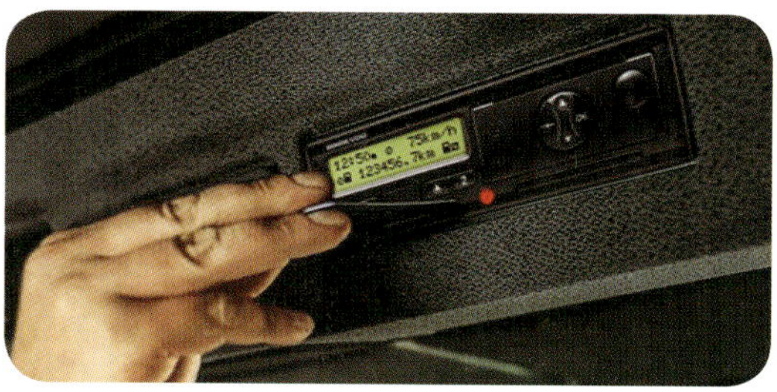

정답 09 ③ 10 타코미터: 고속도로 속도 기록 제한 기계

TOUR CONDUCTOR

11 세계 3대 오페라극장 중 밀라노 지역에 있는 극장이름은? (　　)

① 리도 극장　　② 라 스칼라　　③ 오페라극장　　④ 빈 오페라 극장

12 유럽연합에 가입하지 않은 중립국인 나라는? (　　)

① 프랑스　　② 독일　　③ 스위스　　④ 이탈리아

13 유럽연합에 가입하지 않은 국가로 이동 시 국경통과 방법은? (　　)

① 세관통과에 대한 절차를 밟아야 한다.

② 관광버스로 이동 시 단지 여권제시로 모든 국경절차 수속이 끝난다.

③ 간단하게 입출국 수속을 세관원에게 받아야 입국이 가능하다.

④ 간단한 출입국 신고카드를 작성해서 입국한다.

14 밀라노에서 스위스까지 이동 시 관광일정 진행사항으로 맞지 않는 것은? (　　)

① 여름철에도 지상의 기온차이로 인해 최대한 따뜻한 복장을 준비해야 한다.

② 스위스 지역은 현지가이드가 거의 없기 때문에 국외여행인솔자가 직접 안내한다.

③ 스위스 지역방문 시 전통음식인 퐁뒤 음식을 먹는다.

④ 스위스 산악지역을 관광버스로 이동하는 경우 매우 위험하므로 대체적으로 TGV(테제베)기차로 이동한다.

정답 11 ① 12 ③ 13 ③ 14 ④

복습하기

Q15 동남아지역이 아닌 것은? (　　)

① 태국　　② 말레이시아

③ 필리핀　　④ 피지

Q16 각 나라별 시차차이가 맞지 않는 것은? (　　)

① 태국 – 2시간　　② 싱가포르 – 2시간

③ 홍콩 – 1시간　　④ 필리핀 – 1시간

Q17 각 나라별 관광지 연결이 맞지 않은 것은? (　　)

① 태국 – 파타야　　② 싱가포르 – 주롱새 공원

③ 홍콩 – 해양공원　　④ 필리핀 – 보타닉 가든

정답 15 ④ 16 ② 17 ④

CHAPTER

06

귀국을 위한 출국 및 입국과 해산

PASSPORT

CHAPTER 06

귀국을 위한 출국 및 입국과 해산

모든 공식 일정이 종료되면 귀국하게 된다. 종료시점이 가까워지면 귀국항공편의 예약을 재확인해야 되는데, 현지 랜드사가 하는 경우와 국외여행인솔자 자신이 직접 해야 하는 경우도 있다. 최종 여행국에서 공식 일정이 종료되면 호텔에서의 일정을 시작으로 출국 · 입국 · 해산의 순서로 국외여행인솔자의 업무가 진행되며, 귀국 후에는 일주일 전후로 행사와 관련된 보고서 작성과 정산업무를 진행하면 출장업무가 종료된다.

제 1 절 공항 및 기내 업무

1 귀국 전 업무

귀국 전날 여행객들에게 짐 정리방법에 대해 안내한다. 유럽의 경우는 세금환급제도(Tax Refund)를 실시해야 하기 때문에 세금환급처리해야 할 물품은 뜯지 않은 상태에서 위탁수하물 가장 위쪽에 정리하도록 하여 공항도착 시에 편리하게 확인받을 수 있도록 안내한다.

위탁수하물과 기내수하물을 여행객이 분류하여 정리할 수 있도록 안내하고 귀국 출발시간과 짐 내려놓는 시간을 하루 전날 안내하여 착오가 없도록 한다.

2 출국을 위한 공항으로의 출발 시 버스 내 업무

1) 인사말

출국을 위해 이동하는 버스에서는 현지가이드와 국외여행인솔자의 현지행사에 대한 인사말을 전할 수 있는 시간을 갖는다. 물론 국외여행인솔자는 인천공항에서 간단하게 인사말을 전달하긴 하지만 버스 내에서도 간단하게 본인의 행사 전반에 걸친 감사함을 전하고 현지가이드와 버스기사에게도 여행객들에게 인사할 수 있는 시간을 주는 것이 좋다.

2) 출국수속 협조

해당 공항에 도착하면 신속하게 버스에서 짐을 내릴 수 있도록 조치하고 잃어버리는 물건이 없도록 버스 짐을 한번 더 신속하게 확인한다.

3 현지공항 도착 후 출국수속

1) 버스 하차 후 수하물의 확인 및 정리

여행객들에게 본인의 수하물 확인과 짐 이동에 대해 안내하고 해당 항공카운터로 안내한다.

공항도착 후에는 본국에서 출국과 동일한 업무로 고객들의 위탁수하물을 분리하여 한곳에 모아두고, 고객들을 이끌고 보딩받을 장소에서 탑승수속을 받도록 안내한다.

2) 탑승수속

여행객들은 각자의 여권과 위탁수하물을 준비하고 좌석을 같이 배정받을 동반자와 함께 비행기 좌석과 위탁수하물을 각자 부치고 해당 위탁수하물표를 수취할 수 있도록 안내한다.

여행객 모두가 탑승좌석배정이 끝나면 간단하게 탑승권 좌석과 출입국 안내, 세관심사에 대해 간단하게 설명하고 만약 세관심사를 받아야 하면 아래와 같이 수속을 밟은 후 짐을 싸서 부치는 게 편리하다.

이 모든 절차가 끝나면 현지안내인과 작별인사를 한 후 국외여행인솔자의 인솔하에 출국절차를 밟는다.

3) 세관수속

입국과 비슷한 절차로 반출품, 외국 현지통화의 신고가 필요한 나라는 소정의 수속을 밟는다. 호주나 뉴질랜드, 유럽의 경우는 시내면세점에서 구입한 물품을 위탁수하물로 보내면 안 되며, 면세품 봉투는 세관원이 미확인 시 개봉하거나 부착된 영수증을 떼면 면세의 효력이 상실되므로 이에 대한 안내를 사전에 하여 벌금을 내지 않도록 안내한다.

면세품을 위탁수하물에서 꺼내거나 봉투를 휴대한 여행객들을 인솔하여 출국심사를 받게 하고 세관직원이 영수증을 회수해 가면 봉투를 개봉하여 짐을 정리할 수 있도록 한다.

4) 면세품 TAX 처리 안내

유럽, 캐나다, 싱가포르 등 세계 34개국은 외국인들이 일정금액 이상 구입한 물품에 세금을 환급해 주는 제도를 운영하고 있다. 따라서 이러한 나라에서 물건을 구입한 여행객들은 세금환급절차를 받을 수 있으며, 국외여행인솔자가 관련 절차를 도와줄 수 있도록 한다.

5) 출국심사와 면세구역

출국심사는 출국심사대에 여권과 탑승권을 제시하면 되며, 이때에도 국외여행인솔자가 제일 앞에서 단체여행객들을 인솔할 수 있도록 하고, 출국에 문제가 되지 않도록 제일 마지막 여행객이 심사를 받게 되면 면세구역으로 들어온다.

6) 면세구역 업무

면세구역은 여행객들이 면세품을 구매할 수 있는 장소이기 때문에 출발 30분 전까지 해당 게이트에 모일 수 있도록 안내하고 나머지는 자유시간을 주도록 한다. 다만, 게이트가 바뀔 경우에는 주의해야 하고 탑승시간에 늦는 여행객이 없도록 주지시킨다.

외국동전은 한국에서 환전이 안 되므로 물건 구입 시 동전을 먼저 사용할 수 있도록 안내한다.

7) 탑승업무

탑승시간 30분 전에 해당 게이트에 가서 여행객들을 기다리고 인원파악을 한다. 여권과 탑승권이 필요하기 때문에 본 서류를 준비할 수 있도록 국외여행인솔자가 안내하고 최종 인원이 파악되면 여행객들이 먼저 탑승하고 맨 마지막에 탑승한다.

8) 기내업무

입국신고서와 여행자휴대품신고서, 그리고 동남아국가 등을 여행하고 올 때에는 검역설문서 등이 필요하다. 입국신고서의 경우에는 출국 시 이미 기록해 두었기 때문에 이를 사용하도록 고객들에게 주지시키고, 고객들의 세관신고서 작성을 돕는다. 입국에 필요한 서류와 입국절차에 대한 설명은 기내에서 모두 준비가 완료되도록 점검한다.

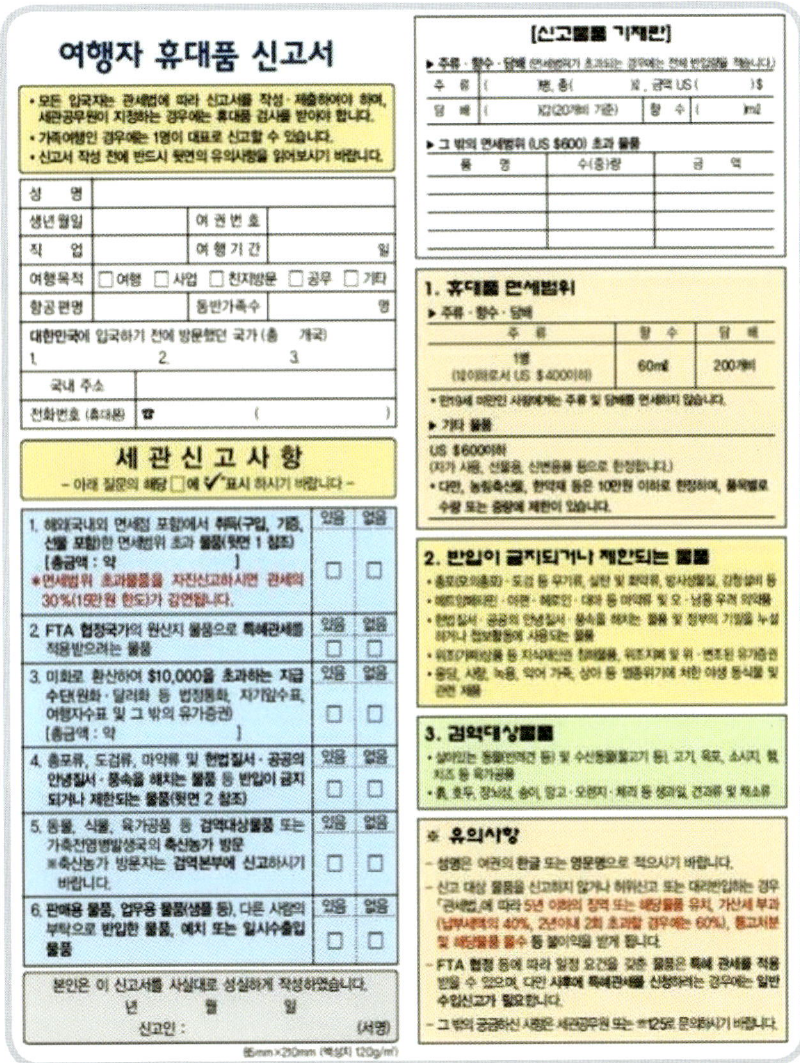

여행자 휴대품 신고서

- 모든 입국자는 관세법에 따라 신고서를 작성·제출하여야 하며, 세관공무원이 지정하는 경우에는 휴대품 검사를 받아야 합니다.
- 가족여행인 경우에는 1명이 대표로 신고할 수 있습니다.
- 신고서 작성 전에 반드시 뒷면의 유의사항을 읽어보시기 바랍니다.

성 명			
생년월일		여권번호	
직 업		여행기간	일
여행목적	□여행 □사업 □친지방문 □공무 □기타		
항공편명		동반가족수	명

대한민국에 입국하기 전에 방문했던 국가 (총 개국)
1. 2. 3.

국내 주소	
전화번호 (휴대폰)	☎ ( )

세 관 신 고 사 항

- 아래 질문의 해당 □에 "✔"표시 하시기 바랍니다 -

	있음	없음
1. 해외(국내외 면세점 포함)에서 취득(구입, 기증, 선물 포함)한 면세범위 초과 물품(뒷면 1 참조) [총금액 : 약] ※면세범위 초과물품을 자진신고하시면 관세의 30%(15만원 한도)가 감면됩니다.	□	□
2. FTA 협정국가의 원산지 물품으로 특혜관세를 적용받으려는 물품	□	□
3. 미화로 환산하여 $10,000을 초과하는 지급수단(원화·달러화 등 법정통화, 자기앞수표, 여행자수표 및 그 밖의 유가증권) [총금액 : 약]	□	□
4. 총포류, 도검류, 마약류 및 헌법질서·공공의 안녕질서·풍속을 해치는 물품 등 반입이 금지되거나 제한되는 물품(뒷면 2 참조)	□	□
5. 동물, 식물, 육가공품 등 검역대상물품 또는 가축전염병발생국의 축산농가 방문 ※축산농가 방문자는 검역본부에 신고하시기 바랍니다.	□	□
6. 판매용 물품, 업무용 물품(샘플 등), 다른 사람의 부탁으로 반입한 물품, 예치 또는 일시수출입 물품	□	□

본인은 이 신고서를 사실대로 성실하게 작성하였습니다.
년 월 일
신고인 : (서명)

85mm×210mm (백상지 120g/㎡)

[신고물품 기재란]

▶ 주류·향수·담배 (면세범위가 초과되는 경우에는 전체 반입량을 적습니다)

주 류	(병, 총(ℓ), 금액 US( )$		
담 배	(갑(20개비 기준)	향 수	(㎖)

▶ 그 밖의 면세범위 (US $600) 초과 물품

품 명	수(중)량	금 액

1. 휴대품 면세범위

▶ 주류·향수·담배

주 류	향 수	담 배
1병 (1ℓ 이하로서 US $400이하)	60㎖	200개비

- 만19세 미만인 사람에게는 주류 및 담배를 면세하지 않습니다.

▶ 기타 물품

US $600이하
(자가 사용, 선물용, 신변용품 등으로 한정합니다.)
- 다만, 농림축산물, 한약재 등은 10만원 이하로 한정하며, 품목별로 수량 또는 중량에 제한이 있습니다.

2. 반입이 금지되거나 제한되는 물품

- 총포(모의총포)·도검 등 무기류, 실탄 및 화약류, 방사성물질, 감청설비 등
- [illegible]·아편·헤로인·대마 등 마약류 및 오·남용 우려 의약품
- 헌법질서·공공의 안녕질서·풍속을 해치는 물품 및 정부의 기밀을 누설하거나 첩보활동에 사용되는 물품
- 위조(가짜)상품 등 지식재산권 침해물품, 위조지폐 및 위·변조된 유가증권
- 웅담, 사향, 녹용, 악어 가죽, 상아 등 멸종위기에 처한 야생 동식물 및 관련 제품

3. 검역대상물품

- 살아있는 동물(반려견 등) 및 수산동물(물고기 등), 고기, 육포, 소시지, 햄, 치즈 등 육가공품
- 흙, 호두, 장뇌삼, 송이, 망고·오렌지·체리 등 생과일, 견과류 및 채소류

※ 유의사항

- 성명은 여권의 한글 또는 영문명으로 적으시기 바랍니다.
- 신고 대상 물품을 신고하지 않거나 허위신고 또는 대리반입하는 경우 「관세법」에 따라 5년 이하의 징역 또는 해당물품 유치, 가산세 부과(납부세액의 40%, 2년이내 2회 초과할 경우에는 60%), 통고처분 및 해당물품 몰수 등 불이익을 받게 됩니다.
- FTA 협정 등에 따라 일정 요건을 갖춘 물품은 특혜 관세를 적용 받을 수 있으며, 다만 사후에 특혜관세를 신청하려는 경우에는 일반 수입신고가 필요합니다.
- 그 밖의 궁금하신 사항은 세관공무원 또는 ☎125로 문의하시기 바랍니다.

그림 6-1 휴대품 신고서

검 역 설 문 표

HEALTH QUESTIONNAIRE

년 월 일

Date ____.____.____.

이것은 검역 절차를 간소화하기 위한 것이오니 정확하게 기입하여 주십시오.

You are kindly requested to compiete this form to facilitate the Quarantine Procedures

편 명

Flight No. ________

성 명 Name in full	주민등록번호 (Korean Only) ________ — ________
국 적 Nationality	성별(남 여) 연령 Sex(Male. female) Age ________
한국내 주소 Contact Address or the hotel in Korea	전화 (Tel. ________

과거 1주 동안의 체재국명을 기입하여 주십시오.

Please describe the countries where you stayed during past 7 days before arrival.

과거 1주 동안의 아래 증상이 있었으면 해당란에 「v」표시를 하여 주십시오.

Please put a mark 「v」, if you have or have any of the following symptoms during. past 7 days before arrival.

- ▫ 설사(하리) Diarrhea
- ▫ 구토 Vomiting
- ▫ 복통 Abdominal pain
- ▫ 발 열 fever

국 립 서 울 검 역 소

Seoul National Quarantine Station in Republic of Korea

제 2 절 국내 입국 업무

1 입국심사와 위탁수하물 수취

인천공항에 도착하면 입국심사→ 수하물 회수→ 세관검사의 순으로 입국절차가 진행된다. 기내에서 충분한 입국절차에 대한 설명을 했으므로 국외여행인솔자는 입국순서에 맞게 고객들을 유도한다. 입국심사가 종료되면 짐 찾는 곳(baggae claim area)에서 고객들의 수하물 수취이상 여부를 확인하고 수하물이 파손(Demage)되거나 분실(Missing), 지연도착(Delay)되는 경우가 있는 경우 여행객들을 안내하고 돕는다.

2 인사

여행객들이 위탁수하물을 다 찾았을 경우 통상 마지막 인사를 이곳에서 하게 된다. 이러한 이유는 입국장 밖에 고객의 환영자들이 마중을 나와 있는 경우가 많으므로 특별한 경우가 아니면 최종적인 헤어짐의 인사는 수하물 수취 후에 하는 것이 좋다. 고객들이 세관을 모두 통과하면 일단은 행사에 대한 모든 실질적인 행사가 종료되는 것으로 국외여행인솔자는 유선상으로 여행사에 행사에 대한 보고를 하고, 귀국 후 업무에 대한 준비만이 남게 되는 것이다.

제 3 절 귀국 후 업무

행사를 완전 종료한 후에는 사무실에서의 서면보고가 국외여행인솔자로서

한 행사에 대한 최종업무이다. 보통 행사 종료 후 인천공항에 도착하는 날 전화로 1차 보고를 하고, 컨디션이 회복되는 대로 바로 회사에 출근하여 행사보고서와 정산업무를 할 수 있도록 한다.

1 단체행사보고서 제출

행사정산 시 사용되는 서류는 보통 단체행사보고서와 해외여행정산서가 사용된다. 단체행사보고서에는 특히 행사 중 문제가 되었던 부분은 반드시 기입하여 수배담당자와 개선책을 논의하여 강구해야 한다.

좋은 점도 기록하여 추후 행사 시 참고를 위해 기록해야 한다. 단체행사보고서는 금번 행사의 평가와 향후 행사의 지침이 되는 평가서이기 때문에 매우 객관적으로 기록해야 한다. 주관적인 사고를 갖고 기입하면 전체 여행사의 향후행사에 바람직하지 못한 수배가 발생하여 고객의 만족도를 떨어뜨리는 결과를 초래할 수도 있다.

2 해외여행정산서 제출

해외여행정산서는 행사를 진행하면서 지출된 경비의 정산을 하는 것으로 수익내역과 지출내역으로 구성되어 있다. 해외여행정산서에 기입하는 주요 내용은 국외여행인솔자가 현지에서 발생한 선택관광과 쇼핑 등 수익이 발생한 내용에 대한 보고서를 작성한다. 이는 국외여행인솔자의 출장비와 팁 외에 발생할 수 있는 수익정산서이며, 회사와 계약된 내용대로 수익을 분배하는 업무이다.

3 여행객 관리업무

여행객 관리업무는 회사차원에서 고객재창출이라는 회사의 이익과 관련된 일로 여행객에게 안부전화 및 메일 발송, 여행사진 발송 등 고객만족도를 높이기 위한 방법이다. 따라서 국외여행인솔자가 같이 여행을 다녀온 고객들에게 여행 후 만족도는 어떠했는지, 개선점은 무엇인지를 파악하여 다음 여행일정에 참고한다면 행사진행에도 좋은 자료가 될 수 있다.

양식 6-2 단체행사 평가보고서

단 체 명		행사인원	
행사기간		인 솔 자	
랜드사명		담 당 자	

〈점 검 사 항〉

1. 단체 성격 및 전체 총평

2. 식 사

3. 가이드 및 차량

4. 일 정

5. 기타 내용

양식 6-3 호텔평가서

2018. . .

상품명	기간	구분

인솔자명	랜드사명	상품담당자

호텔명	지역	등급	내용	

* 먼저 호텔 등급을 상 · 중 · 하로 표시해 주시고 시내 중심까지의 소요시간(거리) 및 주변환경, 로비의 규모와 앉을 좌석의 유무, 객실의 청결도, 욕조의 유무, 아침식사의 등급, 종업원의 친절도 등 가능한 한 상세히 기술해 주시기 바랍니다.

양식 6-4 출장보고서

출 장 보 고 서	담 당	팀 장	부서장	사업부장
	/	/	/	/

소 속		직 위	
출장지역		성 명	
출장일시	20 년 월 일 ~ 20 년 월 일 (박 일)		
출장목적			

상 담 자	회 사			
	직 위		성 명	

주요내용 및 업무 진행사항	

기 타 참고사항		관리팀	담당	
			접수일자	/

여비정산	출장비사용금액	기 지급금액	추가 신청금액	입금계좌		
일 비				예금주		
숙박료				재무팀		
교통비						
기 타						
합 계						

재무팀	담당	팀장	부서장
	/	/	

• 첨부 : 출장시수집자료/정보/회의자료 등

양식 6-5 고객설문지

즐거운 여행이 되셨는지요.
항상 새로운 新여행문화를 창조하는 **여행사가 고객들의 작은 목소리에도 귀기울이는 겸허한 자세를 잃지 않고자 여러분께 몇 가지 질문을 드리고자 합니다. **여행사를 이용하여 주심을 감사드립니다.

상품명 :　　　　　　　　기간 :　　　　　　　　인솔자 :

㉮. 여행을 시작하며

1. 이번 여행 이전에 해외여행을 다녀오신 경험이 있으십니까? 다녀오셨다면 어느 지역을 방문하셨는지요?

(　　　　　　　　　　　　　　　　　　　　　　　　　　　　　　)

2. 이 여행 상품을 이용하시게 된 이유가 있다면?

① 날짜가 휴가일자와 일치하였다.　　② 가격이 적당하였다.
③ 여행 코스가 맘에 들었다.　　④ 기타(　　　　　　　)

3. 본 여행사를 이용하게 된 계기는?

① TV 광고　② 신문광고　③ 주위의 권유　④ 예전부터 이용　⑤ 기타 (　　　)

4. 여행사의 이미지를 자유롭게 적어주시기 바랍니다.

(　　　　　　　　　　　　　　　　　　　　　　　　　　　　　　)

㉯. 이번에 이용하신 상품에 대한 조사

1. 전체적으로 이번 여행이 어떠하였습니까?

① 아주 만족　② 괜찮았음　③ 보통　④ 불만족　⑤ 매우 불만족

2. 일정 : 1) 이번 여행 중에 가장 마음에 들었던 지역은? (　　　　　　　)

2) 시간만 소비되는 불필요한 일정이라 여겨진 지역은?(　　　　　　　)

3. 호텔에 대한 만족도는?

① 아주 만족　② 괜찮았음　③ 보통　④ 불만족　⑤ 매우 불만족

4. 버스에 대한 만족도는?

① 아주 만족 ② 괜찮았음 ③ 보통 ④ 불만족 ⑤ 매우 불만족

5. 식사에 대한 만족도는?

① 아주 만족 ② 괜찮았음 ③ 보통 ④ 불만족 ⑤ 매우 불만족

6. 여행시 원하는 식사 형태는?

① 현지식 ② 한식 ③ 기타 ( )

7. 현지가이드에 대한 만족도는?

① 아주 만족 ② 괜찮았음 ③ 보통 ④ 불만족 ⑤ 매우 불만족

※ 특별히 지적해줄 지역 및 guide를 적어주세요.

( )

㉰. 여행 기호도에 관한 조사

1. 다음에 특별히 가고 싶은 나라와 기간, 비용은? 예) 호주/뉴질랜드 : 10일-150만 원대

( )

2. 어떤 형태의 여행을 선호하시는지요?

① 같은 기간이라면 많은 곳을 구경하고 싶다. 예) 프/스/이 8일

② 같은 기간이라면 한곳을 좀더 자세히 구경하고 싶다. 예)이탈리아 일주 7일

③ 여행 중간중간 자유로운 일정이 있는 여유로운 일정의 여행 예) **힐링투어

④ 일정한 테마를 갖는 테마여행 예) 파리/밀라노 패션여행, 자유여행

: 특별히 원하는 테마가 있으면 적어주세요. ( )

㉱. 본 여행사에 하고 싶은 이야기를 자유롭게 적어주세요. (참신한 아이디어도 좋습니다.)

㉲ 본인에게 해당되는 번호를 기재해 주십시오.

1. 성 별	① 여자 ② 남자
2. 연령대	① 20대 미만 ② 30대 ③ 40대 ④ 50대 ⑤ 60대 이상
3. 직업	① 자영업 ② 회사원 ③ 전문직 ④ 교육직 ⑤ 주부 ⑥ 학생 ⑦ 자유업 ⑧ 무직 ⑨ 기타 ( )

TOUR
CONDUCTOR

CHAPTER

07

세계 국가별 주의사항

PASSPORT

CHAPTER

07

세계 국가별 주의사항

제 1 절 아시아 국가

1 중국

① 중국은 최근 마약사범 단속에 집중하고 있고, 외국인에 대해서도 단호한 처벌을 내리고 있는바, 여행 중에 혐의자가 되지 않도록 주의한다. 여기서 말하는 혐의자란 마약운반책으로 자신도 모르게 짐을 부탁받고 피의자가 되지 않도록 주의하자.

② 여성손님들을 인솔할 때 화장실 시설이 열악하므로 사용 시 주의를 요한다. 화장실 칸막이만 있고, 문이 없는 화장실이 대부분이다.

③ 중국에서는 내국인과 달리 외국인에게 차별적으로 요금을 적용한다. 그래서 호텔 · 레스토랑 · 대중교통 · 입장료 등 중국인과 보통 2~10배 이상 차이가 나기도 한다. 이 점을 감안해야 한다.

④ 중국에서는 선물을 할 때 백색과 청색을 피하는 것이 좋다. 이 색깔은 죽음을 의미하기 때문이다.

⑤ 중국에서는 매춘이 공식적으로 금지되어 있다. 그러므로 여행 시 손님들이 중국법에 저촉되지 않도록 주의시킨다.

2 일본

① 일본에서는 젓가락으로 밥을 먹는다. 국그릇은 왼손에 들고 오른손의 젓가락을 사용한다. 보통 일본인들은 수저를 사용하지 않기 때문이다. 아울러 식사 시 반찬(노란 무, 야채, 생선 등)을 추가로 요구하면 추가요금을 지불해야 하는 점을 주지시킨다.

② 일본에서 숙소를 여관으로 정하였을 때 다다미는 슬리퍼를 벗어야 하며, 현관에서는 신발을 벗고 슬리퍼를 신는다. 그리고 공공장소나 일본가정 방문 시 현관에서는 구두를 벗어 앞굽이 문을 향하는 것이 예의이다.

3 태국

① 태국에서는 황실이나 사원을 방문하면 긴 바지를 착용한다. 샌들이나 반바지, 짧은 스커트는 입장이 불허된다. 태국인들이 왕궁이나 사원을 신성한 장소로 생각하기 때문이다.

② 어린이가 귀엽다고 함부로 머리에 손을 얹고 쓰다듬지 않는다. 머리에 영혼이 있다고 여겨 신성시하므로 절대 주의한다.

③ 민족적인 자존심이 있는 국민이므로 상대방을 깔보는 행동과 말은 삼가야 한다.

④ 태국은 노름이 금지되어 있기 때문에 장난삼아 내기화투(고스톱)를 치는 일도 없어야 한다. 만약 신고되면 경찰에 연행되어 벌금을 물고 추방될

수 있다.

⑤ 태국인들은 불교의 종교적 영향으로 온순 · 온화하고 항상 미소를 잃지 않는 국민들로 일상생활에서 서두르거나 급하지 않다. 비즈니스 시에도 서둘지 않고 체면을 중시하며, 조용조용 일을 처리한다는 점을 인식하여야 한다.

4 싱가포르

① 싱가포르는 외국인에 대해 엄격한 도덕성과 행위를 강조하는 국가이므로, 질서와 법을 잘 지켜야 한다. 침을 뱉거나 쓰레기를 함부로 버리는 행위, 껌을 씹고 버리는 행위, 대중교통 이용 시 음식을 먹는 행위, 공공장소에서 담배를 피우는 행위, 공중화장실을 이용하고 물을 내리지 않는 경우 등에는 벌금과 체벌이 가해지므로 주의한다.

② 교통법규를 잘 지켜야 한다. 무단횡단 시에는 싱가포르달러로 50달러 이상 벌금을 낸다. 또한 교통체계는 한국과는 반대이므로 주의한다.

③ 얼마 전 싱가포르에서 미국 청년이 장난삼아 길가의 자동차에 페인트로 낙서를 했다가 태형을 선고받아 국제적으로 이슈가 된 적이 있었다. 미국의 관대한 처벌요청에도 태형을 집행하였다. 이러한 점에 비추어 행동에 주의해야 한다.

④ 공항 출입국 시에도 주의해야 한다. 얼마 전 한국의 관광학과 실습을 싱가포르에서 하고 한국으로 출국하다가 목걸이(탄피로 만든 목걸이였음)가 문제가 되어 출국을 못하고 며칠간 공항수색대에서 조사를 받는 사건이 있었다. 이러한 점에 비추어 의심을 살 만한 표적이 되지 않도록 주의한다.

5 말레이시아

① 말레이시아는 이슬람교국가로 사원 방문 시 노출이 심한 옷을 피해야 한다. 사원에는 반드시 신발을 벗고 들어가야 한다.

② 이슬람교(이슬람교)국가에서는 돼지고기를 먹을 수 없다.

③ 영국으로부터 오랜 통치를 받아 제반 제도 및 관행이 영국식으로 이루어져 있어 서면에 의해 이루어지는 점을 참고하여야 한다.

④ 일반적으로 이슬람교도들은 왼손은 청결하지 못한 일을 처리할 때 사용하는 것으로 생각하므로 선물이나 명함 등을 상대방에게 건네줄 때 왼손은 사용하지 않도록 주의한다.

6 필리핀

① 필리핀에서는 국기 게양식과 국가제창이 엄숙하게 이루어지고 있다. 외국인일지라도 국기나 국가에 대한 경의를 표하는 것이 필요하다.

② 필리핀에서는 어른에 대해 존경심과 예의를 지키는 관습이 있으므로 노인에게 예의를 지키고, 특히 가정집에 초대를 받으면 먼저 노인에게 경의를 표하는 인사가 필요하다.

7 베트남

① 베트남은 안정적인 정치체제하에서 강력한 경찰조직을 통해 타국에 비해 상대적으로 양호한 치안상태를 유지하고 있어 내란이나 테러 가능성은 적은 편이나, 동남아국가에서 활동하는 테러분자들의 잠입 가능성을 배제할 수 없으므로 항상 주의가 요망된다.

② 경제 개방정책 추진 성과로 일반 국민의 생활수준이 향상됨과 더불어 소규모의 강 · 절도, 주거 · 상가 침입, 소매치기 등 각종 범죄 발생이 늘어가는 추세이다. 심지어 호텔방 안에 놓아둔 현금이나 귀중품을 도난 · 분실당하는 사례도 많다.

③ 외국인을 상대로 하는 소매치기와 절도가 많고, 노래방이나 마사지업소에서 외국인을 상대로 바가지요금을 많이 부과하기 때문에 모르는 곳은 출입을 자제하며, 특히 택시나 오토바이 택시가 안내하는 곳은 절대 출입해서는 안 된다.

8 인도네시아

① 대부분 이슬람교를 믿는 인도네시아는 돼지고기를 먹을 수 없다. 그러나 힌두교를 주로 믿는 발리섬에서는 돼지고기 요리는 즐길 수 있다. 왼손으로 사람을 만져서도 안 된다.

② 발리섬의 사원은 대부분 입장료 없이 관람할 수 있으나 입구에서 방문록에 기입하고 성의껏 시주를 하는 것이 예의다.

③ 인구가 2억 2천만 명으로 자바족 · 순다족 · 야체족 · 바딱족 · 발리족 등 300여 종족이 모여 사는 다민족국가인 인도네시아는 최근에 민족과 종족간 분쟁이 많으므로 지방지역 관광 시 주의를 요한다.

9 인도

① 인도 국민은 거의 힌두교도들로 왼손은 부정하게 인식하고 있다. 그러므로 식사 시나 남에게 물건을 건넬 때 왼손을 사용하면 안 된다.

② 인도에는 거지도 많고 구걸하는 사람도 많으므로 주의해야 하며, 종종 개별 여행 시 사람을 해치는 경우와 실종되는 경우도 있으므로 경계해야 한다.

③ 택시를 탈 때에는 미리 요금을 정하고 탄다. 그렇지 않으면 목적지에 도착하면 터무니없는 바가지요금을 청구하므로 주의한다.

④ 여행 중에는 설사 · 말라리아 · 풍토병 등에 대처해야 한다. 설사약 · 항생제 · 소화제 · 감기약 · 모기향 · 화장지 · 플래시 등을 준비해야 한다.

⑤ 인도인은 보통 비즈니스에 있어서 단기적 이익을 추구하는 경향이 강해서 장기적 거래를 통한 거래의 안전성 및 상호 신뢰성 측면보다 앞선다. 그러므로 인도여행사와의 비즈니스, 관광대금 결제 시 유의한다.

제 2 절 미주 국가

1 미국

① 미국 입국 시에는 까다로운 입국절차가 기다리므로 주의해야 한다. 필요한 입국서류(세관신고서, 미국 입국신고서 등)를 작성하여 입국해야 한다. 입국 시 체제기관이 결정되므로 왕복항공권과 충분한 체제비용 등이 요구된다.

② 미국에서는 'Lady First'(여성우위사상)가 있으므로 공공장소에서 여성을 배려한다.

③ 식당(restaurant)에서는 반드시 종업원의 안내에 따라 좌석에 앉아야 한다. 오만하거나 불손한 행동은 예의에 어긋난다. 또한 식사 중에 기침과 재채기를 하는 것은 실례이므로 반드시 'Excuse me'(실례합니다)라고 한다.

④ 화장실을 이용하거나 순서를 기다릴 때는 차례를 지키는 것이 예의이다.

급하다고 해서 순서를 지키지 않는 것은 예의에 벗어나고, 비상식적인 행위로 간주된다.

⑤ 실수로 남에게 피해를 주거나 몸이 부딪치거나 했을 때는 반드시 사과해야 한다. 그렇지 않으면 신고되어 경범죄로 처벌을 받는다.

⑥ 미국에서도 팁 문화가 정착되어 있으므로 요금의 15~20%에 해당하는 팁을 지급한다.

⑦ 미국 대도시에서는 늦은 밤에 외출하여 걸어 다니는 것은 삼가는 것이 좋고, 뉴욕 같은 도시에서 할렘가는 방문을 피하는 것이 안전하다.

2 캐나다

① 캐나다에서는 우측통행이 상식이므로 주의한다.

② 에스컬레이터 이용 시 좌측은 바쁜 사람을 위한 공간이므로 참고한다.

③ 캐나다에서 운전으로 이동 시 속도위반 등으로 경찰이 추적하게 되면 차를 길 오른편에 주차시키고 양손을 핸들 뒤에 놓고 기다린다. 이때 손을 움직이거나 주머니에 넣는 등의 동작은 무기를 사용하려는 행동으로 간주되어 경찰의 과잉진압(발포)으로 어어질 수 있으니 주의한다.

제 3 절 대양주 국가

1 호주

① 도로의 주행방향이 한국과는 정반대이다. 영국의 영향을 받기 때문이다.

② 친절하고 우호적인 호주사람과 조우했을 때 같이 웃어주거나 간단한 인사를 하는 것이 예의이다.

③ 호주에서의 복장은 자유스럽다. 고급레스토랑이나 음악회 같은 곳을 제외하고는 반바지나 티셔츠 차림으로 다녀도 무방하다.

2 뉴질랜드

① 뉴질랜드는 여름기간(12~2월)에 일교차가 대체로 심하므로 스웨터와 같은 긴 옷과 얇은 잠바 정도를 준비한다.

② 뉴질랜드에서는 물이 깨끗하여 수돗물을 마셔도 괜찮다. 그러나 호수나 시골의 목장 근처에서 흐르는 물은 피해야 한다.

③ 호주와 마찬가지로 도로교통이 한국과 반대이므로 주의한다.

3 피지

① 현금을 노리는 도둑들이 한인 등 외국인의 집에 침입하는 사례가 종종 있고, 공항 주변, 합승 미니버스가 다른 승객과 공모하여 외국인 승객에게 폭행을 가하고 금품을 강탈한 사건이 발생하기도 한다.

② 일몰 후에는 외출을 삼가고, 일출 후에도 위험한 지역은 도보로 다니지

말아야 한다. 길거리에서 폭행을 당하고 금품을 빼앗기는 사례가 빈번하다. 또한 시내 등지에서 카메라 등 귀중품을 소지하고 다니면 쉽게 눈에 띄어 범죄의 표적이 될 수 있다.

③ 차량 안에는 가방, 지갑 등의 물건을 두고 내리지 말고, 항공편으로 수하물을 부칠 경우에도 트렁크의 자물쇠를 잠그거나, 귀중품은 별도로 직접 들고 가는 것이 좋다.

제4절 유럽 국가

1 영국

① 영국은 한국과 비자면제협정이 체결되어 있는 국가이지만, 출입국수속이 유럽에서 가장 까다로운 편이므로 주의를 요한다. "입국목적이 무엇이냐?" "어디에서 체재할 것이냐?" "여행경비는 얼마나 갖고 있느냐?" "항공권을 보여달라" 등의 질문과 요구사항이 많다. 국외여행인솔자의 충분한 사전준비가 필요하다.

② 영국의 풍물 2층 버스를 이용할 때는 제한된 좌석에서만 흡연이 되므로 살펴서 행동한다. 일반적으로 지하철이나 역내에서는 금연이다.

③ 함부로 침을 뱉는 것은 안 되며, 화장실 등 공중장소에서 질서를 잘 지키는 것이 예의이다. 호텔 투숙 시 복도에서 떠드는 것은 금물이다. 여성을 존중하는 태도가 필요하다.

2 프랑스

① 파리에서는 개를 애완동물 이상으로 아끼고, 많이 키우고 있다. 그래서 시내 도처에 개들이 배설한 똥이 많아서 잘못 밟아 미끄러지거나 넘어지는 경우가 많으므로 주의가 필요하다.

② 식당 등에서 웨이터나 종사자를 부를 때 "헤이", "이봐" 등의 표현은 절대 안 된다. 식당의 종업원은 고객입장에서 대우해야 하는 전문가로 인식된다. 그래서 "Parde(실례합니다)", "Excusez moi(실례합니다)" 등의 표현을 써야 한다.

③ 파리에서는 기본적으로 불어를 준비해서 써보는 것이 좋다. 자국어에 대한 자부심이 있는 국민이므로 참고하자.

④ 프랑스에서 특히 레스토랑 이용 시에는 보통 사전예약을 해야 하며, 복장은 정장차림을 요구하는 것이 일반적이다.

⑤ 화장실 이용 시 보통 1~2Fr 이상을 지불해야 하므로 잔돈을 준비하고 관광하는 것이 좋다.

3 독일

① 식사 시 소리내어 먹지 않도록 주의하며, 소리내어 먹는 것과 트림은 타인에게 실례가 된다.

② 공항, 기차역, 박람회장, 식당 및 호텔 등 여행객들이 자주 이용하는 장소에서 귀중품이 보관되어 있을 것 같아 보이는 손가방 또는 노트북 가방 등을 소매치기당하는 경우가 많다.

③ 해외 체류기간 중 본인의 신분을 증명할 수 있는 여권을 항시 소지해야 한다. 간혹 장기체류자 중 여권이 아닌 다른 신분증(학생증, 운전면허증

등)만을 소지한 채 국경을 통과하다가 검문에 의해 적발되어 어려움을 겪는 경우가 많다.

4 이탈리아

① 유럽에서도 특히 번화한 관광지에 집시들이 많은 곳이 이탈리아 로마이다. 포로로마노 지역이나 콜로세움과 트레비 분수 등 유명관광지에서 소매치기를 특히 주의한다.

② 유럽 내에서 기차여행을 할 때는 이탈리아 국경에서 소매치기나 치한을 주의한다. 상대적으로 많은 사고가 난 지역이다.

③ 성당이 많은 국가이므로 정숙한 옷차림과 마음가짐을 갖고 방문한다. 성 베드로 성당, 요한 성당, 바울 성당 등 거의 대부분의 장소가 소매 없는 옷이나 반바지 차림의 입장이 불허된다.

④ 식당에서 식사 후에는 팁을 주는 것이 상식이다.

⑤ 밤에 혼자 다니지 않는다. 로마의 테르미니역 근처는 소매치기 사고나 범죄가 자주 발생하기 때문이다.

5 스페인

① 스페인에서는 낮에(오후 1~4시경까지) 낮잠을 자는 습관이 있다. 이것은 시에스타(Siesta)라고 한다. 시에스타 시간에는 상점이나 백화점 · 사무실에서 업무가 중단되므로 참고한다.

② 스페인에서는 여자 혼자 여행을 하면 다소 부도덕하게 생각하는 경향이 있으므로 삼가는 것이 좋고, 역 주변과 야간열차 이용 시 특히 주의한다.

6 그리스

① 두 손 모두 손가락을 펴서 상대에게 보이는 행동은 절대 하면 안 된다. 이것은 지옥에나 가라는 뜻으로 인식된다.

② 동양인 여행객에게 바가지나 부당요금을 청구하는 경우가 있으므로 주의를 요한다.

7 네덜란드

① 네덜란드는 마약과 동성결혼이 합법화된 나라이다. 그래서 역 주변이나 공원 같은 곳을 지날 때 주의하며 삼가는 것이 좋다.

② 사창가나 술집 주변에서 소매치기나 상해사고가 종종 발생하므로 주의해야 한다.

③ 시내에서는 보통 화장실 요금을 받으므로 준비하는 것이 좋다.

8 오스트리아

① 오스트리아는 나치와 히틀러에 대한 화제를 언급하지 않는다. 좋지 않은 인식과 감정을 갖고 있기 때문에 주의해야 한다.

② 다른 사람과 부딪치거나 실례를 범했을 때 미안하다는 사과의 말을 꼭 해야 한다.

③ 공공장소에서는 질서를 지켜야 하며, 식당에서 식사가 완전히 끝날 때까지는 금연한다. 레스토랑에서 큰 소리로 이야기하는 것은 예의에 어긋나는 일이며, 종업원에게 음식을 재촉하는 것도 금물이다.

9 핀란드

① 많은 관광객이 방문하는 마켓 광장, 상원 광장, 호텔 로비나 식당 등의 장소에서 종종 소매치기 또는 날치기가 발생하는 경우가 있다. 모르는 사람이 필요 이상으로 가까이 접근해 오면 경계심을 갖고 대응하며, 특히 자신의 휴대품에 주의해야 한다.

② 유람선 터미널에서 경찰관을 사칭하고 휴대품검사를 한다며 핸드백 내 현금을 갈취하는 피해 사례가 발생한 바 있다. 경찰관을 칭하는 사람으로부터 휴대품 검사 요청을 받을 경우에는 상대에게 소지품을 내주지 말고 상대방에게 사유를 묻는 등 소매치기를 당하지 않도록 주의한다. 결코 혼자 대응하지 말고, 신분증 제시를 요구한 후 근처 상점이나 통행인에게 이를 알려 도움을 청한다.

③ 야간에 만취상태에서 다른 사람(특히 외국인)에게 말을 거는 등 불필요한 접촉을 시도하는 사람들이 있다(핀란드에서 발생하는 폭력 등 강력범죄의 상당수는 과음이 1차적인 원인인 것으로 알려져 있다). 가급적 밤늦게 공원 등 한적한 곳을 다니는 것을 피하고, 만취상태인 사람의 접근 시 빨리 피하도록 한다.

TOUR
CONDUCTOR

CHAPTER

08

긴급상황 시 대처방법

PASSPORT

CHAPTER

08 긴급상황 시 대처방법

제 1 절 관광안전

1 관광안전 및 재난사고 정의 및 유형

1) 관광안전과 재난사고의 정의 및 유형

관광안전은 여행객이 현지에서 행사진행 시 각종 범죄나 사건사고, 테러, 재해 등의 위험을 사전에 예방하고 사건 발생 시 신속하게 대처하기 위한 활동이다.

재난사고는 예상치 못한 자연재난과 사회재난으로 구분되며, 자연재난은 자연현상으로 발생하는 재난과 화재, 교통사고, 전염병 등의 확산 등 의도되지 않은 재난을 당했을 경우를 말하며, 여행 중에 여행객들은 다양한 사고에 노출될 수 있기 때문에 국외여행인솔자의 역할은 더더욱 중요해지고 있다.

따라서 전 세계적으로 일어나고 있는 사건뿐만 아니라 여행 중에 발생할 수 있는 사고에 대해 철저하게 대비하고 숙지하여 여행객의 안전을 도모할 수 있어야 한다.

(1) 자연재난의 종류

구분	유형
태풍	북태평양 서쪽에서 발생하는 열대 저기압 중에서 중심 부근의 최대풍속이 17m/s 이상으로 강한 비바람을 동반하는 자연현상
지진	땅이 흔들리며 갈라지는 현상으로 땅속의 거대한 암반이 갑자기 갈라지며 땅이 흔들리는 현상
화산폭발	땅속 마그마가 지각의 갈라진 틈이나 약한 부분으로 분출되는 현상
해일/지진	해저에서 지진, 해저화산의 폭발, 단층 운동 같은 급격한 지각변동으로 생기는 파장이 긴 천해파
호우/홍수/침수	단기간에 많은 비가 오는 경우는 집중호우임. 많은 비로 건물이나 집이 잠기는 현상을 홍수와 침수라고 함
산사태	바위, 흙들이 산의 사면을 따라 갑자기 미끄러져 내리는 현상

(2) 사회재난의 종류

구분	유형
화재	고의든 의도되지 않든 불이나 큰 재산의 피해나 인명의 피해를 입을 수 있음
교통사고	교통수단과 관련하여 발생하는 사고
감염병 유행	호흡기에 의한 감염, 음식물 섭취, 동물과의 접촉을 통한 병

2 여행경보제도

우리나라 외교부는 해외에서 우리 국민에 대한 사건 · 사고 피해를 예방하고 우리 국민의 안전한 해외 거주 · 체류 및 방문을 도모하기 위해 2004년부터 '여행경보제도'를 운영해 오고 있다.

우리 국민 스스로의 안전을 위하여 합리적으로 판단하고 위험에 사전 대비할 수 있도록 국민의 거주 · 체류 및 방문에 주의가 요구되는 국가(지역)의 위험 수준을 알리고 그에 따른 행동요령을 안내한다.

1) 여행경보제도

여행경보제도는 다음과 같이 색깔별로 단계를 구분하고 있으며, 방문하는 나라에 대한 여행경보를 파악하여 그에 따른 행동지침을 따라야 한다.

1단계 남색경보	**여행유의** 신변안전 위험요인 숙지 · 대비
2단계 황색경보	**여행자제** (여행예정자) 불필요한 여행자제 (체류자) 신변안전 특별유의
3단계 적색경보	**철수권고** (여행예정자) 여행 취소 · 연기 (체류자) 긴요한 용무가 아닌 한 철수
4단계 흑색경보	**여행금지** (여행예정자) 여행금지 준수 (체류자) 즉시 대피 · 철수

출처 : http://www.0404.go.kr/

2) 특별여행경보제도

특별여행경보제도는 단기적인 위험상황이 발생하는 경우에 발령하고 있으며, 해당 국가의 치안이 급속히 불안정하거나 전염병, 재난이 발생할 경우 기본 1주일이며, 상황이 종료될 때까지 자동 연장되는 제도이다.

특별 여행주의보	**특별여행주의보** **(기준)** 단기적으로 긴급한 위험에 대하여 발령 **(기간)** 발행일로부터 최대 90일 → 동 기간 동안 발령 중인 여행경보의 효력 일시정지 **(행동요령)** 여행경보 2단계 이상 3단계 이하에 준함

제 2 절 현지행사 사고상황 사전점검

1 현지행사 사전점검

1) 현지 숙소에 대한 사전점검

① 여행객들이 주로 이용하는 호텔 숙소에 대한 사전점검 사항으로 야간에 호텔숙소를 벗어날 경우 호텔 전화번호를 챙기고, 국외여행인솔자에게 사전에 허락받을 수 있도록 한다.

② 숙박을 하게 되는 숙소에 가면 제일 먼저 층별 객실출입문과 창문 등의 잠금장치가 잘 작동되는지 확인하고 객실과 비상구 통로에 소화기가 비치되어 있는지, 이산화탄소 감지기가 있는지, 화재 시 비상구와 화재차단막이 설치되어 있는지를 확인한다. 그리고 화재 시 가장 중요한 대피로가 확보되어 있는지 확인한다.

③ 비상상황 시 현지 호텔뿐만 아니라 현지랜드회사의 비상연락망, 현지병원, 경찰 등 관련 기관의 전화번호를 확인한다.

2) 차량에 대한 사전점검

① 유럽, 미국 · 캐나다 지역, 호주 · 뉴질랜드 지역 같은 경우는 장거리로 이동하는 코스가 많으므로 차량의 정비상태를 확인한다. 타이어 상태, 차량 내부의 소화기 설치, 비상시 탈출할 때 쓸 수 있는 비상용 망치가 비치되어 있는지 확인한다.

② 승객용 안전벨트가 잘 작동하는지를 확인해야 한다.

③ 운전기사나 현지안내원, 국외여행인솔자가 행사 중 음주를 하지 않도록 한다.

④ 장거리 운행 시 100km, 2시간 운행을 하게 되면 반드시 15분 정도씩 휴식을 취하도록 하며, 운전기사가 졸지 않는지 수시로 확인한다.

⑤ 우천 시 운전할 때에는 속도를 내지 않도록 하며, 섬나라의 경우 운전대가 오른쪽에 있으므로 이에 대해 유의한다.

3) 식당에 대한 사전점검

① 식당의 위생이 불결한 경우 식사로 인해 식중독사고나 설사가 발생할 수 있으므로 주방과 식당 내부가 청결한지, 화장실이 청결한지 확인해서 개선할 수 있도록 점검한다.

② 과거 해당 식당 메뉴 및 식당을 이용한 여행객 중에서 식중독 사고 또는 설사가 발행된 여행객이 있었는지 사전점검을 한다.

③ 식당 종업원들이 화장실이나 흡연을 한 경우 손씻기를 잘 하는지에 대한 사전점검을 한다.

2 자연재난 행동요령

1) 태풍과 지진

① 여행 중에 태풍이 예보되거나 갑자기 발생되면 그 내용에 대해 여행객과 공유하고 현지가이드와 어떻게 대피할 것인지, 본사와 연락을 수시로 주고받으며 조치를 취한다.

② 여행 중 방문지역이 태풍지역에 들어갈 경우 사고가 발생할 수 있으므로 방문지역을 다른 지역과 바꾸어 일정을 진행하거나 일정을 취소하고 안전한 장소에서 대기한다.

③ 지면이 흔들리는 지진이 발생되는 경우 장소별 행동요령에 따라 움직이도록 한다.

2) 화산폭발과 지진해일

① 화산폭발이 일어나는 경우는 입을 틀어막고 실내에 머물도록 하고, 문이나 창문을 막는다.

② 마스크나 손수건, 옷으로 코와 입을 막고 가능한 실외에 있지 않도록 한다.

③ 해안가에 있을 때 지진해일이 일어나면 신속하게 해안에서 벗어나 높은 곳으로 대피한다.

④ 지진해일은 한번의 큰 파도로 끝나지 않고 반복될 수 있으므로 최대한 높은 곳으로 이동한다.

3 사회재난 대처방법

1) 화재

(1) 화재경보

① 엘리베이터를 절대 이용하지 말고 여행객들의 방에 전화해서 대피장소로 옮길 수 있도록 조치한다.

② 대피가 어려운 경우 창문으로 구조를 요청하거나 대피공간 또는 칸막이를 이용하여 대피한다.

③ 노약자나 어린이가 있는 여행객부터 순차적으로 비상구 쪽으로 유인하여 피신한다.

④ 국외여행인솔자는 안전한 지역으로 이동 후 여행객들의 인원을 점검하여 다 모였는지 확인하고 주변에 보이지 않은 여행객이 있다면 방번호를 확인하고 구조요원에게 알려준다.

(2) 감염병

① 비위생적인 음식이나 길거리 음식을 먹지 않도록 여행객들에게 주지시킨다.

② 여행 중에 설사, 발열, 호흡기증상이 나타난 경우는 의료기관에 방문하여 치료를 받는다.

③ 물은 반드시 끓여먹거나 생수를 사서 먹도록 권장한다.

(3) 항공사고

① 기내에서 비상상황이 발생하면 승무원의 지시에 따른다.

② 비행 중 산소마스크가 내려올 경우 보호자가 마스크를 착용하고 어린이나 노약자의 마스크 착용을 돕는다.

③ 기내용 구명조끼는 절대 기내에서 부풀리면 안 되고 기내 밖으로 나갈 때 부풀려야 한다.

제 3 절 여행 도중 긴급상황별 대처방법

1 여행관련 서류 분실 시 대처방법

1) 여권 분실 시 대처방법

① 먼저 현지국의 가까운 경찰서에 가서 여권분실증명서(police report)를 발급받는다.

② 현지나라의 해당 한국대사관/영사관에 잃어버린 당사자가 방문하여 여행증명서(travel certificate)를 발부받는다.

- 준비서류 : 여권분실증명서, 개인의 신분증(여권사본, 주민등록증 등), 여권용 컬러사진, 수수료, 여행일정표

③ 만약 여행 도중에 여권을 분실하면 여권증명서 경유지란에 다음 목적지를 명기해야만 다음 방문국을 계속 여행할 수 있으므로 조취를 취해야 한다. 아울러 다음 목적지인 여행국이 비자(visa)가 필요한 국가라면 여권을 분실한 현지국에서 비자 발급조치도 같이 취해야 한다.

사례 1

▶ 사건

파리에서 저녁에 유람선과 에펠탑 선택옵션을 하였다. 아름다운 철근구조로 된 에펠탑은 저녁이 되면 아름다운 조명으로 옷을 입는다. 이 에펠탑은 에펠이 파리박람회를 기념하기 위해 1889년에 세운 것이다. 여하튼 우리는 재미있게 여행했는데, 갑자기 손님이 여권이 없어졌다고 외쳤다.

▶ 대처방법

① 여권을 잃어버리면 그룹과 이별해서 여권을 만들어서 합류하던가, 여행을 중단하고 서울로 돌아가는 것이 원칙이지만, 가만히 생각하니 잔꾀가 나기 시작했다.

② 여권을 분실하면 경찰서에 가야 되는데 그러면 내일 아침 그 여행객은 같이 출발을 못한다. 나는 손님에게 일단은 나와 함께 여권 없이 같이 스위스로 가자고 했다.

③ 나중에 로마에서 여권을 만들어서 서울에 돌아가면 된다고 했다. 물론 두 가지 방법을 설명하고, 의사결정은 손님에게 맡겼다.

④ 다음날 아침 우리는 예정대로 파리 리옹역으로 이동해서 기차를 탔다. 스위스 제네바에 도착해서 나는 그 손님 옆에 있었다.

⑤ 이민관이 여권검사를 했는데, 나는 그에게 손님이 여권을 파리 리옹역에서 분실했다고 설명하였다. 그는 황당하게 쳐다보더니 여권을 반드시 스

위스에서 만들라고 당부하였다. 그리고 우리는 이민국을 빠져 나왔다.

⑥ 성공이다. 그렇게 여권 없이 스위스에 들어왔다. 제네바 여행을 마치고 몽블랑으로 이동하는데, 고속도로 국경선에서는 여권검사를 안 한다는 것을 알았고, 프랑스에 다시 입국하였다. 참고로 몽블랑은 프랑스에 있다.

⑦ 다시 스위스, 그리고 이탈리아를 버스로 넘는데, 원래 여권검사를 안 하는데 그날따라 이민국직원이 버스에 올라오는 것이 아닌가? 한 사람 한 사람 여권을 검사하는데, 나는 간담이 서늘했다.

⑧ 그런데 행운의 여신은 우리에게 있었다. 그렇게 꼼꼼히 보는 그 친구가 바로 그 사람 앞에서 검사를 안 하더니 버스에서 내렸다.

⑨ 우리는 그렇게 밀라노 · 피렌체 관광을 마치고 여행하는 동안 로마대사관에 아는 사람에게 전화해 사정을 이야기했다. 로마 여행기간 중에 대사관에 들려 여행자증명서를 당일날 받을 수 있었다.

⑩ 그 손님은 로마에서 못한 일정은 택시를 타고 나와 함께 개별투어를 진행해 주었다. 그래서 그 손님은 손해 본 것이 없었다. 여권 없이 일정을 하나도 안 빠뜨리고 유럽행사를 진행할 수 있었다.

사례 2

▶ 사건

지금으로부터 약 10개월 전에 생긴 사고이다. 버스가 로마를 출발해서 폼페이에 도착했고, 오는 길에 기사가 고속도로를 안 타고 일반도로를 타서 조금 일찍 오려고 머리를 썼는데, 더 시간이 지체되었다. 오전 7시 40분에 출발해서 11시 20분에 폼페이에 도착했다.

시간이 많이 되어서 현지 로컬 가이드가 식사를 먼저 하자고 하기에 버스에서 전부 내렸고, 내리는데 인원이 많아서 시간이 많이 지체되었다.

그때 손님이 트렁크에서 음식을 꺼낸다고 기사가 내려왔고, 그 사이에 누군가가 버스에 들어와서 앞에 두었던 손님가방을 하나 들고 갔는데, 하필이면 그 가방 안에 여권과 중요한 물품들이 들어 있었다.

우리는 너무나 갑자기 일어난 사건이라 전부 다 멍하니 바라보고 있었고, 현지가이드와 국외여행인솔자가 바로 쫓아갔지만 이미 어디론가 사라져버린 지 오래였다.

그런데 그 손님은 본인의 잘못은 인정하지 않고, 오히려 현지가이드에게 왜 가방을 가져가라고 얘기를 안 했냐고 항의를 했다. 결국 가이드와 손님 간에 언쟁이 오가게 되었다.

▶ 대처방법

① 사고가 생기면 바로 관할경찰서에 신고해야 하는데 일정 때문에 고민을 하였으며, 분실품목은 카메라, 선글라스, 현금, 여권이다.

② 다음 일정이 폼베이와 트라스테베레 근처인 고려정에서 육개장을 먹고, 나와 손님은 일단 베네치아 광장 앞에 경찰서가 있는데, 그곳으로 갔다.

③ 거기에는 우리뿐만 아닌 다른 외국사람들도 있었다. 이런 일이 많이 생기는지 경찰관은 우리에게 조사도 없이 이야기하는 대로 타자를 쳤다.

④ 사건은 로마의 지하철에서 소매치기당한 것으로 바꿔서 신고를 했고, 내용을 부풀려서 신고했다.

⑤ 손님은 방으로 올라갔고, 나와 현지가이드는 내일 일정을 수정하였다.

⑥ 바티칸과 베드로 성당을 점심식사 후에 가기로 하였다. 가능하면 그분도 보여주기 위해서다. 원래는 9시에 출발인데, 8시 30분으로 정정했다.

⑦ 기사와 연락이 되어서 8시 30분에 호텔로 오기로 했다. 다음날 아침 우리는 버스를 타고 먼저 콜로세움으로 가서 대사관으로 갔다.

⑧ 직원이 여권용 사진 2장이 필요하다며 사진관을 알려주었다. 우리는 다시 거리로 나가 사진관을 찾았다. 일러준 사진관이 문을 닫아서 다른 사진관을 찾는 데 1시간이 소요되었다. 다행히 사진관을 찾았고, 30분 후에 오

라고 했다.

⑨ 사진을 찾고 대사관에 오니 벌써 11시였다. 대사관직원이 준 서류에 손님의 여권번호와 발행날짜를 내가 적어놓은 것이 있어서 오후 4시경에 오면 여권을 찾을 수 있다고 했다.

⑩ 나와 손님은 트레비로 갔고, 못 다한 관광을 한 후 베드로 성당 근처로 가서 점심식사를 한 후 다시 합류했다. 식사를 마치고 우리는 일정대로 바티칸 박물관 관광을 마치고, 나와 손님은 베드로는 간단히 보고 다시 대사관에 와서 여행자증명서를 발급받았다.

⑪ 여행자증명서가 생긴 것은 여권과 비슷하였다. 여행자증명서 발급 시 중요한 사항이 있는데, 다음 방문하는 나라표시를 반드시 해야 하는 것이다.

⑫ 여행을 마치고 서울에 돌아와서 여행객에게 팩스로 은행통장 사본을 보내도록 했다(반드시 본인명의). 인적사항이나 여권 복사본 · 주소 · 연락처 등이 필요하다.

⑬ 서류를 가지고 보험회사에 가서 사고경위서와 경찰리포트를 토대로 보험청구신청을 했다. 나중에 보험금을 받았다고 손님한테서 전화가 왔다.

2) 여행자수표 분실 시 대처방법

▶ 사건

여행자수표(traveler's check)는 교환 시 현금(US$, ¥, Franc, Marc 등)에 비해서 환율상으로 우대를 받을 수 있고, 분실 시에 현금과는 달리 재발급을 받을 수 있다는 장점이 있다. 물론 여행자수표 윗부분에 여행자의 서명이 작성되어 있어야 하고, 수표번호를 정확히 알고 있어야 한다는 전제조건이 있다. 여행 시 이용자가 꼭 필요한 사항을 별도로 기록해 놓고 구입계약서의 사본을 지참하도록 당부해야 한다.

▶ 대처방법

① 먼저 분실한 여행자수표(TC) 발행기관, 즉 Refund Claim Office에 연락하여 분실신고를 한다. 여행 중인 현지국에 따라 여행자수표 발행기관에서 여권분실증명서(police report)를 요구할 수도 있기 때문에 조치가 필요하다.

② Refund Claim Office에 신고할 때에는 소정양식을 작성하여야 하며, 관련 서류는 다음과 같다.

- 여행자수표 분실 경위서, 분실한 T/C의 합계금액, 시간, 장소, 구입한 은행대리점과 구입일시, 소지인 서명, 수표번호의 내용

신고를 마친 후 24시간이 경과하면 분실자가 희망하는 지역의 발행기관(은행)에서 재발급이 가능하다.

③ 재발급할 때 방문하는 발행기관에서 본인을 확인할 수 있는 신분증(여권)과 구입계약서의 사본이 필요하다.

2 여행수하물 관련 사고 대처방법

1) 수하물 분실 시 대처방법

수하물이란 주로 고객들의 여행가방(suitcase)을 뜻하며, 항공기 탑승권 수속(boarding check) 시에 탑승권을 교부받으면서 부치는 짐(baggage)을 말한다. 수하물의 분실은 고객의 실수와는 전혀 별개의 문제로 항공사가 짐을 해당 항공기로 정확하게 탑재하지 않음으로 인해서 생기는 사고이다.

이럴 경우, 여행인솔을 담당하는 국외여행인솔자의 입장에서도 상당히 신경쓰이는 문제로 고객의 입장에서도 여행기간 동안 수하물이 없음으로 인해 큰 불편을 초래하게 된다. 국외여행인솔자가 사전에 예방할 수 있는 조치는 필히 취

해야 하며, 만약 항공사의 실수라면 수하물 운송협약에 따라 고객이 보상을 받을 수 있도록 조치한다.

(1) 국외여행인솔자의 사전예방조치

① 항공기 탑승수속을 할 때 고객의 가방에 항공이동구간에 해당하는 Baggage Tag이 정확하게 부착되었는지 주의해서 확인한다.

② 기존의 항공이동구간에 해당하는 Baggage Tag이 붙어 있지 않은지 확인한다.

③ 항공사에서 부착시켜 주는 수하물표 외에 손님의 이름 · 전화번호 · 주소 등의 연락처가 기재된 여행사 또는 고객의 별도의 Baggage Tag을 꼭 부착시킨다. 이것은 후에 수하물이 분실되었을 경우 확인할 수 있는 연락수단이 된다.

④ 만약 분실 시 해당 항공사에서 짐을 부치고 받은 Baggage Claim Tag이 짐을 찾는 중요한 단서가 되므로 짐을 찾은 후에 버릴 수 있도록 안내한다.

(2) 분실 시 사후조치

수하물의 분실이유는 첫째, 해당항공사 담당직원의 실수로 타 항공기로 탑재될 수도 있고, 둘째, 항공사 Baggage Tag(수하물표)이 파손되어 항공기로 탑재되지 못해 발생, 셋째, 경유지에서 수하물이 Through Check되는 과정에서 실수로 Transfer된 고객의 항공기로 수하물이 옮겨 실리지 않을 수도 있다.

최근에는 국외여행표준약관에서 항공 위타수하물의 분실 · 멸실 · 파손에 대해 여행업자의 책임사항을 크게 포함시키고 있으므로 각별히 신경을 써야 한다. 기존에는 이러한 책임을 항공사에 전적으로 부과하였으나 여행사의 해결노력을 강조하여 책임을 부과시키고 있다 하겠다.

어떤 이유이든지 간에 목적지 공항에 도착하여 수하물 카운터에서 수하물이 도착되지 않은 것을 확인하면 국외여행인솔자는 다음과 같은 순서에 의해 조치하여 짐을 찾도록 한다.

▶ **대처방법**

① 먼저 공항 내에 위치한 Lost & Found Desk(수하물 분실신고소)를 찾아가서 손님 가방의 형태 · 크기 · 색상을 확인시키고, 가방 내에 지참한 물건, 전체가격 등을 신고한다.

② 수하물 분실신고 시에는 수하물을 인수할 수 있는 호텔 주소와 연락처를 기재하여야 하며, 빠른 시간 내에 다음 국가로 출국하여야 하는 상황이라면 다음 목적지에서 수령할 수 있는 연락처를 남긴다.

③ 수하물을 분실하게 되면 다시 찾을 때까지 입을 속옷과 양말 등 기초물품을 구입할 수 있는 대금을 받을 수 있으므로 조치를 취한다.

④ 소비자는 여행자보험에 가입한 후 여행을 시작하므로 항공사에서 분실증명서를 발행받아 가방을 회수하지 못할 경우에 대비하여 해당항공사에서 보상받을 수 있도록 조치한다.

2) 수하물 파손

가방 또는 가방 속의 물품이 파손되거나 멸실되면 공항의 해당 항공사 보상신고센터에 방문해서 보상을 협의한다. 여행사의 책임도 있겠지만, 우선 항공사에게 위탁수하물 파손 및 멸실에 대한 일차적 책임이 있기 때문이다. 파손 및 멸실 시에는 꼭 수리비 또는 가방 구입비를 배상받도록 한다.

3 환자 발생 및 사망사고 발생 시 대처방법

1) 환자 발생 시

환자의 발생이유는 여행도중 무리한 여정으로 인해 피곤하여 병이 났거나 기존의 지병이 있어서 악화되었거나 또는 갑작스런 교통사고 등으로 인해 환자가 발생할 수 있다.

▶ 대처방법

① 호텔 측에 연락하여 의사의 진료를 받는다.

② 응급 시에는 구급차를 불러 병원으로 후송하도록 조치한다.

③ 의사의 진료 시 입원이 필요한 경우라면 현지여행사(land) 측에도 연락을 취하여 도움을 받도록 한다. 비용은 보통 먼저 선결하여야 하며, 추후에 여행자보험처리를 하여야 한다.

④ 동남아여행 시 여행사 측에서 5천만 원의 보험에 가입하였다면 상해로 인한 보상치료비 한도는 약 300만 원 정도이다. 추후에 보험회사로부터 치료비를 받기 위해서는 다음과 같은 서류가 필요하다.

- 관련 서류 : 병원 측으로부터 받은 의사진단서, 치료비영수증, 환자 본인의 통장사본, 인적사항

⑤ 손님이 입원기간이 장기화되어 여행에 참석할 수 없을 경우 보호자 또는 국외여행인솔자가 관리해 주어야 한다. 방문한 국가에서 환자가 발생, 하루 이상 입원을 요하는 심각한 상황이라면 환자와 동행한 가족(보호자)이 병원에서 보호해 주던지 국외여행인솔자 또는 현지 랜드사가 보호한다. 이러한 경우 현지가이드가 전체적으로 인솔까지 담당한다.

⑥ 장기입원 시 여정이 다른 국가로 이동해야 하는 상황에서는 국외여행인솔자가 현지여행업체에 역할을 위임시키고, 본사에 연락하여 상황을 보고하고 환자 가족들에게도 연락해서 차후조치를 취한다.

2) 사망사고 발생 시 대처방법

▶ 대처방법

① 의사의 사망진단서를 받는다.

② 사고사 또는 변사일 경우 경찰에 신고하여 검사진단서와 경찰증명서 등 필요한 서류를 취득한다. 투숙호텔 또는 현지여행업 관계자에게 부탁하여 처리한다.

③ 재외공관에 신고한다.

ㄱ 사망일시, 장소

ㄴ 사망자명, 주소, 본적지, 여권번호 및 발급일

ㄷ 유족성명, 주소

ㄹ 사인

ㅁ 유해 안치장소

④ 회사에 보고한다. 회사에서는 유족들에게 연락을 취한다. 주검처리를 어떻게 할 것인지, 유족들이 현지까지 올 것인지, 유족의 의사를 존중하여 세심한 주의를 기울이고 연락한다. 회사에 다음 사항을 보고한다.

ㄱ 사망자성명, 여권번호

ㄴ 사망일시, 장소, 사인

ㄷ 유해 안전장소

ㄹ 가족에게 연락

ㅁ 보험청구 의뢰

⑤ 유해는 유족의 의사를 존중하여 처리하며, 현지여행사와 긴밀한 연락을 취해서 협조를 요청해야 한다. 장의사에 수배하면 관계기관에 신고 · 증명 · 허가 · 수속 및 증명서류 취득대행 등을 해주며, 화장, 유해보관, 항공화물용 시체 방부보존처리(밀봉된 관), 항공화물, 수속대행 등 일체를 대행해 준다.

3) 교통사고 발생 시 대처방법

▶ **대처방법**

① 먼저 구급차를 수배하여 병원으로 이송시킨다. 병원에서 피해자의 상태를 확인한 후 입원조치 등을 한다.

② 경찰에 연락하여 조사보고서에 근거하여 가해자의 주소 · 성명 등을 기록해 두고 증명서를 받아두도록 한다. 후일 관계자 간에 분쟁이 있을 수 있으므로 가해자의 신분확인과 사실관계를 명확히 한다.

③ 현지여행업자, 현지공관에 연락하여 사후조치에 대한 협조를 구한다. 재외공관에는 피해자 성명과 병원이름 및 상태 등을 알린다. 본사에 상황을 보고하고, 피해자 가족에게도 연락을 취한다.

④ 경찰에서 사고증명서를 교부받아 본사 · 보험회사 · 대사관 · 병원 등에 제출한다.

⑤ 가해자와 사고처리문제는 재외공관담당자를 중재하여 경찰서에서 처리하며, 후유증 등 사고 후의 문제 등을 고려하여 즉시 보상에 타협하지 않도록 한다. 가해자의 사고에 대한 인정서를 받아두도록 한다.

⑥ 국외여행인솔자는 남은 여정 진행문제에 있어서 상황에 따라 병원에 잔류하거나, 현지 랜드사에 의뢰한다. 또한 환자를 돌보는 일에 주의해야 한다.

⑦ 환자의 가족이 병원에 잔류하기를 희망할 경우 관계자의 의견을 확인하여 결정토록 한다.

⑧ 타국으로 이동해야 할 경우 국외여행인솔자가 단체팀을 인솔해야 하므로 현지여행업자를 통해 필요한 인수 · 인계를 하고, 환자와 잔류가족의 입원비 지불방법과 보험처리 · 합류방법 · 귀국방법 · 비용 등은 보험회사와 연락을 취한 본사의 지시에 따라 원활하게 사후업무를 처리한다.

4 휴대품 및 귀중품 분실 및 도난 시 대처방법

▶ 대처방법

① 절도를 당했다면 가까운 경찰서로 가서 분실증명서(police report)를 받아야 한다.

② 보험회사로부터 보상을 받기 위해 제출할 서류

㉠ Police Report : 사고내용, 피해물품에 대한 확인서
경찰서 신고가 불가능한 경우 목격자, 여행가이드 사실확인서 필요

㉡ 도난물품 구입영수증(수리비견적서 등)

㉢ 손해명세서 등을 구비하여 보험회사에 청구

5 현지수배의 문제발생 시 대처방법

1) 현지가이드와의 Meeting Miss 또는 No-show

▶ 대처방법

① 일단은 약속된 장소인가를 다시 확인하고, 조금 더 기다린다(약 20분 정도). 이때 여행객들에게 사정을 얘기하고 양해를 구한다.

② 현지여행사에 전화를 걸어 현지가이드의 출발 여부를 확인하고, 현지가이드와 연락을 취한다.

③ 공항의 주차장에 대기하고 있는 버스를 확인하여 일단 단체를 인솔한다.

④ 현지가이드를 공항에서 만날 수 없는 상황이면 우선 시내로 이동하면서 국외여행인솔자가 투어를 진행한다. 약속장소를 다시 수배한다.

2) 현지 행사진행 버스 No-show 시 대처방법

▶ 대처방법

① 버스 미팅 미스 원인은 다음과 같다.

- 현지여행사의 수배실수, 도착시간의 오해, 도착공항으로 이동 시 교통 체증으로 인한 지연, 도중에서 사고 등 여러 가지 경우이므로 현지여행사에 연락하여 늦어지는 이유를 먼저 확인하고 조치를 강구한다.

② 만약에 기다려야 하는 시간이 상식적인 시간을 초과한다면 공항에서 손님들에게 환전할 수 있는 시간을 주고 커피를 접대한다던지 하는 방법이 있다.

③ 기다려야 할 시간이 전체가 이해할 수 없는 상황이라면 바로 택시를 수배하여 호텔로 이동하도록 조치한다. 무엇보다 현지관광일정에 지장을 주지 않는 범위에서 조치한다. 이때 택시비용은 수배 미스를 한 현지여행사 측에 청구한다.

④ 유럽의 경우 관광버스회사의 파업이 종종 있는바, 이런 상황에서는 다른 교통기관(승용차, 봉고 등)을 불가피하게 이용할 수밖에 없는 경우도 있을 수 있다. 이때 여행객들에게 이런 상황에 대해 설명하고 대체가능한 교통편을 처리하고 난 후 여행객들에게 적절한 보상을 하도록 한다(식사나 룸 업그레이드 등).

3) 호텔 수배가 안 되어 있을 시 대처방법

▶ 대처방법

① 일단 여행객들에게 이런 상황에 대해 설명하고 신속하게 처리할 예정임을 안내한다.

② 현지가이드를 통해 현지여행사에 연락하여 신속하게 다른 객실이 있는지 알아보도록 조치한다.

③ 여행사에서 손님에게 공지된 호텔이 수배되지 않으면 해당 여행사의 신뢰가 떨어지므로 예정호텔에서 투숙하도록 조치하고, 어려운 경우는 동급에 상응하는 호텔에 투숙할 수 있도록 조치한다.

④ 호텔 측의 실수로 인해 수배 미스가 생겼다면 보상과 사과를 요구하여 고객들의 불만을 해소하고, 이해를 구할 수 있도록 한다.

⑤ 랜드사의 실수로 수배 미스가 생겼다면 사과를 요구하고, 다른 호텔 업그레이드, 식사 업그레이드, 관광지 추가, 선택관광 추가 등 관련 조치를 취할 수 있다.

4) 현지관광 일정진행에 문제발생 시 대처방법

▶ **대처방법**

① 현지에서 일정진행 시 문제가 되는 것이라면 입장료가 포함된 코스를 진행하지 않았거나 과도한 쇼핑진행일 경우가 많다.

② 전체여행객의 의견을 반영하여 현지일정을 진행시키는 것이 바람직하다. 아울러 본사에서 설명회 시 나눠준 최종일정표에 표기된 코스대로 진행한다. 부득이하게 입장료가 있는 장소추가로 인해 추가비용이 발생하더라도 여행객의 요구에 부응한다. 소비자 고발건수의 상당수가 이러한 문제로 인해 해당여행사에서 법적인 제재조치를 받기 때문이다.

③ 현지에서 식사문제도 자주 발생하는데, 일정표에 있는 대로 진행시키도록 한다. 조 · 중 · 석식 포함 및 불포함 내역에 따라 서비스가 제공되어야 고객들의 불만을 사지 않는다. 획일적인 식사제공보다 같은 금액을 주고 수배하더라도 다양한 현지에서의 식단제공은 고객에게 더욱 큰 만족감을 제공하기 때문이다.

6 항공사고 및 출발고객 문제발생 시 대처방법

1) 항공기 파업 및 정비사고 시

▶ 대처방법

① 항공기 파업이 일어나면 다음 방문목적지로 이동함에 있어 큰 불편과 문제를 야기하므로 큰 어려움에 봉착한다. 전체일정 진행에 어려움이 따르며, 고객들의 즐거운 여행을 망치기 쉽다. 특히 여행사의 입장에서 1차적으로 고객들에 대한 손해배상의 책임까지 있으므로 현명하게 대처한다.

② 결항 및 파업 항공사를 통해 대체항공편을 예약조치하며, 국외여행인솔자는 현지에서 현지여행사를 통해 조치하고 본사에 연락을 취해서 가장 현명한 항공노선 일정을 잡는다. 고객중심의 입장에서 전체일정에 최소한의 지장을 주는 항공일정으로 변경시켜야 한다.

③ 부득이하게 변경 조치된 항공일정으로 인해 관광일정에 차질을 빚었다면 해당항공사에 정식으로 손해배상을 제기하여 피해고객에 대한 보상이 이뤄지도록 한다.

④ 항공기 이륙 후 기체 이상/회항/정비 이상으로 출발이 지연된 경우 회항한 공항에서 해당항공사로부터 지급되는 식사 쿠폰 및 기타 서비스를 여행객들이 최대한 이용할 수 있도록 국외여행인솔자는 조치한다. 정비시간이 오래 걸려서 당일 출발이 어려운 경우에는 해당항공사에서 제공하는 호텔 투숙 및 식사제공 서비스를 고객이 받을 수 있도록 조치한다.

2) 출발고객 문제(No-show, 구비서류 미비)발생 시 대처방법

▶ 대처방법

① 출발고객이 공항에 나타나지 않거나, 여권이나 비자를 준비하지 않고 출발하려 하는 상황을 말할 수 있다.

② 공항 출발시간에 나타나지 않는 여행객은 연락을 한후 출발 여부를 확인하고, 잘못된 장소에서 기다리고 있지 않은지를 확인한다.

③ 공항으로 이동 중에 있다면 항공사 탑승시간(Boarding Time)을 감안하여 기다리지만 다른 여행객들이 기다리므로 보딩수속을 마친 후 다른 여행객 먼저 탑승수속을 받을 수 있도록 조치한다.

④ 출발여행객이 여권이나 비자를 구비하지 못하고 공항에 나왔다면, 자택에서 누군가 가져다줄 수 있는지 확인하고, 만약 어려운 경우는 동시 출발이 어려울 수 있기 때문에 본사에 연락해 여행객을 인도한 후 국외여행인솔자는 출발한다.

⑤ 여권의 유효기간이 상당시간 지났거나 단수여권임에도 불구하고 이를 확인하지 않고 나타나는 여행객은 인천공항에서 임시여권을 발급받을 수 있는지 확인하고 출발시간 내에 가능하지 않으면 본사에 인도한 후 국외여행인솔자는 출발한다.

⑥ 사증(visa) 없이 해당국가에 입국할 수 없거니와, 먼저 우리나라에서도 해당국에 출발을 시키지 않는다. 그러므로 비자 역시 사전에 정확한 소지여부를 해당여행사와 국외여행인솔자는 점검한다. 국외여행인솔자는 항상 주요 비자발급국가, 무비자입국 가능국, 비자면제협정 체결국에 대한 정보를 숙지하여 사전에 고객들의 출발부터 정확한 준비 확인에 만전을 기한다.

부록 : 국외여행인솔자 실무 전문용어 해설

- **A/D(Agent Discount)** : 항공사에서 계약을 체결한 여행사대리점 할인
- **Actual Flying Time** : 항공기의 실제 비행시간
- **Add-ON** : 관문도시(Gateway City)와 해당 도시 간에 설정된 부가운임(Add-On)은 해당국가의 통화로 지불됨
- **Admission Fee** : 여행객이 지불하는 여행지의 입장료
- **Adult Fare** : 성인운임을 기준으로 12세 이상 여행자에게 적용되는 국제선 항공운임(국내선은 만 13세 이상을 적용)
- **Agency Commission** : 여행사와 공급업자(항공사 · 호텔 등) 간에 판매대리점 체결 후 판매로 인하여 공급업자가 여행사에게 주는 소정의 수수료
- **Agent** : Travel Agent, Travel Agency, 여행업자
- **Air-Carrier** : 항공운송사업자
- **Airport Service Charge** : 국가별로 징수하는 공항이용료
- **Aisle Side** : 통로편의 좌석(aisle seat)
- **APIS(Advance Passenger Information System)** : 출발지 공항 항공사에서 예약 · 발권 · 탑승 수속 시 승객에 대해 필요한 정보를 수집, 미국무부나 세관당국

에 통보하여 입국심사를 단축하기 위한 미국 입국 탑승객에 대한 사전 입국심사 제도

- **Approach** : 고객을 상대로 "교섭을 시작한다"는 의미이며, 항공사에서는 "항공기가 공항에 착륙할 때의 진입"을 말한다.
- **ASP(Advance Seating Product)** : 항공편 예약 시 좌석을 미리 배정해 주는 사전 좌석배정제도(F/C class는 비행기 탑승 24시간 전에 가능)
- **ATB(Automated Ticket and Boarding Pass)** : 여행자가 구입하는 탑승권 겸용 항공권
- **ATR(Air Ticket Request Agent)** : 여객대리점 중 담보능력의 부족으로 항공권을 자체적으로 보유하지 못하고 승객으로부터 요청받은 항공권을 해당 항공사 발권 카운터에서 구입하는 항공권 판매대리점
- **Attendant** : 동반자, 어린이 동반, 장애자 동반 50% DC
- **B&B(Bed and Breakfast)** : 객실에 콘티넨탈 브렉퍼스트(continental breakfast)를 포함하는 호텔요금 체제로 영국과 유럽 등에서 사용됨
- **Baggage Claim Tag** : 여행자가 화물을 부친 후 받는 위탁수하물표
- **Baggage Through Check-In** : 단일 항공편으로 여정이 끝나지 않고 접속 항공편을 이용하는 여행자가 수화물을 최종 목적지까지 부치는 것
- **Baggage** : 여행자가 여행할 때 소지한 짐
- **Block** : 항공기의 좌석, 호텔의 객실 등을 한꺼번에 예약하여 확보해 두는 것을 말한다. 성수기에는 이러한 블록(block)을 확보할 수 있는 능력이 여행사의 영업과 밀접한 관련이 있음
- **Boarding Bridge** : 비행기의 승객이 승 · 하기 시 터미널과 항공기를 연결하는 탑승교
- **Boarding Pass** : 탑승수속 시 항공권과 교환하여 여행자에게 주는 탑승표로서 항공편명, 여행자성명, 좌석번호, 목적지, 탑승시간, 탑승 게이트 등이 기재되어 있

는 탑승권

- Booking Reservation : 항공좌석 예약
- BSP(Bank Settlement Plan) : 다수의 항공사와 다수의 여행사 간에 발행되는 항공권 판매에 관한 제반업무, 즉 항공권 발출, 판매대금 정산, 매표 보고 등을 간소화하기 위해 은행이 관련업무를 대행하는 은행 집중 결재방식의 제도
- Cabin Attendent : 항공기내 서비스 종사원의 통칭
- Cabin Service : 비행기 내에서의 여객서비스를 담당하는 직원이 하는 각종 서비스
- Charter Flight : 대절항공기, 전세항공기
- Check-In : 탑승수속
- Checked Baggage : 부치는 짐
- CIQ(Customs Immigration Quarantine) : 해외 출 · 입국 시 승객 및 수화물에 대한 정부기관의 확인 · 관리 절차로 세관, 출입국관리, 검역. 세관(customs), 법무부(immigration), 검역(quarantine)의 첫 글자
- Circle Trip : 출발지와 도착지가 동일지점으로 항로가 중복되지 않고 돌아오는 여행
- Class : 항공좌석의 등급
- Confirm : 예약의 확인
- Connecting Rooms : 복도를 거치지 않고 바로 방과 방이 연결되어 있는 호텔의 객실로 주로 가족이 함께 여행 시 이용하는 경우가 많다.
- Connection Time Interval : 여객의 여정에 연결편이 있을 경우 연결지점에서 다음 목적지까지 가기 위한 연결 항공편을 갈아타는 데 필요한 시간
- CRS(Computerized Reservation System) : 항공사가 사용하는 예약전산시스템으로 예약뿐만 아니라 각종 여행정보 및 대고객 서비스를 위한 컴퓨터 예약시스템
- Day Use or Day Rate : 낮시간 동안에 객실을 이용하는 고객에게 적용되는 특별 객실요금으로 통상 정상요금의 1/2 수준이다.

- **Delay** : 항공기의 지연
- **DEPO(Deportee)** : 합법 또는 불법을 막론하고 일단 입국한 후 관계당국에 의해서 강제로 추방되는 승객
- **Deposit** : 여행사가 항공사 좌석의 확보를 위해 미리 예치하는 예치금, 또는 여행약관상 여행상품을 구매하고 계약서를 작성한 후 일정액의 예약금을 받는 것
- **DEST(Destination)** : 항공권상에 표시된 여정의 최종 도착지
- **DFS(Duty Free Shop)** : 세금이 포함되지 않은 물건을 파는 면세점
- **Diversion** : 목적지의 기상불량 등으로 다른 비행장에 착륙하는 것으로 목적지 변경
- **Divide One Transaction** : 단체로 예약된 경우 그중 한 명 또는 일부를 분리해내는 것. 단체로 여행을 하면서 여행자 중 일부가 친지방문이나 개인적인 일로 돌아오는 일정이 달라 분리해서 예약하는 것
- **Double Booking** : 항공좌석이나 여행상품의 중복예약
- **Down Grade** : 좌석등급의 변경(상위에서 하위등급으로)
- **Duplicated Booking(DUPE)** : 이중예약(duplicate reservation). 동일인, 동일노선 1회 여행에 대하여 두 번 이상 중복예약하는 것을 말하며, 항공 예약 시 이중예약이 되면 자동으로 취소됨
- **E/D(Embarkation/Disembarkation) Card** : 여행자가 출입국 시 자신의 신상과 여행목적 등을 기록한 출입국카드
- **Economy Class(E/Y) 이등석/First(F/C) 일등석** : 하위에서 상위등급으로 변경하는 것
- **Economy Class(E/Y)** : 항공 및 배의 좌석등급으로 2등석
- **Embargo** : 항공사가 특정구간에 있어 특정 여객 및 화물에 대해 일정기간 동안 운송을 제한 또는 거절하는 경우

- Embarkation Tax : 외국으로 나갈 때 지불하는 출국세
- ENDS(Endorsement) : 항공회사 간에 항공권의 권리를 양도하기 위한 이서, 또는 배서를 말함. 즉 항공권에 지정된 항공사가 아닌 타 항공사로 여행이 가능하다는 것을 의미
- ETA(Estimated Time Arrival) : 비행기의 도착 예정시간
- ETD(Estimated Time of Departure) : 비행기의 출발 예정시간
- Excursion Fare : 특별할인요금으로 이는 특정구간에만 적용되는 요금으로 통상 요금보다 저렴하게 구입할 수 있으나 여러 가지 제약도 있음
- Extra Flight : 비행기의 임시 항공편
- Extra Section Flight : 항공사의 정기편 이외의 부정기편
- Fam Tour(Family Tour = Familiarization Tour) : 관광기관, 관광단체, 항공회사, 홀세일(wholesale) 등이 신규노선, 관광루트, 관광시설, 관광대상 등을 홍보하기 위해 무료 또는 특별할인요금으로 여행시켜 주는 것
- Final Itinerary : 모든 여행의 일정으로 예약하고 출발 전에 마지막으로 예약과 여정을 확인한 후의 최종 여행일정
- Firming : 항공사에서 예약되어 있는 여행자에 대하여 그 예약을 사용할 의사의 유무를 확인하는 절차로 노쇼(no-show)를 최대한 억제하기 위한 작업
- First Boarding Point : 여정 중에서 가장 먼저 탑승한 지점
- First Class(F/C) · Economy class(E/Y) : 1등석 · 2등석
- FIT(Foreign Independent Tour) : 인솔자 없이 하는 개별여행자
- Flight(FLT) Coupon : 항공권의 일부로서 여행자가 탑승하는 구간이 표시되어 있으며, 탑승수속 시 공항에서 탑승권과 교환함
- FOC(Free Of Charge) Ticket : 항공사에서 지급되는 무료 항공권

- **Forward, Middle, Rear** : 앞쪽의 좌석, 중앙좌석, 뒤쪽의 좌석
- **Go Show Passenger(Stand By)** : 만석 등으로 인해 예약할 수 없는 여행객이 좌석이 생기면 탑승하려고 공항 탑승수속 카운터에 대기하는 잠재승객
- **No Show(NS)** : 예약은 되었으나 실제 탑승하지 않는 승객
- **GSA(General Sales Agent)** : 항공사가 해외의 항공시장에서 지점이나 영업소를 개설하여 판매활동을 적극적으로 전개하기 힘들다고 판단될 때, 다른 항공사나 여행사 등과 같은 기업들로 하여금 해당지역 영업활동을 수행하고 감독하도록 지정한 총판매대리점
- **GV(Group Inclusive)** : 단체포괄여행에서 항공요금을 적용하는 용어. 예를 들면 GV4는 4명부터 그룹요금으로 적용한다는 의미의 항공코드임
- **Hand Carry Baggage** : 기내에 가지고 갈 수 있는 수하물 · 귀중품 및 파손의 우려가 있는 것. 여행자가 들고 들어가는 짐
- **Have Listed On Waiting(HL)** : 대기자 명단에 있음. 대기자 명단에 들어 있으므로 기다려보자는 의미의 항공코드임
- **Holding(HLOG)** : 현 상태에서 그대로 유지하는 상태
- **Holding Confirmed(HK)** : 좌석이 OK된 상태에 있다는 의미
- **IATA(International Air Transport Association)** : 국제항공운송협회 항공운송에 있어 국제 간 루트, 운임의 결정, 안전규정, 서비스 조건 및 항공권 판매대리점 규제와 지정에 관한 문제에 대한 일관된 시스템을 촉진하기 위한 협회로 1944년 시카고협약이 항공운수사업의 권익을 보장하지 못하자 1945년 4월 쿠바의 아바나에 설립하였다. 본부는 캐나다의 몬트리올에 있음
- **ICAO(International Civil Aviation Organization)** : 국제민간항공기구 여행사를 상대로 교육 프로그램을 개발하거나 시행하고, 이에 대한 전문자격증을 주는 것 등을 주목적으로 1964년에 설립된 기구

- **ICT(Inclusive Conducted Tour)** : 여행인솔자가 전 여행기간을 동반하여 안내하는 여행상품으로 단체여행에 많은 형태
- **IIT(Inclusive Independent Tour)** : 여행출발 시 안내원이 동행하지 않고 각 관광시에서만 안내원이 나와서 여행안내 서비스를 하는 여행상품으로 로컬 가이드 시스템(local guide system)이라고도 함
- **Immigration** : 출입국관리, 여행객의 출입국을 총괄적으로 관리하는 정부기관으로 법무부에 속함
- **Inbound Tour** : 외국인의 국내관광
- **Incentive Tour** : 기업 및 기관에서 근무성과가 우수한 구성원의 근로의욕을 향상시키기 위해 포상의 일환으로 실시하는 여행
- **Infant Fare** : 유아요금으로 IATA에 규정된 만 2세 미만의 유아에게 적용되는 항공운임으로 성인요금의 10% 수준
- **Interline Point** : 타 항공편으로 갈아타는 지점을 의미한다. 트랜스퍼 포인트(transfer point)라고도 함
- **Interline Tour** : 항공사가 가맹여행사의 직원을 초대하여 실시하는 여행
- **Itinerary** : 여객의 여행개시부터 종료까지의 갭(gap)을 포함한 전 구간. 또는 여행사가 고객에게 제공하는 여행 전체의 여정을 나타내는 여행일정표
- **Land Arrangement(Ground Arrangement)** : 여행객들이 외국의 여행목적지에 도착하여 그 나라를 떠날 때까지 투어 오퍼레이터(tour operator)에 의해서 이루어지는 모든 수배 및 서비스를 의미
- **Land Operator** : 여행의 지상수배를 전문으로 하는 여행업자
- **Local Time** : 현지시간
- **Lost & Found Office** : 공항에서 승객의 화물유실물 취급소
- **MCT(Minimum Connecting Time)** : 여행객이 항공여행 중 트랜시트(transit) 또

는 트랜스퍼(transfer)를 해야 할 경우 해당공항에서 다른 지역으로의 연결편 비행기에 갈아타는 데 소요되는 최소시간을 의미

- **Morning Call** : 호텔에 투숙한 고객이 다음날 아침 자신이 정해놓은 시간에 전화로 깨워줄 것을 호텔 측에 요청하는 것
- **Motorcoach** : 화장실 시설이 갖추어진 관광객을 위해 준비된 버스
- **MSP(Minimum Selling Price)** : 각 항공사는 노선구조, 운항횟수, 수요의 동향, 경쟁사의 가격 등 여러 가지 요인을 고려하여 실제 판매활동을 하는 공시운임에서 할인되어 판매되는 시장판매가
- **Multi-Airport** : 한 도시 안에 2개 이상의 복수공항이 있는 것으로 예를 들면 미국 뉴욕의 라과디아공항과 JF케네디공항, 시카고의 오헤어공항과 미드웨이공항, 파리의 오를리공항과 드골공항, 런던의 히드로공항과 개트윅공항 등
- **Multiple VISA** : 복수용 사증으로 그 나라에 일정기간 동안 횟수에 관계없이 입 · 출국할 수 있는 사증
- **Net Rate** : 소매업자(retailer)의 이윤이 포함되어 있지 않은 도매업자(wholesaler)의 가격
- **Non Endorsable** : 항공사가 항공권을 발행할 때 항공권에 타 항공사 항공편으로 변경이 불가하다는 표시임. 이 경우는 대폭할인된 항공권을 이용할 때 제한조건 중의 하나
- **NON REF(Non Refundable)** : 항공권 발권상의 의미로는 환불을 금지 또는 제한하는 표시함. 이는 주로 할부방식에 의해 항공권을 구매하는 경우나 운임 자체가 어떤 경우로 대폭 할인되어 환불을 금지하는 경우
- **Normal Fare** : 항공사에서 공시된 정상요금으로 유효기간은 1년
- **No Show** : 항공권을 구입한 후 예약확인을 한 여행객이 예약된 탑승편에 사전통보 없이 탑승하지 않은 것

- **NRC(No Record)** : 항공권상에는 예약된 것으로 표시되어 있으나 탑승지점에서는 그 여행객의 예약기록이 없는 상태
- **OAG(Official Airline Guide)** : 전 세계의 국내 · 국제선 시간표를 중심으로 운임 · 통화 · 환산표 등 여행에 필요한 자료기 수록된 간행물로 항공안내서
- **Obligatory Service** : 항공사의 잘못으로 인해 항공기가 정상적으로 운항되지 못할 경우 승객에게 필수적으로 제공되어야 하는 의무 서비스
- **Ocean View** : 유리창을 통해서 전면에 바닷가 전망이 보이는 객실
- **Open Ticket** : 탑승구간만 정해져 있을 뿐 구체적인 탑승일자가 명시되어 있지 않은 항공권으로 승객이 나중에 예약하여 좌석을 확보한 후에 탑승할 수 있는 항공권이다. 이는 돌아올 날짜가 예정되지 않을 경우에 사용되며, 일반적으로 할인항공권일 경우에는 해당되지 않음
- **Optional Tour** : 여행일정에 없었던 일정을 현지에서 고객이 추가비용을 지불하고 참여하는 여행의 연장이나 추가적인 선택관광
- **Outbound Tour(Outcoming Tour)** : 내국인의 해외여행
- **Overbooking** : 호텔이나 항공사가 자신의 수용능력 이상으로 호텔의 객실, 비행기의 좌석을 예약접수하거나 사전에 판매하는 것을 말한다. 이는 노쇼(no show)에 대비하여 판매율을 높이기 위한 방법으로 사용됨
- **Over Land Tour** : 항공기 또는 선박이 어느 기항지로부터 타 기항지로 항해할 동안 통과상륙의 허가를 얻어 행하는 여행을 말한다. 이는 동일 항공기와 유람선에 재승선할 때에 한함
- **Overnight Bag** : 어깨걸이용의 작은 여행용 가방
- **Package Tour** : 주최여행의 전형적인 형태로 여행경비를 미리 정해 단기간에 가급적 저렴한 경비로 호텔숙박 · 식사 · 관광 · 교통 및 주요 관광지로 구성된 여행
- **Passport** : 정부가 자국민에게 해외여행을 위해 그 나라 국민임을 증명하기 위해

발행하는 신분증명서로 여권이라 함

- **PAX/PSGR(Passenger)** : 여행객의 인원수를 말할 때 사용
- **Pension** : 프랑스나 유럽 등에서 널리 이용되는 저렴한 대중숙박시설로 게스트 하우스(guest house)의 의미로 이해하면 됨
- **Pick up Service** : 여행업자가 공항으로 여행자를 마중나가는 것
- **PNR(Passenger Name Record)** : 승객의 예약상황 및 진행상황이 기록되어 있는 표
- **Port Side** : 기내에서 보아 왼쪽
- **Starboard Side** : 기내에서 오른쪽
- **Principal** : 여행에 있어서는 주요 상품소재 공급업자로서 항공사 · 호텔 · 선박회사 · 버스회사 · 관광지를 의미하며, 그 상품의 판매에 대해 일정한 수수료를 지불하는 사람이나 회사를 의미
- **Promotional Fare** : 항공사에서 판매촉진을 위한 할인요금
- **Push Cart** : 공항 등에서 여행자들이 이용하는 손으로 미는 짐차
- **Quarantine** : 동 · 식물을 검사하는 검역소
- **RCFM(Reconfirm)** : 여행객이 여행도중 어느 지점에서 72시간 이상 체류할 경우 늦어도 항공기 출발 72시간 전까지 그 다음 연결편에 대한 좌석예약 상황을 재확인해야 함
- **Reconfirm** : 예약 재확인(항공기 출발 72시간 내)
- **Refund** : 항공권 구입자에게 사용하지 않은 항공권에 대하여 전체나 부분의 운임 및 요금을 되돌려주는 것을 의미
- **Rooming List** : 단체여행 시 호텔에서 숙박할 여행객들의 명단을 사전에 만들어 호텔의 프런트에 제시하면 객실을 배정해 주는 객실배정표
- **Room Service** : 호텔에 투숙한 고객의 요청에 의해 객실로 식사 · 음료 등을 배달

해 주는 호텔의 서비스

- **Routing** : 주 지점 간의 항공사에 의해 인가된 노선상의 비행로
- **Stopover** : 여행객이 항공사의 사전승인을 얻어 출발지와 도착지의 한 지점에서 일정한 기간 동안 의도적으로 여행을 중지하는 것으로 도중체류를 의미
- **Tariff** : 항공여행객 요금이나 화물료율 및 그들의 관계규정을 수록해 놓은 요금률 책자
- **Through Check-in** : 여행객이 항공 스케줄상 단일항공편으로 여정이 끝나지 않고 접속항공편을 이용하여 목적지를 가야 할 경우 공항에서 수하물 수속 시에 자신의 수하물을 최종 목적지에서 찾을 수 있도록 수속하는 것으로 일괄수속이라 함
- **Ticketing Time Limit** : 항공좌석을 예약하고 일정기간 동안 항공권을 구입하지 않으면 자동적으로 예약이 취소되는 항공권 구입시한 제도
- **Ticket Stock** : 여행사가 보유하고 있는 티켓으로 여행사가 법적인 책임을 짐
- **Tour Conductor** : 단체여행객들과 동행해서 전 여정을 책임지고 진행하는 책임자로서 우리나라에서는 국외여행인솔자라고 함
- **Tour Operator** : 현지의 지상수배업자를 말하며, 현지의 예약과 수배를 하고 여행일정과 새롭고 정확한 정보를 제공해 주는 업자
- **Transfers** : 최종 목적지까지 가기 위해서 중간 기착지에서 비행기를 갈아타는 것
- **Transit** : 여행목적까지 가는 사이에 교통기관이 도중에 들러 가는 지점
- **Traveler's Check** : 여행자수표
- **TWOV(Transit Without VISA)** : 비자 없이 여행객이 특정국가에 단기 체류하는 것으로서 여행객이 규정된 조건하에서 입국비자 없이 입국하여 짧은 기간 동안 체류할 수 있는 경우를 말함
- **UM(Unaccompanied Minor)** : 생후 3개월 이상에서 12세 미만의 유아나 어린이가 성인의 동반 없이 혼자서 항공여행을 하는 경우를 의미

- **Up Grade** : 항공좌석의 상급 클래스(class)로 등급변화
- **VIP(Very Important Person)** : 특별히 정중하게 취급해야 할 고객이나 인사
- **VISA** : 사증이라 하며, 방문국의 정부에서 입국을 허가해 주는 입국허가증이다. 소지여권의 사증란에 인증하는 제도
- **Voucher** : 재화나 서비스로 교환되는 서류이며, 지불이 이미 완료되었음을 입증하는 것
- **Wagon-Lit** : 유럽철도의 유럽식 침대차로 침대 · 베개 · 담요 · 세면대가 있음
- **Wholesaler** : 여행도매업자
- **Window Side** : 창측의 좌석
- **Yellow Card(Book)** : 예방접종 증명서. 세관, 출입국관리, 검역을 말함
- **Youth Hostel** : 청소년을 위한 저렴한 숙박시설
- 관용여권(official passport)
- 복수여권(multiple passport), 단수여권(single passport)
- 사무장 : purser
- 보조사무장 : assistant purser
- 승무원 : 남승무원(steward), 여승무원(stewardess)
- 외교관여권(diplomatic passport)
- 일반여권(ordinary passport)
- 임시여권(travel certificate) : 여행증명서

참 / 고 / 문 / 헌

고영길(2000). 관광통역안내원. 학문출판.

김병헌(2017). 국외여행인솔자 업무론.

김성혁(1998). 국외여행인솔업무. 백산출판사.

김성혁 · 김순하(2000). 여행사실무론. 백산출판사.

김옥재 외 2인(2000). 국외여행인솔자실무.

김정하(2002). TC실무 국외여행인솔실무. 기문사.

김찬영 · 이용일(1999). 국외여행안내실무론. 문원북.

김천중(2002). 21세기 신여행업. 학문사.

도미경(2003). 고객감동을 위한 관광서비스의 이해. 백산출판사.

미래서비스 아카데미(2012). 국외여행인솔실무. 새로미.

박시사(1994). 에스코트 바이블. 백산출판사.

박시사(1999). 투어에스코트원론. 백산출판사.

윤대순(2002). 여행사경영론. 기문사.

윤대순(2002). 여행사실무론. 기문사.

이광우 · 고종원(2002). 국외여행인솔자업무론. 대왕사.

이광우 · 고종원(2002). 여행업경영실무론. 대왕사.

이광원(2000). 여행학개론. 학문사.

이교종(2002). 여행업실무. 백산출판사.

이교종(2016). 국외여행실무. 백산출판사.

이선희(1999). 여행업실무론. 대왕사.

이선희(2003). 여행업경영론. 대왕사.

이영식(1995). 투어콘덕트업무. 기문사.

이재춘 · 김윤우 · 백용균(2003). 여행업의 이해와 실무. 학문사.
이주형 외 5인(2003). 여행사경영실무. 대왕사.
이훈구 외 1인(2000). 국외여행인솔자업무와 자격인증제 효율적 운영에 관한 연구. 전기기전논문집.
임용식(1998). 국외여행안내업무론. 학문사.
임혁빈(2002). 국외여행인솔자. 미학사.
장병수(2002). 신여행사경영업무론. 기문사.
장양례(2000). 국외여행인솔자의 자격제도 개선방안에 관한 연구. 정책학회.
장양례(2006). 실무에스코트론. 한국학술정보.
장양례(2000). TOPAS 교육과재 교육교재. 서강정보대학출판부.
장양례(2000). 국외현지가이드과정 교육교재. 서강정보대학출판부.
장양례(2000). 여행사취업과정 교육교재. 서강정보대학출판부.
정연국 외 3인(2012). 국외여행인솔자업무론. 공동체.
정연국 외 3인(2015). 국외여행인솔자 실무론. 학현사.
정연국 외 8인(2007). 국외여행인솔자실무론. 동의과학대학교출판부.
정찬종 · 신동숙(2004). 국외여행인솔실무. 대왕사.
조현준(1998). 해외여행인솔실무. 두남.
진병렬 · 백용창 · 김나희(2001). 여행업실무. 대왕사.
최기종 · 이상기(1999). 투어에스코트업무. 한올출판사.
최준호(2001). 국외여행인솔자의 여행상품질에 관한 영향연구. 경기대학교 박사학위논문.
최태광(2003). 관광가이드실무론. 백산출판사.
한국관광공사(1998). 국외여행안내실무. 관광교육원.
한국여행서비스교육협회(2020). 국외여행인솔자 자격증 공통교재. 한올출판사.
NCS해외여행실무(2017).

| 참고 웹사이트 |

여행신문

여행정보신문

한국일반여행업협회

http://travel.naver.com

http://www.hanatpur.co.kr

http://www.kata.or.kr

http://www.modetpur.co.kr

http://www.tourescort.co.kr

http://www.tourup.com

저자약력

장서진

현) 숭의여자대학교 관광과 교수
관광종사원 관광통역안내사 국가자격시험 면접 및 출제위원
관광종사원 국내여행안내사 국가자격시험 면접 및 출제위원
전) 인하공업전문대학 관광과 외래교수
백석문화대학 관광통역과 외래교수
경기대학교 관광경영학과 외래교수

정연국

현) 동의과학대학교 호텔관광서비스과 교수
동의과학대학교 국외여행인솔자 양성 · 소양과정 책임교수
부산광역시 관광통역안내사 양성사업 책임교수
관광종사원 관광통역안내사 국가자격시험 면접 및 출제위원
관광종사원 국내여행안내사 국가자격시험 면접 및 출제위원
해양수산부 국가지원사업 크루즈 승무원 전문인력 양성사업단 단장

저자와의
합의하에
인지첩부
생략

국외여행인솔자 실무

2020년 9월 10일 초 판 1쇄 발행
2022년 9월 10일 제2판 1쇄 발행

지은이 장서진 · 정연국
펴낸이 진욱상
펴낸곳 (주)백산출판사
교 정 성인숙
본문디자인 신화정
표지디자인 오정은

등 록 2017년 5월 29일 제406-2017-000058호
주 소 경기도 파주시 회동길 370(백산빌딩 3층)
전 화 02-914-1621(代)
팩 스 031-955-9911
이메일 edit@ibaeksan.kr
홈페이지 www.ibaeksan.kr

ISBN 979-11-6567-552-3 93980
값 31,000원